PILAR ALONSO
ALBERTO GIL

UN PAÍS DE CUENTO

GUÍA ESENCIAL PARA VIAJAR CON NIÑOS POR ESPAÑA

Editorial Everest le agradece la confianza depositada en nosotros al adquirir este libro, elaborado por un amplio y completo equipo de publicaciones formado por fotógrafos, ilustradores y autores especializados en turismo, junto a nuestro moderno departamento de cartografía. Everest le garantiza la total actualización de los datos contenidos en la presente obra hasta el momento de su publicación, y le invita a comunicarnos toda información que ayude a la mejora de nuestras obras, porque nuestro objetivo es ofrecerle siempre un TURISMO CON CALIDAD.

TURISMO CON CALIDAD EVEREST

Puede enviarnos sus comentarios a:
Editorial Everest. Dpto. de Turismo
Apartado 339–24080 León
o turismo@everest.es

Dirección editorial: Raquel López Varela

Coordinación editorial: Eva María Fernández

Texto: Pilar Alonso y Alberto Gil

Fotografías: Pilar Alonso y Alberto Gil
Justino Díez, Miguel Raurich, J. M. Gutiérrez y Archivo Everest
Fotografías de las páginas 78b, 119c, 174b, 176b, 251d y 274a: A.G.E. FotoStock
Fotografías de la página 255: © FMGB Guggenheim Bilbao Museoa
Fotografías de las páginas 180b y 181a, cortesía de Universal Studios Port Aventura
Fotografía de la página 275a cortesía de la Ciudad de las Artes y las Ciencias de Valencia
Fotografía de la página 277d cortesía de Terra Mítica

Ilustraciones: Pablo Amargo

Diseño: Luis Vallina

Diagramación: Gerardo Rodera

Cartografía: © Everest
Mapas de las rutas realizados por Francisco A. Morais
Mapas autonómicos actualizados por GEORAMA

Carretera León-La Coruña, km 5 - LEÓN
ISBN: 84-241-3446-X
Depósito legal: LE. 256-2001
Printed in Spain - Impreso en España

EDITORIAL EVERGRÁFICAS, S. L.
Carretera León-La Coruña, km 5
LEÓN (España)

PRESENTACIÓN

Este libro tiene su origen en viejas preguntas de la infancia. Por ejemplo: ¿por qué cuando los niños viajan parece que sólo se divierten en el zoo?, ¿por qué son tan aburridas las catedrales?, ¿por qué los cuentos y las leyendas están únicamente en los libros?... y otras de similar naturaleza. La idea de que el niño tiene una capacidad de disfrute limitada y reservada a un número muy escaso de estímulos ha condicionado durante décadas la actitud de los padres, que muchas veces observan a esos pequeños compañeros de viaje con una mezcla de confusión y benevolencia.

Sin embargo, un viaje siempre es una aventura y un país puede ser concebido como un gran escenario de cuento en el que no sólo se suceden lugares, sino también historias, anécdotas y curiosidades que expresan una variada gama de registros. Lo truculento, lo romántico, lo fantástico, impregnan continuamente pueblos y rincones con una fuerza que también cala en el ánimo de los mayores, creando un puente entre la imaginación infantil y la añoranza de los adultos.

A lo largo de las próximas páginas, el lector tendrá ocasión de ir descubriendo estas facetas en las distintas Comunidades Autónomas, estructuradas a su vez en destinos muy atractivos para organizar una escapada con los pequeños. Cada destino va ilustrado con su correspondiente mapa, seguido de una serie de «pistas» para disfrutar del viaje y, al final de cada Comunidad Autónoma, se facilitan datos prácticos sobre museos curiosos, parques temáticos, espacios naturales, zoológicos e incluso alojamientos donde organizan actividades para los huéspedes más menudos.

Dicha estructura, así como el cuidado que se ha puesto en el lenguaje y en la selección del material gráfico, tienen como objetivo que la presente guía sea compartida por viajeros de muy distintas edades. Esperamos haber salido airosos de este difícil y hermoso desafío.

Los Autores

ÍNDICE GENERAL

Sevilla.

Cádiz, Jerez y los pueblos de la Frontera.

ANDALUCÍA

MIENTRAS LOS CABALLOS SE PASEAN A ORILLAS DEL MAR Y SALUDAN A UN BORRIQUILLO LLAMADO «PLATERO», EN UNOS LEJANOS JARDINES GRANADINOS UN SULTÁN ESCUCHA EL ÚLTIMO CUENTO DE SU FAVORITA: EL LARGO VIAJE DE UN NAVEGANTE PARA DESCUBRIR UNA ISLA MÁGICA POBLADA DE FLAMENCOS Y TIGRES BLANCOS.

Granada y Las Alpujarras.

Cabo de Gata y Desierto de Almería.

DOÑANA Y LA COSTA DE LA RÁBIDA

FLAMENCOS, MARISMAS Y CARABELAS

El Parque Nacional de Doñana es una joya de la naturaleza que ha merecido todos los honores, incluido el de haber sido declarado Patrimonio de la Humanidad por la Unesco. Pese a sufrir las amenazas de industrias tóxicas, cazadores furtivos y constructores sin escrúpulos, sigue siendo refugio de gran cantidad de animales, sobre todo infinidad de aves que sobrevuelan sus variados paisajes convirtiéndolo en una especie de paraíso terrenal. Su zona protegida se extiende hasta la costa de La Rábida, de la que partió Colón para iniciar la aventura del Descubrimiento.

El **Parque Nacional,** que ocupa una extensísima superficie entre la costa y la desembocadura del Guadalquivir, debe su nombre a doña Ana Gómez de Mendoza, una aristócrata que construyó un palacio y se retiró a vivir en este paraje, cuando era un enorme coto de caza. Anteriormente ya había estado habitado en tiempos de los romanos, que pescaban y tenían industrias de salazón, y por los árabes, que tuvieron un reino cuya capital era la bonita ciudad amurallada de ***Niebla.*** Después de doña Ana y a lo largo de los siglos, muchos personajes disfrutaron la belleza excepcional de este lugar, incluido el pintor Goya, y fueron construidos otros palacios aunque el coto se conservó intacto. **Hace apenas cien años, alguien de cuyo nombre no queremos acordarnos propuso la barbaridad de secar las marismas** y los científicos empezaron a

defender la protección de la zona contra este tipo de amenazas.

Cuando lleguéis al Parque Nacional os alegraréis de que, por esta vez, hayan ganado los buenos, aunque nunca está del todo libre de peligros y unos vertidos tóxicos estuvieron a punto de envenenarlo. Afortunadamente sigue siendo un inmenso islote de naturaleza salvaje, sin carreteras ni edificios, donde se pueden contemplar dunas móviles, bosques en galería, lagunas y sobre todo marismas, en las que **anidan y buscan alimento más de trescientas variedades de aves,** como la garza imperial, la espátula, la avoceta o el flamenco. En invierno, si madrugáis, podréis ver **bandadas de miles de gansos que bajan a tragar arena para ayudarse en la digestión** y, con un poco de suerte, quizá descubráis una gaviota picofina o un pato malvasía, especies que corren peligro de desaparecer. Además, el Parque sirve de refugio a gran cantidad de ciervos, gamos, jabalíes y zorros, así como al lince ibérico, también muy escaso.

■ Para disfrutar de sus paisajes y sus tesoros naturales, podéis apuntaros a alguna de las excursiones organizadas que recorren el Parque en coches todo-terreno, o acercaros a

cualesquiera de los ***centros de visitantes*** que lo rodean. En los centros del **Acebuche** y **La Rocina,** situados entre pinares, hay lagunas con observatorios donde se puede mirar y fotografiar a las aves a escondidas. En el centro del Acebrón, habilitado en un curioso palacio, hay una exposición sobre la presencia humana en Doñana y, también, **podréis hacer un recorrido sobre empalizadas de madera** hasta el cercano **charco del Acebrón,** rodeado de bosques muy tupidos. El centro José Antonio Valverde, al que se llega desde Villamanrique de la Condesa, tiene bar, tienda de recuerdos, una bonita exposición y sala de audiovisuales, y es un buen lugar para observar a los elegantes flamencos, mientras se mueven lentamente con sus patas zancudas buscando alimento en los lucios, que son como grandes charcas de poca profundidad.

Al borde del Parque Nacional está la aldea de ***El Rocío,*** nacida alrededor de un santuario consagrado a la Virgen, conocida popularmente como la «Blanca Paloma» o la «Madre de las Marismas». Desde que, según la leyenda, **fue descubierta por un pastor en el interior de un árbol hueco,** esta bonita talla es objeto todos los años de una romería a la que asisten hasta un millón de personas, venidas de todas partes y que hacen su recorrido a pie, en carro o a caballo en medio de un gran alboroto. Alrededor del

Diversos aspectos del Parque de Doñana. Abajo, Palacio de las Marismillas.

Arriba, las carabelas de La Rábida.

Abajo, dos vistas de El Rocío.

santuario, de un blanco que hace daño a los ojos, veréis las construcciones de las cofradías de rocieros y un bonito paseo junto a las marismas, en las que también hay flamencos y garcillas, un pájaro que no tiene reparo en ponerse sobre las vacas y quitarles los parásitos.

Continuando por la costa pasaréis por ***Mazagón,*** con estupendas playas y un parque natural formado por las **marismas del río Odiel.** Muy cerca está ***La Rábida,*** con un famoso monasterio en el que Colón encontró el apoyo de los monjes para poder hablar con Isabel la Católica y empezar así su viaje oceánico. Alrededor del monasterio hay paseos bordeados por altísimas palmeras, una gran columna que recuerda el cuarto centenario del Descubrimiento y **un jardín botánico con especies de Europa y América Latina.** Al borde del agua tendréis ocasión de acercaros al *Muelle de las Carabelas,* donde hay una estupenda reproducción de las tres naves que partieron hacia el Nuevo Mundo, y en las que podréis haceros una idea de la vida en alta mar gracias a **escenas representadas con muñecos de tamaño natural.**

■ Otro de los lugares colombinos es el pueblo de ***Palos de la Frontera,*** donde está la Casa-Museo de Martín Alonso Pinzón, uno de los marinos que acompañaron a Colón. En la parte baja del pueblo se halla la fuente medieval de La Fontanilla, donde

aseguran que los expedicionarios tomaron el agua para el viaje. A pocos kilómetros, ***Moguer*** también guarda recuerdos de aquella aventura y un precioso conjunto de casas blancas. Entre todas ellas destaca la de Juan Ramón Jiménez, convertida en museo de este escritor que recibió el premio Nobel y creó **el entrañable personaje de Platero, un borriquillo que recorría las calles** y los paisajes de Moguer.

CÁDIZ, JEREZ Y LOS PUEBLOS DE LA FRONTERA

PARQUES JUNTO AL MAR Y CABALLOS QUE BAILAN

La ciudad de Cádiz, que es casi como una isla rodeada por el Atlántico, recuerda un poco a las poblaciones de América Latina con sus casas coloniales y sus parques, sombreados por las araucarias y las palmeras. Su amplia bahía es como un mar en pequeño donde se asoman otras bellas ciudades, como El Puerto de Santa María; y a pocos kilómetros tierra adentro se encuentra Jerez, la capital de los pueblos de la Frontera, con sus preciosos caballos y su circuito de velocidad.

Para llegar a ***Cádiz*** hay que recorrer un estrecho brazo de tierra, porque la ciudad se fundó sobre una península entre la bahía y el océano abierto. Por eso, una vez que vayáis paseando por la zona vieja, os encontraréis continuamente con el mar y con las bonitas murallas que se han construido al borde del agua, adornadas con jardines en los que veréis fuentes de azulejos, grandes palmeras y **viejísimos ficus con los troncos retorcidos.** La alameda de Apodaca, el parque del Genovés o la muralla del Vendaval, levantada para proteger la ciudad de las embestidas de las olas, son algunos de esos lugares en los que podréis pasar un buen rato.

■ Callejeando por los barrios viejos os llamará la atención la amplia plaza Mayor, la Catedral y algunos elegantes palacios, con patios y entradas de mármol, que recuerdan

Arriba, barco a Cádiz desde el Puerto de Santa María.

Abajo, parque gaditano y aspecto de La Caleta.

el lejano siglo XVIII, en que Cádiz se enriqueció gracias al comercio con América. Un buen ejemplo de estos edificios es el Hospital de Mujeres, con un hermoso patio, una capilla y una curiosa escalera. Otra de las formas de hacerse una idea de cómo era la ciudad en su época dorada es **acercarse al Museo Municipal, y disfrutar de la estupenda maqueta de Cádiz** que se hizo por orden del rey Carlos III.

Entre las construcciones gaditanas también estuvieron muy extendidas las torres-mirador, que seguramente fueron una herencia de los árabes y que únicamente servían para ver lo que sucedía alrededor. Una de ellas es la torre Tavira, que se alza en el centro de la ciudad y ofrece espectaculares vistas de la bahía. En el interior de la torre hay salas de exposiciones y una cámara oscura donde, mediante un **ingenioso sistema de periscopio y lentes de aumento,** podréis tener una panorámica de Cádiz y jugar a los espías.

■ Alrededor de Cádiz se pueden hacer pequeños recorridos como el que lleva al castillo de San Sebastián, construido sobre un islote al que ahora se llega por una estrecha carretera desde la ***playa de la Caleta.*** Los árabes levantaron aquí una torre de vigilancia, y siglos más tarde se refugiaron en el islote un grupo de venecianos, escapando de una epidemia de peste. También merece una visita el puerto, donde a veces **atracan preciosos veleros o buques-escuela** y del que salen los barcos que cruzan la bahía, declarada Parque Natural por sus marismas y su gran variedad de aves.

■ El ***Puerto de Santa María*** es otra población de gran antigüedad, que llegó a tener intercambios comerciales con los griegos y que más tarde fue ocupada por los romanos y los árabes. En ella vivió Colón durante un tiempo, y a raíz del descubrimiento de América se convirtió en una villa muy rica, hasta el punto de que pasó a llamarse «la ciudad de los cien palacios». Vale la pena pasear por sus calles para ver alguno de esos palacios, el viejo castillo de San Marcos, la casa natal del poeta Rafael Alberti y la simpática Ribera del Marisco, situada al borde de los muelles y **famosa por sus animadas terrazas en las que sirven deliciosos platos marineros.** Y si queréis disfrutar de un rato de diversión, acercaros al ***Aquasherry,*** un gigantesco parque acuático con todo tipo de atracciones: toboganes, piscinas de olas..., y con **graciosas exhibiciones de rapaces, leones marinos y papagayos.**

■ Desde El Puerto hay una carretera que pasa bordeando una serie de lagunas y lleva hasta ***Sanlúcar de Barrameda,*** junto a la desembocadura del Guadalquivir. Entre los aficionados a la buena mesa esta ciudad es famosa por

sus langostinos y por sus prestigiosas bodegas de un vino que se llama «manzanilla». Seguramente lo del vino os quede un poco grande, pero no perdáis ocasión de **probar el sabroso pescado que llega todos los días al puerto de Bonanza** y se sirve en muchos bares, en forma de tapas y raciones de los nombres más chocantes.

En la parte vieja de Sanlúcar hay dos lugares que no debéis perderos. El primero son las llamadas **Covachas de la Cuesta de Belén,** donde están representadas **las tallas de unos seres mostruosos que, según cuentan, estaban ahí para asustar a los piratas** cuando se acercaban en sus buques con intenciones poco amistosas. El otro es el pequeño Museo del Mar, una colección particular habilitada en una casa de la calle del Truco. Su dueño, que siendo niño perdió a su mejor amigo en una tempestad y desde entonces juró no volver a embarcar, ha dedicado toda su vida a recoger miles de objetos en las playas: monedas, restos de naufragios, **dentaduras de tiburones, el esqueleto de una orca e incluso huesos humanos,** creando este insólito museo.

No hay que olvidar que Sanlúcar está junto al **Parque Nacional de Doñana,** al que se llega cruzando el Guadalquivir en barcas, que también hacen recorridos por el río bordeando el Parque. Muy cerca de los embarcaderos está **la antigua fábrica de hielo, convertida en un moderno centro de recepción** donde se muestran los distintos animales, vegetales y ecosistemas de este valioso espacio natural, así como curiosidades sobre la historia y la cultura de la zona. En la parte alta del edificio hay un

Playa de Sanlúcar.

Fábrica de hielo: Centro de Recepción de Doñana.

mirador desde el que se divisa Doñana y la desembocadura del Guadalquivir, donde además podréis ver **un barco que quedó embarrancado y partido por la mitad** en medio del agua.

■ Algo más retirada del mar está ***Jerez de la Frontera,*** ciudad conocida en todo el mundo por sus vinos, que se almacenan en enormes bodegas, y por sus caballos, de una raza especial y educados en escuelas de equitación donde se les enseña incluso a bailar. Si queréis ver alguna demostración podéis acercaros a la Real Escuela Andaluza de Arte Ecuestre, donde se organizan **espectáculos increíbles de «ballet» con caballos y jinetes,** ataviados a la antigua y acompañados de música tradicional. Y si preferís ver a los caballos en su ambiente, hay otras posibilidades, como la *Yeguada del Hierro del Bocado,* donde hay preciosos ejemplares de la raza cartujana.

■ Además, Jerez es una ciudad monumental que conserva restos de las murallas árabes, así como una catedral construida sobre una antigua mezquita y cuya torre es precisamente el alminar desde el que los musulmanes eran llamados a la oración. Si tenéis tiempo para daros una vuelta veréis palacios, iglesias y plazuelas adornadas con naranjos, y podréis acercaros al alcázar árabe, donde se ha hecho **una cámara oscura que, igual que en Cádiz, os permitirá espiar cómo vive la ciudad** a vuestro alrededor.

Por último, hay dos atracciones muy especiales. La primera es el estupendo zoo, que ocupa una zona de abundantes árboles y tiene entre sus estrellas **un gran tigre blanco.** Podréis recorrerlo a pie o en un trenecito, hacer una comida al aire libre y disfrutar de los leones, elefantes, chimpancés, canguros, jirafas..., rodeados de un ambiente que imita al suyo propio. También hay un centro de recuperación para animales que han sido heridos o están enfermos, y se intenta que algunas especies como los pandas rojos, las gacelas del Sáhara o los buitres negros se reproduzcan en cautividad y no desaparezcan del planeta. La segunda atracción está a siete kilómetros de Jerez, y es el circuito de velocidad, donde se celebran todos los años **carreras internacionales de motos y de Fórmula 1.**

■ Además de Jerez hay otros pueblos de la Frontera que merecen una visita, especialmente ***Arcos,*** levantado sobre una inmensa roca que cae verticalmente sobre el río Guadalete. Según la leyenda fue creado por un nieto de Noé que se llamaba Brigo, pero más tarde fue ocupado por los romanos, y sobre todo por los árabes, que dejaron su arquitectura blanca en esta bella localidad, hasta el punto de que **podría ser algún lugar del norte de África.** Cuando estéis en Arcos no dejéis de acercaros a la plaza, en la que hay un espectacular mirador al mismo borde del precipicio. Desde el pueblo se pueden hacer escapadas al pantano de Arcos, con zonas de baño y deportes náuticos, y al Parque Natural de los Alcornocales, cubierto por **uno de los bosques de alcornoques más grandes del mundo.** En el mismo parque se encuentra el pueblo de ***Castellar,*** con su fortaleza árabe y sus calles repletas de flores.

Arcos de la Frontera.

Caballos cartujanos de Jerez.

ESTRECHO DE GIBRALTAR Y LITORAL DE CÁDIZ

LA COSTA DE LOS VIENTOS

Desde el cabo de Trafalgar hasta «la Roca», que es como se conoce el Peñón de Gibraltar, la costa gaditana es una continua sucesión de ensenadas y extensas playas en las que reina el viento, que convierte esta zona en una de las favoritas para los aficionados al *windsurf* de todo el mundo. En el estrecho de Gibraltar es donde más se acercan África y Europa, y también donde se unen el Atlántico y el Mediterráneo, formando terribles corrientes que provocan la muerte de muchos africanos que intentan cruzar estas aguas huyendo de la pobreza.

Uno de los lugares más bonitos y mejor conservados de la costa gaditana es ***Caños de Meca,*** que recibe este nombre por los numerosos **chorros de agua dulce que caen por las paredes** de su playa. Aquí podréis hacer un recorrido por las rocas, pegaros un buen chapuzón y, luego, daros una ducha natural bajo los caños. ¡Una gozada! Además, junto a la playa está el impresionante **faro de Trafalgar,** con unas puestas de sol únicas y, muy cerca, ***el Parque Natural de La Breña y las Marismas de Barbate,*** con una preciosa zona de acantilados, grandes bosques de pinos y alguna que otra vieja torre de vigilancia.

■ A partir de aquí podéis hacer una corta excursión hasta ***Vejer de la Frontera,*** encantador pueblo de casas blancas encaramadas sobre un monte, alrededor de su castillo

en ruinas, o seguir bordeando la costa hasta Barbate, un pueblo marinero famoso por sus fábricas de conservas de pescado. Precisamente en la ensenada de Barbate hay un pueblo llamado ***Zahara de los Atunes,*** porque esta zona es muy rica en ese gran pez que cruza el estrecho en gigantescos bancos y es capturado mediante una técnica de pesca muy antigua, conocida como «almadraba».

Otro de los lugares curiosos de esta costa es la ***playa de Bolonia,*** donde están las ruinas de *Baelo Claudia,* una importante ciudad romana que también vivía de la pesca. Según parece, **la destruyó un terremoto** y, después de permanecer abandonada y cubierta de arena durante siglos, empezó a ser investigada hace pocos años, encontrándose restos de las murallas, un teatro y unas termas, así como estatuas de gran valor que ahora están en un museo de Cádiz. Además, los arqueólogos descubrieron que esta ciudad tenía industrias de salazón para conservar el pescado y se **elaboraba una especie de paté de atún,** llamado *garum,* que se hizo muy popular en todo el mar Mediterráneo. Antes o después de visitar las ruinas podéis daros un baño de lujo en las limpísimas aguas de la ensenada o hacer una excursión por una carreterilla que sube hasta la cercana Sierra de la Plata, desde donde tendréis unas impresionantes vistas de África.

■ A medida que os aproximéis a ***Tarifa,*** estaréis cada vez más cerca de la costa africana y, quizá, tendréis ocasión de ver los restos de **embarcaciones olvidadas en la arena.** Son las «pateras», barcas rudimentarias que utilizan muchos emigrantes africanos para cruzar el estrecho de Gibraltar, soñando con escapar de la miseria y muriendo a menudo en el intento.

■ Al llegar a Tarifa puede parecer que ya estáis en África. De hecho, se trata de una ciudad que conserva muchos recuerdos de los árabes, como las murallas, el castillo e incluso su propio nombre, que viene de un caudillo musulmán llamado Tarif. Además, el castillo es famoso

porque en él **se produjo la terrible historia de Guzmán *el Bueno,*** que estaba al cuidado de la fortaleza tras ser conquistada por el ejército cristiano y no dudó en sacrificar a su hijo antes que rendir el castillo al enemigo. La leyenda cuenta que, cuando los árabes le mostraron que habían capturado al muchacho y le dijeron que acabarían con su vida allí mismo si no les era entregada la fortaleza, Guzmán **les lanzó su propio cuchillo para que lo mataran.**

■ Además de esta trágica historia, Tarifa es también famosa entre los aficionados a los deportes de vela, que celebran aquí algunos campeonatos mundiales. De hecho, está justo en el lugar donde se encuentran el Mediterráneo y el Atlántico, hasta tal punto que muy cerca del castillo hay un muelle que los separa y a cada lado hay una playa. Así que podréis daros **un baño en dos mares con pocos minutos de diferencia.** No obstante, la playa más famosa es la de los ***Lances,*** especialmente entre los amantes del *windsurf,* que acuden con sus tablas de mil colores para sacar partido a los continuos vientos, ideales para practicar este deporte. Si tenéis tiempo y ganas, podéis recibir un cursillo para aprender a manteneros de pie sobre las olas.

Los apasionados de la naturaleza también sacaréis mucho partido a esta zona de la costa, haciendo excursiones en barco para **observar las ballenas y delfines** que abundan en el estrecho, o trepando a las altísimas ***dunas de Punta Paloma,*** donde tendréis la impresión de estar en algún lugar del Sáhara.

■ Si aún podéis seguir bordeando la costa, después de pasar junto a espectaculares miradores sobre África y decenas de molinos de viento destinados a producir energía eólica, llegaréis a la bahía de **Algeciras,** bastante alterada por las torres de numerosas industrias y refinerías. Cerrando esta bahía está el ***Peñón de Gibraltar,*** una gigantesca roca en la que hay una colonia inglesa que es como una especie de país en miniatura. No se puede decir que es bonito, pero al menos resulta chocante pasear por su calle más animada, *Main Street,* donde veréis tabernas, **cabinas de teléfonos y buzones típicamente británicos,** mientras os cruzáis con gente de todas las razas y religiones. Además, a título de curiosidad, debéis saber que el Peñón está perforado por gran cantidad de túneles, que lo convierten en algo parecido a un queso *gruyere,* y que en lo alto de la roca existe **una población de monos** que han pasado a ser la principal atracción turística gibraltareña.

Arriba izquierda, dunas de Tarifa.

Arriba derecha, dos aspectos de Gibraltar.

Abajo, Arco de la Villa, en Vejer de la Frontera.

SEVILLA

LA CIUDAD MIMADA

Sevilla es una cuidada y bonita ciudad atravesada por el río Guadalquivir, que se puede recorrer en cruceros y es navegable durante 90 kilómetros hasta llegar al mar. Sus calles, plazoletas y jardines derrochan una riqueza que viene de la época del descubrimiento de América y que la convierten en una de las poblaciones más visitadas, sobre todo a raíz de la Expo'92 y de la creación del parque temático Isla Mágica.

Cuando los romanos ocupaban la Península, ***Sevilla*** ya era una ciudad importante al borde del Guadalquivir, que entonces era llamado *Betis,* de donde viene el nombre de un equipo de fútbol local. Más tarde, los árabes la convirtieron en un centro del saber y construyeron algunos de sus monumentos más famosos, pero su gran época de esplendor llegó cuando empezó el comercio con América, ya que entonces **Sevilla era el puerto en el que desembarcaban todas las mercancías** y pasó a ser la ciudad más rica de Europa. De aquellos tiempos ha heredado hermosos jardines, edificios muy elegantes con patios llenos de flores y plazoletas en las que abundan los naranjos, cuyas flores de azahar perfuman las calles en primavera.

■ Una buena forma de empezar a recorrer la ciudad es bordeando el

Izquierda, barrio de Santa Cruz.

Arriba, Guadalquivir y Torre del Oro.

Al lado, en barca por la Plaza de España

río, o navegando en alguno de los cruceros que salen de un embarcadero junto a la Torre del Oro. Esta edificación, levantada por los árabes para proteger la entrada a Sevilla por el Guadalquivir, debe su nombre a que tuvo **la cúpula cubierta de azulejos amarillos, que brillaban como si fueran de oro.** Actualmente alberga un curioso museo naval, con mapas, cuadros y algunos objetos de los barcos que iban al Nuevo Mundo.

■ Separada del río por unas pocas calles, se encuentra una de las torres más famosas de toda la Península, la Giralda, que forma parte de la Catedral, aunque antiguamente era el minarete de una mezquita árabe. A lo largo de la historia ha sido dañada por algunos terremotos y ha sufrido varias reformas, pero sigue siendo una construcción impresionante en la que se puede acceder hasta lo **más alto utilizando unas rampas que antes permitían subir a caballo.** También vale la pena que visitéis la Catedral, una de las más grandes del mundo, que esconde un patio cubierto de naranjos, la hermosa tumba de Colón y un riquísimo tesoro que incluye una tétrica talla de la cabeza de San Juan Bautista.

■ Junto a la Catedral están **los Reales Alcázares, que también tienen un patio sembrado de naranjos** y a los que se entra por la Puerta del León, así llamada porque antiguamente estaba protegida por uno de estos animales. Su interior se puede recorrer, y tiene salas curiosas como el oratorio de los Reyes Católicos, el comedor, la sala de música o el dormitorio real. También os llamarán la atención los pavos reales que adornan las puertas del salón de Embajadores, el patio de las Doncellas, decorado con infinidad de filigranas y los jardines, con sus fuentes y matas de flores.

Un estrecho pasadizo que bordea los Alcázares os llevará hasta el barrio de Santa Cruz, **donde vivía la comunidad judía,** que fue fundamental en el enriquecimiento

Arriba derecha, Parque de María Luisa.

de la ciudad y tuvo mucha influencia, hasta el punto de que algunos hebreos llegaron a trabajar como médicos o consejeros de los reyes. Todo el barrio, con sus frescas calles y las casas que esconden pequeños patios, es una delicia y reserva sorpresas, como la plaza de la Susona, donde veréis sobre una puerta **un misterioso azulejo en el que aparece una calavera.** La leyenda que ha dado origen a esta figura se remonta precisamente al tiempo de los judíos, cuando empezaban a ser perseguidos y se les obligaba por la fuerza a convertirse al cristianismo. Entre ellos había uno, llamado Diego, que se puso de acuerdo con otros vecinos para defenderse de la persecución y que, casualmente, tenía una hija, Susona, que estaba secretamente enamorada de un cristiano. Al saber que su padre había organizado un complot, le delató y, como consecuencia, Diego y muchos otros judíos murieron quemados en la hoguera. Podéis imaginar los remordimientos de Susona, que desde entonces se recluyó en un convento y pidió que, después de morir, **colgaran su cabeza sobre la puerta de su casa como recuerdo de su vergüenza y su traición.** La cabeza permaneció allí mucho tiempo, hasta que fue sustituida por el azulejo.

■ Una de las calles más populares y animadas de Sevilla es Sierpes, en la que veréis comercios curiosos, una gran tienda de discos, cafés y estupendas pastelerías. Cuando paséis por esta calle fijaos en el edificio del banco Central Hispano, donde **estaba antes la cárcel real,** en una de cuyas celdas estuvo preso Cervantes porque, cuando era recaudador de impuestos, no coincidían las cuentas entre lo que cobraba a la gente y lo que entregaba a la Corona.

Isla Mágica.

■ Para pasar un rato tranquilo podéis acercaros a los encantadores jardines de Murillo, con grandes árboles y bancos de azulejos para sentarse a la sombra, o al ***Parque de María Luisa,*** un gran espacio verde que tiene estanques, pérgolas y rincones románticos, como el monumento al poeta Bécquer. Dentro del recinto de este parque se instaló la Exposición Universal de 1929, para la que fue construida la espectacular plaza de España, con **sus canales –que pueden ser recorridos en barca– y su colección de bancos de azulejos,** dedicados a cada una de las provincias. Ocupando también algunos pabellones de aquella exposición se encuentran el Museo de Artes y Costumbres Populares y el Museo Arqueológico, que guarda un tesoro de los tartesios, uno de los pueblos más primitivos de Andalucía.

■ Todavía os queda mucho por ver, como el Archivo de Indias, donde se encuentra toda la documentación del Descubrimiento, incluido el diario que escribió Colón; o la Universidad, habilitada en una gigantesca fábrica de tabacos que demuestra el éxito que llegó a tener esta planta llegada de América.

Como es lógico, querréis visitar el **parque temático de Isla Mágica,** instalado en la Isla de la Cartuja, que también sirvió como escenario de la Expo'92. En el interior del parque, que rodea un gran estanque, tendréis ocasión de subir a una montaña rusa de agua, lanzaros en balsa por una catarata, hacer *rafting* en botes neumáticos o montar en toneles de ron que giran a gran velocidad. Además, hay atracciones para los más pequeños: tiovivos de dos pisos, norias y toboganes, así como espectáculos de todo tipo, **desde un motín de piratas hasta un circo, o proyecciones en pantallas gigantes.** Si queréis llevaros algún recuerdo, podréis comprar caprichos en varias tiendas o haceros la foto con un pirata. Y por si tenéis apetito, hay muchos restaurantes y autoservicios donde sirven *pizzas,* carnes a la barbacoa y platos mexicanos, criollos o marineros.

■ Recientemente, Sevilla ha estrenado, también en la Isla de la Cartuja, **el espacio cultural Puerta de Triana,** que incluye un cine espacial con una gigantesca sala semiesférica, así como un «Pabellón de la Navegación», diseñado como el interior de un enorme galeón en el que podréis conocer las expediciones científicas al Nuevo Mundo. En el mismo recinto hay una torre-mirador, con una terraza que ofrece espectaculares vistas del Guadalquivir, y, en el mismo río, **tendréis ocasión de subiros a la *Nao Victoria,*** en la que el navegante portugués Magallanes dio la vuelta al globo.

SIERRA DE GRAZALEMA Y SERRANÍA DE RONDA

LAS SIERRAS DE LOS BANDOLEROS

Entre Málaga y Cádiz hay varias sierras cubiertas con extensísimos bosques de pinsapos, una rara variedad de abeto que no se da en otros países y cuyo hábitat ha quedado reducido este lugar del planeta. Estas montañas son también uno de los lugares más lluviosos de la Península, y, durante los pasados siglos, fueron escenario de las andanzas de algunos famosos bandoleros y de los guerrilleros que lucharon contra Napoleón.

Para conocer la **Sierra de Grazalema** se puede empezar por la localidad de ***El Bosque,*** donde facilitan abundante información sobre diferentes rutas, más o menos fáciles, en este espacio declarado Parque Natural. El pueblo nació alrededor de un palacio de recreo de la nobleza, que **fue quemado durante la invasión napoleónica,** eso sí provocando que todos los vecinos se convirtieran en guerrilleros y dieran muchos disgustos al ejército francés.

■ Aunque no conserva edificios antiguos, El Bosque tiene hermosas alamedas regadas por el río Majaceite, así como **un interesante jardín botánico donde están representadas las especies más abundantes en la zona:** pinsapos, encinas, acebuches, alcornoques... Si os apetece realizar una excursión a

pie, podéis acercaros a ***Benamahoma*** siguiendo el curso del río a partir de una piscifactoría. El camino discurre a través de una zona de bosques de ribera y pasa junto a algunos batanes en ruinas, en los que se trataba la lana aprovechando la fuerza del agua. También veréis **molinos de grano como el llamado «molino de Abajo»,** actualmente restaurado.

En el corazón de la sierra está el precioso pueblo de **Grazalema,** que tiene la particularidad de ser el lugar donde más llueve en toda España. Por eso está rodeado de manantiales, y en su plaza, cubierta de árboles, hay una fuente de aguas fresquísimas. Las calles inclinadas, las placitas y las casas blancas, con sus grandes ventanas de rejas en las que asoman los geranios, hacen que merezca la pena pasear tranquilamente y subir a un mirador que está en la parte alta, donde se ven los tejados y las iglesias como si fueran de juguete. En el mismo pueblo os informarán sobre los lugares más bonitos de la sierra, como la Garganta Verde, el Salto del Cabrero o **el bosque de pinsapos,** aunque a algunos sólo se puede ir con permiso porque anidan o crían animales que se asustan con la presencia humana.

■ Además, Grazalema es el lugar donde nació uno de los bandoleros más famosos de la historia, José María *el Tempranillo.* Fue **contrabandista y salteador de caminos,** y cobraba impuestos a los carruajes que cruzaban la sierra; pero llegó a ser muy popular entre los pobres, porque solía dar a los más necesitados una parte de lo que robaba y defendía a los campesinos frente a los abusos de los terratenientes.

■ Alrededor de la sierra hay otros pueblos que podréis visitar, como ***Ubrique,*** famoso por sus trabajos en cuero; ***Villaluenga del Rosario,*** que tiene una curiosa plaza de toros con asientos tallados en la roca; o ***Zahara de la Sierra,*** con un castillo que se alza sobre un risco. Aunque están un poco más alejados, también vale la pena ir a ***Olvera,*** que tiene su castillo con unos impresionantes subterráneos; y sobre todo a ***Setenil de las Bodegas,*** escondido a los pies de unos grandes farallones que sirvieron de refugio a los árabes. Cuando recorráis Setenil, seguro que os llamarán la atención las pintorescas casas construidas a ambos lados del río, **incrustadas bajo las rocas** que les sirven de techo.

■ A pocos kilómetros de Setenil –ya en la provincia de Málaga– se encuentra ***Ronda,*** ciudad encaramada junto a un profundísimo tajo excavado por el río Guadalevín. Para llegar a la ciudad antigua, tendréis que cruzar

Arriba, jardines del Palacio del Rey Moro, en Ronda.

Abajo, Setenil.

Vista de Ronda.

Pinsapo.

esa garganta atravesada por **un puente de se eleva a cien metros de altura** utilizando las rocas como cimientos. En el centro del puente hay una habitación que sirvió como cárcel de presos peligrosos, y en toda la zona que bordea el precipicio existen espectaculares miradores que os darán una idea de lo difícil que era conquistar esta ciudad asomada al vacío.

En Ronda hay mucho que ver, empezando por la plaza Mayor, donde se alza el elegante Ayuntamiento y la iglesia de Santa María, erigida sobre un palacio romano. Muy cerca está el Palacio de Mondragón, convertido en museo arqueológico, con bonitos jardines y patios adornados con azulejos; y la casa del Gigante, así llamada por la estatua de Hércules que adorna su fachada. Muy cerca del puente debéis visitar también la Casa del Rey Moro, con **unos bellos jardines llenos de terrazas, pérgolas, fuentes y miradores.** En los sótanos de este edificio se halla La Mina, un conjunto de cámaras subterráneas con aljibes, almacenes de grano, la llamada *Sala de los Secretos* y las mazmorras, en las que había más de trescientos cristianos encarcelados cuando la ciudad fue conquistada a los árabes.

■ En la visita de Ronda tampoco dejéis de acercaros a la fuente de los Ocho Caños, la más antigua de la ciudad, a la iglesia de la Oscuridad, tallada en la misma roca y al templete de la Virgen de los Dolores, donde los condenados a muerte rezaban su última oración. También merece la pena asomarse a la hermosa plaza de toros y a la posada de las Ánimas, con una entrada **adornada con tibias y calaveras.** Por último, hay dos museos curiosos y un poco tétricos. Uno dedicado a los bandoleros que recorrieron la serranía, con **reproducciones de escenas y personajes famosos a tamaño natural.** El otro recoge instrumentos de tortura, utilizados por la Inquisición durante sus interrogatorios que demuestran lo que es capaz de inventar el ser humano para causar dolor a sus semejantes.

En las proximidades de Ronda se encuentran las valiosas **ruinas romanas de Acinipo,** con un teatro muy bien conservado al borde de un precipicio, así como las ***cuevas del Gato y de la Pileta,*** con pinturas rupestres y formaciones de estalactitas y estalagmitas. Otra excursión que vale la pena es la ***Sierra de las Nieves,*** que se llama así porque antiguamente había pozos donde se almacenaba la nieve que, luego, era transportada en carros para conservar los alimentos. Esta sierra también conserva grandes pinsapares, numerosas cabras monteses y **una de las simas más profundas del mundo,** con 1.100 metros de caída.

CÓRDOBA Y SIERRA MORENA

PALACIOS DE ENSUEÑO Y MONJES FANTASMAS

La capital cordobesa fue una de las ciudades más queridas por los árabes, que levantaron aquí una espectacular mezquita y construyeron a las afueras un palacio, *Madinat-al-Zahra,* que podía ser el escenario de una leyenda de sultanes y princesas.
Entre Córdoba y Sevilla se extienden un conjunto de cadenas montañosas, como Hornachuelos o la Sierra Norte, que han sido declaradas parque natural y están llenas de sorpresas.

Una visita obligada cuando lleguéis a ***Córdoba*** es su monumental mezquita, a la que se entra por el patio de los Naranjos, adornado por estos frutales que huelen a miel y son regados por cinco fuentes de agua fresca. Nada más traspasar la puerta, dejaos llevar por la impresión que produce el amplísimo interior del templo, sujeto por bonitos arcos de herradura y por **más de ochocientas columnas, todas distintas.** Cuando la levantaron los árabes llegó a tener más de mil columnas, y era como una inmensa sala sin tabiques; pero tras la conquista cristiana se construyó dentro una catedral y sus muros quitaron mucha luz y rompieron la amplitud de la mezquita. No obstante, sigue siendo una maravilla, con sus techos de maderas de colores y las preciosas filigranas del *mihrab,* que tiene una bóveda en forma de concha.

■ Además de los árabes, también los judíos tuvieron una importante presencia en Córdoba y crearon un gran centro de saber en el que se educaron médicos, economistas y maestros. Los hebreos vivieron en su propio barrio y acabaron siendo muy perseguidos, hasta el punto de que la **Inquisición les obligó a llevar un distintivo que los identificara,** igual que hizo Hitler siglos más tarde en Alemania. Al final tuvieron que abandonar la judería, cuando fueron expulsados del país por los Reyes Católicos, pero desde entonces este barrio se ha conservado casi intacto, como si todavía esperara el regreso de sus antiguos vecinos. Cuando paseéis por él, fijaos en los bonitos patios de las casas y acercaos a la sinagoga, donde podréis ver **la curiosa galería reservada a las mujeres,** la sala de oración y el tabernáculo, donde se guardaban los libros sagrados.

Como es lógico, después de varios siglos en los que convivieron judíos, moros y cristianos, Córdoba se convirtió en una ciudad llena de leyendas. Una de ellas se refiere a la Casa de los Villalones, en la que vivía una joven muy hermosa en compañía de su padre, un anciano tan avaro que, aunque se había dedicado a atesorar riquezas, vivía miserablemente. Un día llegó con un objeto especialmente valioso oculto entre las ropas, y le ordenó a su hija que lo bajara al sótano para esconderlo. La muchacha bajó, obediente, y cuando se disponía a subir **vio con horror que la trampilla se cerraba,** dejándola totalmente a oscuras. El anciano oyó los gritos de su hija y bajó a buscarla, pero no dio con ella y, después de llamar a los vecinos, pese a que se seguían escuchando sus lamentos, nadie consiguió localizarla. Desde entonces, **el avaro pasó el resto de sus días solo y condenado a oír los gemidos de la muchacha** sin volver a verla.

■ Uno de los edificios que guardan más historias es el **alcázar de los Reyes Cristianos,** situado al borde del Guadalquivir y protegido por fuertes muros y por cuatro torres. Aquí vivieron los Reyes Católicos mientras preparaban la conquista de Granada, Colón se entrevistó varias veces con la reina Isabel y en él estuvo preso el monarca árabe Boabdil. Así, podéis imaginar que viajáis en el tiempo y os encontráis con cualesquiera de estos personajes mientras recorréis las grandes salas o los jardines, en los que el agua y la vegetación forman una mezcla de sonidos y olores que, si hace buen tiempo, también se pueden disfrutar de noche.

Muy cerca, cruzando el río por el antiguo puente romano, se llega a la torre de la Calahorra, que **a lo largo de los siglos ha servido como atalaya de vigilancia y como cárcel.** Actualmente alberga un interesante museo sobre la historia de las culturas y de los sabios que enriquecieron esta ciudad, con vídeos y representaciones de los personajes vestidos al estilo de su época. Además, hay una sala con instrumentos musicales antiguos; otra dedicada a la Alhambra, con una reproducción de este precioso palacio granadino, y una joya para los aficionados a las maquetas: la Mezquita tal como era en tiempo de los árabes. Desde lo alto de la torre hay estupendas vistas, y al otro lado del río podréis ver **los restos de la gigantesca noria** que llevaba el agua hasta el alcázar.

■ Para que no falte de nada, Córdoba también cuenta con un valioso jardín botánico con invernaderos dedicados a la flora americana y a la canaria, una rosaleda y **una curiosa colección de plantas que se pueden reconocer por su tacto y su olor.** Entre los secretos que guarda este jardín hay un banco de semillas, que se conservan en cámaras frigoríficas para que nunca desaparezcan las especies, un gran herbario con miles de plantas prensadas y secas y una colección de fósiles con restos de helechos y vegetales de todo el mundo.

■ Además de todos sus monumentos, la ciudad es famosa por sus encantadores rincones, como los innumerables patios en los que suele haber cientos de macetas de flores y una pequeña fuente con surtidor. Cómo no, es casi obligatorio visitar **la simpática calle de las Flores** y la plazuela del Potro, que tiene una antiquísima posada y una fuente coronada por el caballito que da nombre a este lugar.

■ A sólo siete kilómetros de Córdoba y al pie de una pequeña sierra se encuentran las ruinas de ***Madinat-al-Zahra,*** la ciudad que mandó levantar un califa árabe para su favorita *Al Zahra* («La Flor»). Desde que fue construida hace más de mil años, hasta que se convirtió en un triste conjunto de ruinas, sufrió numerosos saqueos y quedó olvidada durante siglos. Finalmente fue descubierta, y todavía se siguen haciendo excavaciones para recuperar sus tesoros. Si la visitáis, haceos a la idea de que

Nocturno de la Mezquita-Catedral.

Plaza del Potro.

Vista de la Judería.

Medina-Azahara. Dos vistas y un cervatillo de bronce, procedente del palacio, que se conserva en el Museo Arqueológico de Córdoba.

estáis en el escenario de un cuento oriental, una ciudad con palacios, jardines, viviendas, talleres, huertas y una mezquita, toda ella rodeada de murallas. Cuentan que el palacio del califa, en el que intervinieron arquitectos de Bagdad y de Costantinopla, **tenía las paredes forradas de oro y mil columnas de mármol** traídas de los países más lejanos del planeta.

■ A partir de Córdoba, podéis iniciar el recorrido del valle del Gaudalquivir en dirección a Sevilla, pasando por localidades como **Almodóvar del Río,** que tiene un monumental castillo árabe en lo alto de un cerro, o por **Palma del Río,** que también conserva los restos de una fortaleza y algunas bonitas iglesias, como la de la Asunción, con su esbelta torre y su campanario revestido de azulejos.

Al norte del Guadalquivir está la ***Sierra de Hornachuelos,*** declarada parque natural y formada por extensos bosques de encinas y alcornoques. Desde la Antigüedad, era lugar habitual de caza y todavía tiene una rica fauna entre la que abundan los ciervos y los jabalíes, y **es fácil ver águilas o buitres cruzando el cielo.** En el mismo parque podéis hacer agradables excursiones hasta los **embalses de Bembézar** y **Retortillo,** situados en lugares muy agrestes.

■ Muy cerca, en la provincia de Sevilla, está ***el Parque Natural de la Sierra Norte,*** que también cuenta con una típica vegetación mediterránea y está regada por varios ríos. Entre todos ellos, merece la pena que hagáis un recorrido desde ***San Nicolás del Puerto*** por la estrecha carretera que bordea el Huéznar, por cuyo pequeño cauce corre un agua limpísima bajo tupidos bosques de sauces, olmos y alisos. Además, en el trayecto hay buenas zonas de baño, pequeñas cascadas y un área recreativa que ocupa **un islote en medio del río** y a la que se llega por un gracioso puente. Cuando crucéis el puente echad un vistazo al río, y entenderéis perfectamente por qué le llaman «bosque en galería» a esa especie de túnel de arbolado que lo cubre.

■ Dos pueblos históricos de esta sierra son ***Constantina,*** que conserva las ruinas de su castillo medieval y está rodeada de una espléndida vegetación, y ***Cazalla,*** que también conserva restos de un castillo y todos los años sirve como escenario a **un famoso «Festival de Títeres».** Muy cerca de Cazalla se encuentra una antigua cartuja, que está siendo rehabilitada y que tiene al lado una especie de hotel rural. Si podéis visitarla, acercaos a las ruinas del monasterio y, con un poco de suerte, oiréis música gregoriana, cantada tal vez por los fantasmas de los monjes que lo habitaron. ¡Quién sabe!

GRANADA Y LAS ALPUJARRAS

EL PAISAJE DE LAS MIL Y UNA NOCHES

No es de extrañar que Boabdil, el último rey árabe que vivió en Granada, llorara cuando fue derrotado por los Reyes Católicos y tuvo que abandonar la ciudad. Para los visitantes de todo el mundo, parece un lugar irreal, sobre todo cuando recorren las salas de La Alhambra y se imaginan la vida lujosa que llevaban los califas en este palacio de color caramelo. Los árabes dejaron lo mejor de su cultura en esta ciudad, y, después de abandonarla, se retiraron a Las Alpujarras, donde fundaron pueblos tan blancos como los del norte de África.

La Alhambra es una de las grandes joyas que construyeron los musulmanes en su larga presencia de ocho siglos en la Península. Cuando lleguéis a ***Granada,*** sin duda formará parte de vuestra visita, así que prepararos a disfrutar a lo grande y recorrerla sin prisas, ya que realmente era una ciudad fortificada, con sus palacios, murallas y sitios reservados al ejército. Una de las zonas más atractivas es la de los palacios, decorados con infinidad de filigranas **porque la religión musulmana prohíbe representar seres vivos.** Además de las paredes, en las que no se ha dejado ni un solo hueco sin adornos, veréis ventanas redondeadas, celosías, finas columnas y pequeños patios adornados con fuentes y azulejos, entre los que destaca el de los Arrayanes, a cuyos lados vivían las mujeres del sultán.

La Alhambra.

Extremo derecha, Sierra Nevada.

Espada de Boabdil.

■ Todas las habitaciones tienen sus historia, como el salón del Trono, donde se tomaban las grandes decisiones del reino; la sala de los Secretos, que **permite hablar de un extremo a otro en voz baja;** o la zona de los baños, iluminada con lucernarios en forma de estrella, y donde los hombres y mujeres de la corte recibían sesiones de masajes y se dedicaban a la holganza, charlando o jugando tranquilamente. Otro de los lugares que habréis visto en alguna fotografía es el famosísimo patio de los Leones, con su fuente y sus columnillas. **Alrededor de este patio están algunas de las habitaciones más lujosas,** como la de las Dos Hermanas; la sala de los Reyes, donde se celebraban las fiestas; o la de los Abencerrajes, con su preciosa cúpula.

■ Tampoco debéis olvidar la visita al Palacio y los Jardines del Generalife, a los que se llega a través de paseos cubiertos de cipreses y adelfas. En este lugar se ve la importancia que daban los árabes a los jardines, en los que solían meditar, y que **no debían tener fuentes espectaculares ni grandes adornos que distrajeran su atención.** Cuando os asoméis al patio de la Acequia, os podéis imaginar a los habitantes del palacio caminando pensativamente, con la única compañía del sonido continuo de los chorritos de agua y el olor de las plantas. De tanto en tanto, buscarían distracción contemplando la ciudad, ahí abajo, o levantando la vista hacia las cumbres de la cercana Sierra Nevada.

Además de La Alhambra y el Generalife, también merece la pena acercarse a la parte baja de Granada, con rincones como la Alcaicería, que es **una especie de zoco árabe,** con calles estrechas y tiendas de recuerdos: o la deliciosa plaza de Bib-Rambla, con sus terracillas, sus puestos de flores y **la curiosa fuente de los Gigantones.** Muy cerca está la catedral, levantada sobre el mismo lugar que ocupaba la mezquita mayor, que guarda en su interior el sepulcro de los Reyes Católicos. Subiendo por la bonita carrera del Darro, que bordea este río al pie de La Alhambra, se llega al Albaicín, un típico barrio árabe de calles empinadas que llegó a tener treinta mezquitas y que aún conserva los antiguos baños públicos. En todo caso **no dejéis de asomaros a la plaza de San Nicolás,** famosa por las vistas de la Alhambra, que al atardecer va tomando unos sorprendentes tonos anaranjados y rojizos.

Muy cerca de la capital granadina se alza la mole de ***Sierra Nevada,*** declarada parque natural y presidida por los montes más altos de la Península: el **Mulhacén** y el

Veleta, con tres mil y pico metros y siempre cubiertos de nieve. Las primeras subidas que se hicieron a esta sierra eran precisamente para conseguir nieve, que más tarde se vendía en la ciudad y **se bajaba en mulos envuelta en paja y mantas de lana** para que no se deshiciera. Así se trazó el primer sendero hasta las cumbres, que se llamó «el camino de los Neveros», y más tarde **se construyeron carreteras, entre ellas la más alta de Europa,** que supera los tres mil metros y que sólo se puede recorrer en verano. Además, Sierra Nevada se ha convertido en uno de los lugares preferidos por los aficionados al esquí gracias a su estación de invierno, con refugios, albergues y buenas pistas.

■ Al sur de la sierra está la comarca de ***Las Alpujarras,*** caracterizada por un paisaje muy espectacular que varía entre las frías y desnudas cimas de las montañas y la frondosa vegetación de los valles, donde abunda el agua y hay un clima más templado. Pero además, **Las Alpujarras** conservan pueblos encantadores y de un blanco inmaculado, levantados por los moriscos que se refugiaron aquí después de la pérdida de Granada. Localidades como **Pampaneira, Bubión, Capileira, Pórtugos** o **Juviles,** entre otras muchas, os sorprenderán por sus sencillas **casas escalonadas, con techos planos** en los que destacan las características chimeneas alpujarreñas.

Una advertencia para despistados. Cuentan que **en esta región hay una princesa mora que está hechizada,** y que al atardecer suele esperar a la gente al borde de un camino para saludarla. Si alguien contesta las consecuencias son terribles ya que, a partir de ese momento, la princesa se apodera de su mente y ocupa todos sus sueños hasta que la persona comienza a enfermar y, finalmente, muere. Así que si os saluda no se os ocurra responder y **clavad una navajita en el suelo** delante de ella, porque de inmediato saldrá huyendo y os libraréis de su maldición.

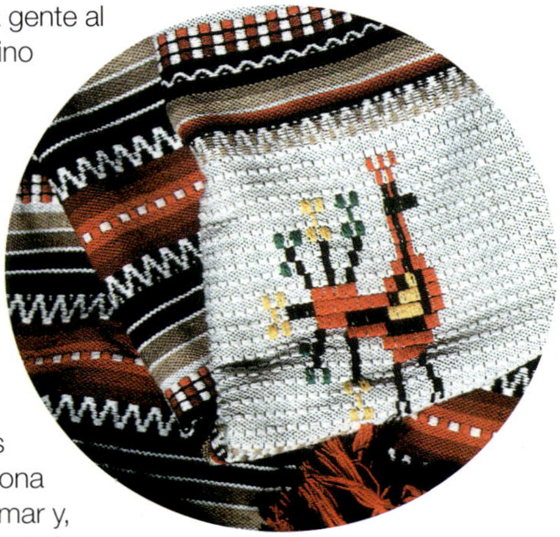

Típica jarapa alpujarreña, y jaima.

CABO DE GATA Y DESIERTO DE ALMERÍA

MINAS DE ORO, PUEBLOS DEL OESTE Y LABERINTOS SUBTERRÁNEOS

Desde que se empezaron a extender como una plaga los cultivos de invernadero, el paisaje de la costa de Almería se ha convertido en un extraño mar de plástico. Afortunadamente, hay una zona que ha quedado a salvo, el cabo de Gata, declarado parque natural y convertido en una de las regiones litorales mejor conservadas de la Península. Hacia el interior, la falta de agua ha dado origen a un espectacular desierto que ha servido como escenario a muchas películas del Oeste.

Para iniciar el recorrido del ***Parque Natural del Cabo de Gata,*** podéis acercaros a **San Miguel,** donde se encuentra la extensa **playa de la Almadraba,** con su antigua torre de vigilancia. Desde aquí veréis claramente la mole del cabo, que se asoma al mar como un gran peñón empujado por una oscura sierra de origen volcánico. Si os acercáis más, pasaréis por una zona de salinas en las que aún se recoge hoy día este valioso condimento, y donde **hay un buen observatorio para mirar las aves que se concentran sobre las charcas** de agua embalsada. Desde aquí, bordeando el arrecife de las Sirenas, llegaréis enseguida al **faro del cabo de Gata** y empezaréis a descubrir la rara belleza de este lugar que **parece el fin del mundo.**

Otro de los lugares a los que vale la pena acercarse es el pueblo marinero de ***San José,*** que tiene un simpático puerto con veleros, barcas de pesca y lanchas deportivas. En verano, San José se llena de turistas que vienen a disfrutar de sus playas, del increíble tono azul del mar y de las pequeñas calas entre rocas, a las que a veces sólo se llega andando. A poca distancia está el ***Pozo de los Frailes,*** un pueblo de apariencia árabe que conserva **una noria medieval de gran tamaño,** que podréis hacer funcionar vosotros mismos. Desde aquí, una carreterilla lleva hasta otros rincones del Parque Natural, como la **Isleta del Moro,** una mínima aldea de pescadores; o la **playa de los Escullos,** donde veréis una antigua fortaleza y **los acantilados desgastados por las olas.**

■ Si continuáis bordeando el mar, pasaréis junto al ***cerro de los Lobos,*** un mirador en el que hay **un mosaico dedicado a la flora y a la fauna del Parque Natural.** Desde aquí se tienen estupendas vistas de la zona, con su vegetación pelada, y de un buen tramo de la costa, en la que abundan nombres como la **punta del Cerro Negro,** la **cala del Bergantín,** el **arrecife del Dedo** o la **punta de los Muertos,** que podrían estar sacados de una historia de piratas.

■ Yendo hacia el interior se llega al pueblo de ***Rodalquilar,*** donde veréis un antiguo barrio minero totalmente destruido, **como si lo hubieran bombardeado.** Aunque os parezca incomprensible, las casas fueron derribadas por los dueños para poder echar a sus ocupantes, que se negaban a dejarlas. Como es lógico, el pueblo no es famoso por eso, sino por sus minas de oro, que se han venido explotando desde el tiempo de los romanos hasta hace pocos años, y de las que aún se conservan las instalaciones, hoy abandonadas. En una montaña cercana se puede ver el enorme tinglado de naves, torreones y depósitos en los que se removía la tierra y se obtenían distintos minerales, entre ellos **el oro, que**

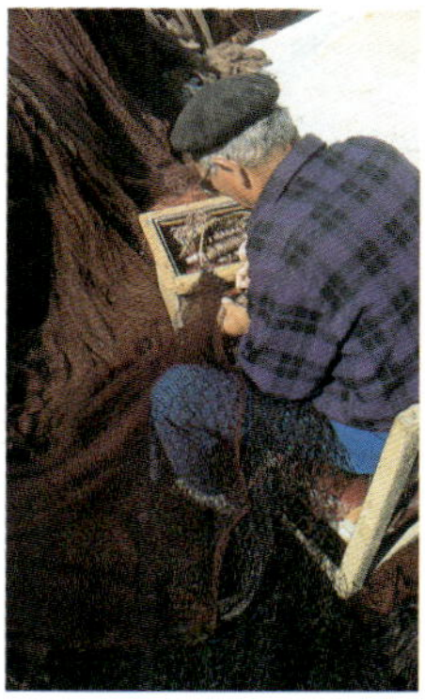

Mural ante el faro de Cabo de Gata y pescador de la Isleta del Moro.

Arriba, Torre vigía de Torregarcía y Cueva del Yeso. Abajo, horno árabe de Sorbas.

Estación solar, en Tabernas, y sapo corredor.

luego se convertía en lingotes. Ahora este lugar es peligroso y está cubierto de polvo y telarañas, pero imaginároslo en plena actividad y, si tenéis ocasión, escarbad un rato en la tierra. Con un poco de suerte…

■ Fuera del Parque Natural vale la pena acercarse a ***Níjar,*** pueblo que sigue conservando su estampa árabe y los restos de una atalaya desde la que se vigilaba la costa. Entre los aficionados a la artesanía Níjar es famoso por la cerámica, y sobre todo por las jarapas, una especie de **mantas hechas con trozos de telas de todos los colores.** A partir de aquí, si vais hacia el interior entraréis en una de las zonas más áridas de Europa, el ***desierto de Tabernas,*** una gran extensión de montes secos y rocas peladas que impresiona por su aspecto solitario, casi lunar. Precisamente por eso fue elegido para rodar muchas películas «del Oeste», y ahora sus decorados (pueblos mexicanos, fuertes, poblados indios, etcétera), se han convertido en atracciones donde **podréis ver diligencias, bisontes y espectáculos de vaqueros.**

■ Otra importante población del interior es ***Sorbas,*** que trepa por la ladera de un monte y asoma sus casas colgantes a la **hoz del río Aguas.** Dentro del casco viejo, abundan las calles estrechas y empinadas, las casas señoriales y los miradores, desde los que tendréis buenas vistas del pueblo y de los barrancos que lo rodean. Además, Sorbas tiene un viejo pasado alfarero y conserva **dos hornos de leña del tiempo de los árabes,** así como un barrio con varios talleres en los que, entre otras piezas, hacen unos graciosos botijos con forma de gallo.

Muy cerca de Sorbas está uno de los paisajes más sorprendentes de la provincia, el ***karst de yesos,*** un verdadero laberinto subterráneo formado por galerías en las que el agua ha ido creando las formas más caprichosas. Este paraje natural, catalogado como el más importante del mundo en su género, incluye más de mil cavidades, de las que sólo se conocen la mitad y que a veces **encierran todo tipo de peligros, como profundas simas o galerías inundadas,** que obligan a ir acompañado de guías. Una de las rutas más habituales es la ***Cueva del Yeso,*** a la que se llega por el cauce seco de un río y que se visita con un casco con iluminación. En el recorrido, que dura hora y media, veréis las paredes, llenas de cristales de yeso como espejos, y las grandes salas y galerías modeladas por el agua. Aunque os parezca mentira, en este mundo misterioso también es posible ver algunos animales, como los **grupos de murciélagos que duermen colgados de los techos de las cuevas.**

SIERRA DE CAZORLA Y SIERRA MÁGINA

OLIVARES, ESPECTROS Y CASTILLOS EN RUINAS

La Sierra de Cazorla, uno de los paisajes más bellos de la provincia de Jaén, es como un islote de naturaleza salvaje rodeado por grandes campos de olivar. En su interior nacen varios ríos, como el Guadalquivir, y hay infinidad de ocasiones para caminar, disfrutar del paisaje y contemplar la variada fauna de este Parque Natural. No muy lejos, en la misteriosa Sierra Mágina, la gente guarda el recuerdo de viejas costumbres, como la de proteger sus hogares de los espectros y los malos espíritus.

La entrada al **Parque Natural de Cazorla, Segura** y **Las Villas** se puede hacer desde ***Cazorla,*** una pintoresca localidad protegida por dos castillos, el de Salvatierra y el de La Yedra, que demuestran la gran importancia estratégica que tuvo en el pasado. La villa está tan encajonada en la sierra que a los cristianos les fue muy difícil arrebatársela a los árabes, y ni siquiera pudieron recurrir a cercarla para que la gente muriera de sed, porque **el agua baja a raudales directamente de las montañas.** Para comprobarlo, sólo tenéis que acercaros a la plaza de Santa María, donde veréis la monumental fuente de las Cadenas y las ruinas de una iglesia derribada por una crecida del pequeño río Cerezuelo, que pasa por debajo del templo.

■ En el paseo por Cazorla no olvidéis visitar el **Castillo de la Yedra,** levantado por los árabes sobre una

Águila real y mochuelo común.

Senderismo por el Parque de Cazorla.

Segura de la Sierra.

fortaleza romana. Actualmente acoge un atractivo **Museo de Artes y Costumbres Populares** y además es un estupendo mirador sobre los tejados y las blancas casas del pueblo. Al bajar, también podéis acercaros a las animadas plazas de la Corredera y de la Constitución, donde hay barecillos, tiendas de recuerdos y sitios donde facilitan información y **organizan excursiones para visitar el Parque Natural.** Antes de adentraros en la sierra, tampoco estaría de más una escapada a ***La Iruela,*** con las impresionantes ruinas de su atalaya en lo alto de un cerro.

Cabra montés.

El ***Parque Natural,*** de una gran extensión, abarca varias sierras y parajes muy especiales, como el **nacimiento del Gaudalquivir,** que forma bonitas cascadas y recorre un largo trecho hasta llegar al pantano del Tranco, una especie de inmenso lago en el corazón de la sierra. Cerca del río se encuentra el centro de visitantes de la **Torre del Vinagre,** con abundante información de la zona, y un pequeño jardín botánico, y en el centro del embalse veréis un islote, en el que **asoman las ruinas fantasmagóricas del castillo de Bujaraiza.** En toda la zona tendréis ocasiones de daros un chapuzón, descansar en un área recreativa y hacer excursiones más o menos fáciles, a pie y en coche, como las que llevan bordeando el río Borosa hasta la laguna de Valdeazores, o la que sube hasta el mirador de la Hoya, donde con suerte veréis algunos de **los grandes animales que se refugian en esta sierra:** cabras monteses, ciervos, gamos y muflones.

Como podéis suponer, en unos paisajes tan bien conservados hay una fauna muy variada, que incluye pequeños mamíferos, como el zorro, la gineta, el gato montés, la nutria y la comadreja; y sobre todo infinidad de aves, como quebrantahuesos, búhos, águilas, buitres y gavilanes. Hace bastantes años también había lobos, y de hecho hay quien asegura que todavía se oyen sus aullidos. Pero según parece, el origen de éstos lo explica **la vieja leyenda del Mudarra,** un vecino de esta sierra que, tras acabar con una camada de lobeznos, aquella misma noche fue atacado en su propia casa por una manada de lobos que le mataron junto con toda su familia. Sólo se llevaron con vida a su hija recién nacida, que **con el tiempo se convirtió en una mezcla de mujer y de loba,** y a la que aún se escucha aullar en el silencio de la noche.

Continuando por la sierra de Cazorla hacia el norte se llega a la de Segura, donde está el nacimiento de este río y también hay algunos encantadores pueblos, como ***Hornos de Segura,*** situado en lo alto de un cerro y con estupendas vistas del pantano del Tranco. Hacia el sur de la sierra, cerca del pueblo de ***Quesada,*** otro sitio muy llamativo es el **santuario del Tiscar,** enclavado a los pies de un castillo que parece inaccesible. Cerca del santuario está la **Cueva del Agua,** una impresionante gruta a la que se llega por un sendero con escaleras, y que tiene un chorro que **va formando huecos y plataformas antes de dejarse caer por un precipicio.**

Otra de las zonas montañosas de la provincia de Jaén es ***Sierra Mágina,*** también declarada parque natural y con un paisaje cubierto por miles de olivares. Viendo esta misteriosa sierra, seguramente pensaréis que su nombre tiene algo que ver con la palabra «magia» y, de hecho, en sus pueblos han conservado hasta no hace muchos años **la creencia en duendes y otras criaturas fantásticas.** Por ejemplo, cuando todavía no había luz eléctrica ni calefacción y el fuego del hogar era muy importante, antes de que la familia se fuera a la cama solía dejar las tenazas abiertas en forma de cruz bajo la chimenea. De esta forma, cuando se apagara el rescoldo no podrían entrar por ese hueco los malos espíritus, que solían pasearse fuera, en la oscuridad, buscando a sus víctimas.

■ Repartidos por la sierra, en lo alto de los riscos, hay muchos torreones de vigilancia que demuestran la importancia militar de esta zona, fronteriza entre los territorios cristianos y el reino árabe de Granada. También hay bonitos pueblos que vale la pena visitar, como ***Jódar*** y ***Pegalajar,*** con sus curiosas viviendas en cuevas; ***Bedmar,*** con su caserío escalonado a los pies del castillo, o ***Jimena,*** en cuyas cercanías está la Cueva de la Graja, con pinturas rupestres. Pero si queréis un consejo, no os perdáis ***Bélmez de la Moraleda,*** localidad famosa por **las enigmáticas caras que aparecieron en el suelo y las paredes de una casa** y que después de muchos estudios nadie ha sabido explicar.

Cueva del Agua.

Corta Atalaya en Riotinto.

Hacienda La Laguna, en Jaén.

OTROS DESTINOS DE INTERÉS

Al norte de la provincia de Huelva se extiende la ***Sierra de Aracena,*** conocida entre los mayores por sus excelentes embutidos, especialmente los famosísimos jamones de Jabugo. Además ha sido declarada Parque Natural, y tiene un accidentado paisaje, cubierto de vegetación y con un clima templado, donde vivieron tribus primitivas en épocas muy remotas. En la **Peña de Arias Montano,** que es un estupendo mirador sobre la zona y sobre el pueblo de ***Alájar,*** hay numerosas cuevas que estuvieron habitadas en la Antigüedad. Siglos más tarde, se establecieron aquí los romanos, como prueban unas ruinas encontradas cerca de ***Aroche,*** donde se levanta la ermita de San Mamés. Según parece, esta ermita conserva parte de **los muros de un templo dedicado a Marte, dios de la guerra que era muy temido** y al que se hacían sacrificios humanos.

■ Hasta hace no muchos años la vida en esta región era difícil y la gente sacaba partido de la riqueza natural de la zona recogiendo setas, espárragos trigueros, frutos silvestres, caracoles y ranas, de las que se aprovechaban las ancas o patas traseras, consideradas como un manjar en muchos lugares del mundo. Los libros hablan incluso de una sorprendente costumbre de la zona: *embetijar* a las crías de las aves rapaces, como águilas y búhos reales, para robarles las piezas de caza que les llevaban sus padres. Los pastores de la sierra tenían localizados los nidos y, al nacer los polluelos, esperaban que los padres salieran en busca de comida. Entonces trepaban al nido y **atravesaban el pico de cada cría con un palito** o *betijo* para que no pudieran tragar. Luego, sólo tenían que esconderse y esperar a que los padres regresaran con su caza, que –como nadie se la podía comer– quedaba entera en el nido. Al caer la tarde, el pastor aprovechaba para recoger las piezas, eso sí, dejando las tripas y quitándoles el *betijo* a las crías para que pudieran alimentarse, porque si morían se terminaba el suministro.

■ Además de viejas historias, la sierra conserva algunos bonitos pueblos, como ***Cumbres Mayores,*** con su impresionante fortaleza octogonal cuyas murallas podéis recorrer por arriba; o ***Aroche,*** donde está el **Dolmen de la Belleza** y el curioso **Museo del Santo Rosario,** con más de mil piezas de todo el mundo. También es de visita casi obligatoria el pueblo de ***Aracena,*** donde se encuentra la preciosa **gruta de las Maravillas.** El recorrido, de más de un kilómetro, **pasa por seis lagos subterráneos y doce cavernas** donde veréis las extrañas formas que ha ido creando el agua durante miles de años. Los nombres de estas cuevas: la sala de los órganos, el salón de la cristalería de Dios, la sala del gran lago, el baño de la sultana, el lago de esmeraldas, la sala de los desnudos…, dan una idea de las sorpresas que os tienen reservadas.

También en Huelva es muy aconsejable una escapada a las ***minas de Riotinto,*** en las que podréis hacer un recorrido por **un antiguo ferrocarril del que tira una máquina de vapor,** visitar un interesante museo que guarda uno de los coches-cama más lujosos del mundo y acercaros a la impresionante **Corta Atalaya, una profundísima fosa escalonada** de la que se extraía el mineral.

■ La ciudad de ***Málaga*** tiene bonitos paseos arbolados y muchos edificios de interés, como la alcazaba árabe, el teatro romano, la Catedral y el castillo de Gibralfaro, desde el que tendréis estupendas panorámicas. Además, conserva la casa natal del pintor Picasso y algunos parques entre los que destaca el de la Concepción, un jardín botánico situado a las afueras de la ciudad y que reúne **árboles con más de un siglo y palmeras de todos los lugares cálidos del mundo.** En el recorrido de este jardín de fábula veréis también cascadas, fuentes, arroyos y estatuas medio escondidas en la vegetación, así como una especie de templo romano y un mirador con vistas a la ciudad. A medio camino entre Málaga y Torremolinos, cerca de Churriana, hay otro parque paradisíaco conocido como El Retiro, en el que hay **más de mil aves de todos colores,** como papagayos, tucanes, flamencos y pelícanos.

Si os gustan las cuevas, desde Málaga podéis visitar dos muy importantes, **la del Tesoro** y **las de Nerja.** La primera es una gruta marina tallada pacientemente por las olas, y está sobre un pequeño acantilado cerca del ***Rincón de la Victoria.*** Estuvo ocupada desde hace muchos siglos, como demuestran los restos humanos y las pinturas rupestres que se descubrieron en su interior y, según la leyenda, todavía conserva un tesoro del tiempo de los árabes, que mucha gente ha intentado encontrar inútilmente. En una importante expedición que tuvo lugar hace dos siglos, los buscadores del tesoro **tuvieron que abandonar, aterrorizados, después de ver cosas que ni se atrevieron a contar.** ***Las Cuevas de Nerja*** también encierran un tesoro, esta vez natural, formado por sus fantásticas estalactitas y estalagmitas, que incluyen una columna de más de treinta metros situada en la «sala de los Cataclismos».

■ Otra de las maravillas geológicas de la provincia de Málaga es el ***Torcal,*** que se alza a pocos kilómetros de la bella ciudad de ***Antequera.*** Este paraje es **un gigantesco macizo rocoso,** desgastado por las lluvias que han ido creando figuras muy curiosas. En la carretera que sube hasta el Torcal iréis viendo muchas de estas formaciones y, al llegar a la cima, hay un merendero y caminos señalizados para recorrer el lugar.

Si tenéis especial interés en conocer dos ciudades monumentales, no dejéis de visitar ***Úbeda*** y ***Baeza,*** situadas en una de las zonas más olivareras de Andalucía, la campiña de Jaén. Precisamente cerca de Baeza está **la hacienda de La Laguna, con un museo dedicado al aceite** que incluye varios molinos («almazaras») de gran tamaño, un enorme depósito y **variedades de olivos de todo el mundo.** Además, la hacienda debe su nombre a que en ella también hay lagunas en las que podréis observar numerosas especies de aves.

Málaga. Jardín Botánico de la Concepción y casa natal de Picasso.

INFORMACIÓN PRÁCTICA

PARQUES TEMÁTICOS Y DE ATRACCIONES

Isla Mágica. La estrella de los parques temáticos andaluces. Situado en la sevillana Isla de la Cartuja. La entrada es gratuita para los menores de 5 años y hay tarifas especiales para niños de 5 a 12 años. Abierto todos los días, ✆ 902 161 716.

Al sur de la Isla está **Puerta de Triana**, que también incluye atracciones y precios reducidos para los más pequeños. Abierto todos los días, excepto los lunes, ✆ 954 460 089.

Guadalpark. Parque acuático a las afueras de Sevilla. Para disfrutar de un chapuzón en los meses más calurosos del año. Abierto de mayo a septiembre, ✆ 954 406 622.

Aquasherry. Cerca del pueblo gaditano de Puerto de Santa María. También ofrece una gran variedad de diversiones pasadas por agua. Abierto de mayo a septiembre, ✆ 902 114 995.

ZOOLÓGICOS, JARDINES Y PARQUES NATURALES

Zoo de Jerez. Abierto todos los días, excepto los lunes, ✆ 957 182 397.

Zoo de Carmona. Coqueto, a las afueras de esta bonita ciudad sevillana. Abierto todos los días, excepto en invierno, que sólo abre sábados, domingos y festivos, ✆ 954 191 696.

Selwo. En las proximidades de Estepona. Espectacular parque de la naturaleza donde se pueden hacer recorridos, a pie o en todoterreno, entre animales que parecen estar en su propio ambiente. Abierto todos los días, excepto los lunes en invierno, ✆ 952 792 150.

La Reserva. En el pequeño pueblo de Fernán Pérez, en la zona almeriense del Cabo de Gata. Muestra animales y plantas muy característicos de nuestro país. ✆ 950 386 230.

Expo-Marine. Para los aficionados al mundo submarino. En la localidad gaditana de San Fernando. ✆ 956 592 925.

Parque de las Ciencias de Granada. Exhibe una preciosa colección de mariposas, un telescopio y una curiosísima Casa Distorsionada. Abierto todos los días, excepto los lunes, ✆ 958 131 900.

Jardín Botánico de la Concepción. A las afueras de Málaga. Puentes, cascadas y árboles centenarios. Abierto todos los días, excepto los lunes, ✆ 952 252 148.

El Retiro. En dirección a Estepona. Además incluye gran variedad de aves exóticas. Abierto todos los días, ✆ 952 621 841,

Jardín Botánico de Córdoba. Abierto todos los días, excepto los lunes, ✆ 957 200 355.

La Casa del Rey Moro. En Ronda. Abierto todos los días, ✆ 952 187 200.

Parque Nacional de Doñana. Para quienes prefieren la naturaleza «en su salsa» es cita obligada. Abierto todos los días, ✆ 959 448 711 y 959 442 340.

Espacios protegidos. Andalucía es una de las comunidades autónomas con mayor número de espacios protegidos de todo el país.
Algunos de los más atractivos, con posibilidad de rutas guiadas, son:

Parque Natural de las Sierras de Cazorla, Segura y las Villas. ✆ 953 713 040.

Parque Natural del Cabo de Gata-Níjar. ✆ 950 160 443.

Parque Natural de la Sierra de Grazalema. ✆ 956 716 063.

MONUMENTOS Y MUSEOS CURIOSOS

Castillo de Gibralfaro. En Málaga. Abierto todos los días. Se puede ver una maqueta de la ciudad.

Alcazaba de Almería. Espectaculares vistas de la ciudad y el puerto. Abierta todos los días, ✆ 950 271 617.

Alhambra de Granada. Abierta todos los días, ✆ 958 227 527.

Mezquita de Córdoba. Abierta todos los días, ✆ 957 470 512.

Torre de Calahorra. Córdoba. Muy cerca de la mezquita, al otro lado del Guadalquivir. Abierta todos los días, ✆ 957 293 929.

Museo del Bandolero. En Ronda. Abierto todos los días, ✆ 952 877 785.

Museo Minero de Riotinto. En Huelva. Abierto todos los días, excepto el lunes, ✆ 955 590 025.

Muelle de las Carabelas. En Huelva, en el paraje costero de La Rábida. Abierto todos los días, excepto los lunes, ✆ 959 530 597.

Torre Tavira. Cádiz. Para asomarse a la ciudad a escondidas. Abierta todos los días, ✆ 956 212 910.

Museo Etnográfico de Benalauría. Para conocer las costumbres de los pueblos de la Serranía de Ronda. ✆ 952 152 548.

EXCURSIONES EMOCIONANTES

En toda Andalucía se pueden visitar espectaculares cuevas que ofrecen precios reducidos para los más pequeños:

Cuevas de Sorbas, en Almería. ✆ 950 364 481.

Cueva de los Murciélagos, en el pueblo cordobés de Zuheros. ✆ 957 694 714.

Cueva del Tesoro. Costa malagueña. ✆ 952 406 162.

Cueva de Nerja. Costa malagueña.✆ 952 529 520.

Gruta de las Maravillas de Aracena. Huelva. ✆ 959 128 206.

Cueva de las Ventanas, en el pueblo granadino de Piñar. ✆ 959 394 613.

Cruceros por el Cabo de Gata. ✆ 950 380 299.

Buque Fluvial que recorre el Guadalquivir bordeando Doñana. ✆ 956 363 813.

Salidas desde **Tarifa** para avistar ballenas y delfines en el Estrecho de Gibraltar. ✆ 956 627 008.

En la **bahía de Cádiz** se organizan rutas en barco a vela y motor. ✆ 956 590 930, y en el interior es posible hacer un simpático **paseo en mulo** por el Parque Natural de Los Alcornocales. ✆ 956 640 231.

Real Escuela Andaluza del Arte Ecuestre. Jerez. El mejor destino para disfrutar las habilidades de los caballos andaluces. ✆ 956 311 111.

Yeguada del Hierro del Bocado. Jerez. ✆ 956 162 809.

Texas-Hollywood. En pleno desierto de Almería. Ofrece espectáculos del oeste. Abierto todos los días, excepto en invierno, que sólo abre sábados, domingos y festivos, ✆ 950 165 458.

En Tarifa hay varias escuelas que enseñan el manejo de la tabla de **windsurf.**

En Sanlúcar de Barrameda hay una escuela de **equitación.** ✆ 956 363 202.

En Sierra Nevada imparten clases de **esquí** a los más pequeños, ✆ 958 249 111. También cursos específicos para minusválidos, ✆ 617 393 331. Además, en Sierra Nevada es posible participar en un programa de **astronomía** para «tocar» las estrellas, ✆ 958 249 111.

ALOJAMIENTOS

Además de los grandes hoteles de playa, que suelen ofrecer programas de entretenimiento a los más pequeños, hay establecimientos del interior que organizan actividades para toda la familia.

Hotel Los Chozos **. Gracioso conjunto de cabañas en el pueblo gaditano de Benaocaz. ✆ 956 234 163.

Hotel Huerta Dorotea **. Situado en Prado del Rey, que ofrece la posibilidad de dar paseos a caballo. ✆ 956 724 291.

Hotel Riogazas, ✆ 953 124 035; y **Villa turística de Cazorla** ***, ✆ 953 710 100, ambos en plena sierra de Cazorla, Jaén. Organizan visitas al Parque Natural.

Hacienda La Laguna. En los alrededores de Baeza. Incluye un precioso Museo del Aceite. ✆ 953 127 172.

Alquería de Morayma **. En el pueblo granadino de Cádiar. Programa actividades durante todo el año, incluyendo una semana de los niños. ✆ 958 343 221.

Villa turística de Bubión ***. En plena Alpujarra. Ofrece rutas a caballo por Sierra Nevada. ✆ 958 763 111.

Casas-cueva de Galera. En Almería. ✆ 958 739 068.

La Cumbre. Casa de colonias, que organiza visitas a las cuevas de Sorbas. ✆ 950 525 392.

Granja-escuela El Barrial. En Huelva, en el parque natural de la sierra de Aracena. Brinda la posibilidad de estancias familiares y de fin de semana. ✆ 954 692 562.

Zaragoza y Gallocanta.

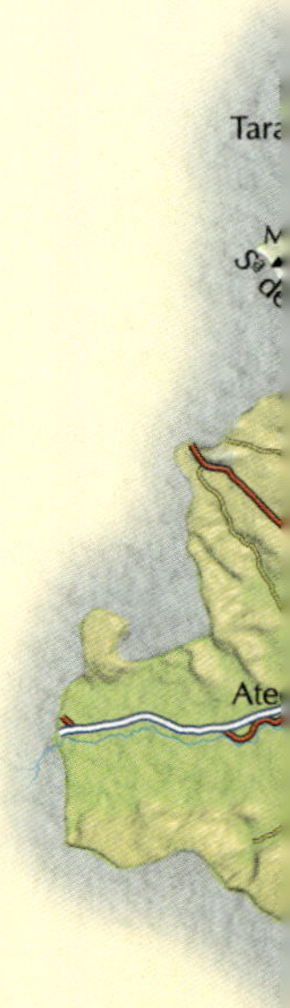

ARAGÓN

ENTRE LOS DESFILADEROS Y LAS NIEVES PERPETUAS SE OCULTA UN ANCIANO GIGANTE BARBUDO. SU MIRADA A VECES SE DETIENE EN LOS VELOCES ESQUIADORES O EN EL VUELO DE LAS GRULLAS, QUE VIAJAN EN BANDADAS HACIA LA LAGUNA DE GALLOCANTA. SÓLO LE INQUIETA UNA COSA: LAS GÁRGOLAS QUE ASOMAN, AMENAZANTES, EN LO ALTO DE LOS PALACIOS.

Mesa de los Tres Reyes 2433
Puerto de Somport
Valle de Ansó
Valle de Hecho
P I R I N E O
Monte Perdido 3355
Posets 3375
Maladeta 3309
3404 Aneto
Benasque
Sobrarbe
Embalse de Yesa
R. Aragón
Jaca
Canal de Berdún
Sabiñánigo
Boltaña
Aínsa
Turbón 2492
Sos del Rey Católico
P R E P I R I N E O
Río Gállego
Sierra de Guara
Río Cinca
Embalse de El Grado
Ribagorza Oriental
Las Bárdenas
Las Cinco Villas
Ayerbe
Graus
Ejea de los Caballeros
Huesca
HUESCA
Almudévar
Gurrea de Gállego
Tardienta
Barbastro
Río Arba
Llanos de la Violada
Grañén
Tauste
Mallén
Zuera
Monzón
Gallur
Binéfar
Tamarite de Litera
Alagón
Sariñena
SAMONTANO PIRENAICO
Utebo
Lanaja
La Litera
Casetas
Montañana
Río Alcanadre
Zaragoza
Santa Isabel
Zaidín
Épila
Fraga
R. Jalón
Río Huerva
Campo de Cariñena
Fuentes de Ebro
Río Ebro
Los Monegros
La Almunia de Doña Godina
ZARAGOZA
Mequinenza
Calatayud
Cariñena
Embalse de Mequinenza
Caspe
SISTEMA IBÉRICO
SAMONTANO IBÉRICO
Híjar
Desierto de Calanda
Daroca
Albalate del Arzobispo
Río Guadalope
Alcañiz
Calaceite
Laguna de Gallocanta
Andorra
Calanda
Calamocha
Alcorisa
Valderrobres
Mas de las Matas
Utrillas
Montalbán
Monreal del Campo
Aliaga
TERUEL
Santa Eulalia
Cella
Sierra de Gúdar
Albarracín
Maestrazgo
Teruel
Mora de Rubielos
Río Turia
Sierra de Javalambre

Albarracín.

VALLES DEL PIRINEO

LA CORDILLERA DE LAS AGUAS HELADAS

La parte más alta de los Pirineos, donde están las grandes cimas y se esconden infinidad de lagos glaciares, es uno de los destinos favoritos de los aficionados a la nieve, que todos los inviernos invaden las pistas de Candanchú, Formigal, Cerler..., y llenan de bullicio los pueblos de la zona. Pero en todo el Pirineo aragonés también los valles se han hecho famosos por su belleza, especialmente el de Ordesa, convertido en parque nacional y presidido por la mole del Monte Perdido, que con sus más de 3.000 metros de altitud parece el gigante protector de toda la cordillera.

Empezando el recorrido de los Pirineos por el oeste, el primer valle que os encontraréis es el de ***Ansó,*** aislado durante tanto tiempo que la gente ha conservado sus antiguas costumbres e incluso una lengua propia, que hoy sólo hablan los ancianos. El pueblo más importante se llama igual que el valle, y es un precioso conjunto de estrechas callejas y casas de piedra con grandes chimeneas donde, además, encontraréis una tahona en la que preparan unas riquísimas tortas y unos panes de pueblo de toda la vida, de esos que entusiasman a los mayores. En el mismo pueblo hay un Museo Etnográfico, donde veréis **objetos tan curiosos como la carrucha con la que aprendían a andar los niños,** o los vestidos que utilizaba la gente. Los trajes eran muy originales, y todos los años, en el mes de agosto, los vecinos le

Museo Etnológico de Ansó.

Fiestas en recuerdo del medieval Conde Aznar, en Jaca.

dedican una fiesta y sacan a relucir sus valiosas ropas, que no han variado desde la Edad Media.

■ Desde Ansó hay bonitas excursiones, como la que lleva hasta ***Biniés,*** pueblo que se levanta en lo alto de un monte, con un castillo y **una garganta de gran profundidad** conocida como la «hoz de Biniés». Hacia el norte se puede seguir el curso del río Veral hasta llegar a ***Zuriza,*** a través de valles, barrancos y bosques de hayas, abetos, tejos y fresnos, que en otoño ofrecen tonalidades sorprendentes.

El ***valle de Echo*** es otro de los más apartados y en su parte alta tiene un bosque muy frondoso que se conoce como la **selva de Oza,** donde nace el río Aragón. Aquí hay varios senderos para acercarse a los *ibones* (lagos de montaña) y a la zona conocida con el extraño nombre de **Aguas Tuertas,** en la que se hallan algunos dólmenes. Antes de entrar **en la selva de Oza hay un impresionante paraje natural, la Boca del Infierno,** donde el río hace un quiebro entre grandes rocas y el agua baja con fuerza.

■ En el corazón del valle está ***Echo,*** un bonito pueblo que tiene características casas de piedra, un Museo Etnológico y otro de escultura al aire libre. Muy cerca de Echo podéis visitar ***Siresa,*** donde veréis una iglesita que no es sino el resto del monasterio en el que nació la cultura y la lengua del reino de Aragón. También desde el valle de Echo vale la pena adentrarse en el **valle de Aragües,** situado a los pies del **monte Bisaurín** que, según cuentan, cuando está nevado se puede ver desde Zaragoza.

■ Una de las ciudades más animadas del Pirineo aragonés es ***Jaca,*** que conserva una ciudadela con forma de estrella, rodeada de murallas y fosos. En verano, las calles de Jaca se llenan de turistas que recorren la zona y se detienen aquí para disfrutar de sus cafés, sus tiendas y sus monumentos, sobre todo la Catedral, una de las más antiguas de la Península. Un museo muy entretenido es el **Fuerte del Rapitán,** donde hay **colecciones de miniaturas militares y soldaditos de plomo.**

Yendo en dirección a la frontera francesa, se llega al pueblo de ***Villanúa,*** en el que podréis visitar la **cueva de las Güixas,** que estuvo habitada durante la prehistoria y ofrece caprichosas formaciones de estalactitas y estalagmitas. En ella se celebraron aquelarres hasta el siglo pasado, y cuentan que **asistían brujas llegadas de todas partes,** incluso de Francia. Más allá de Villanúa, la carretera

Estación de Canfranc.

Río Cinca.

pasa junto a la **Torre de la Fusilería,** una fortificación del siglo XIX que sirvió para vigilar la zona. Y algo más alejado veréis el pueblo de **Canfranc,** reconstruido después de que en 1944 sufriera un incendio que acabó con la mayor parte de las casas. Aquel desastre impresionó mucho al país, pero las ayudas prometidas para su reconstrucción nunca llegaron y los habitantes de Canfranc acabaron trasladándose a **Canfranc Estación.**

■ Cuando lleguéis a ***Canfranc Estación,*** entenderéis de inmediato el origen de su nombre: la gigantesca estación de ferrocarril que destaca en medio de este pueblo, situado en un estrecho valle entre altísimas montañas. El edificio, que parece un antiguo palacio francés, se empezó el siglo XIX con la idea de que sirviera de estación internacional entre Francia y España, pero por razones incomprensibles nunca cumplió ese cometido y hoy es como **el decorado de una película antigua esperando la llegada de los actores.** Muy cerca de Canfranc Estación están las ***estaciones de esquí de Astún y Candanchú,*** con sus telesillas y sus modernas instalaciones deportivas. Y también en esta zona, a partir de Villanúa merece la pena recorrer el **valle de Garcipollera,** donde veréis algunos curiosos pueblos abandonados.

Otro lugar en el que hay pueblos absolutamente vacíos, que algún día quedarán hundidos bajo las aguas de un embalse, es el **valle del río Ara.** Este valle está unido con el de **Broto,** que termina en el ***Parque Nacional de Ordesa,*** uno de los paisajes más espectaculares de la Península. Antes de llegar al parque nacional pasaréis por el pueblo de ***Torla,*** que conserva restos de su castillo y de una cripta donde se ha creado un Museo Etnográfico. A partir de Torla hay innumerables excursiones, entre ellas la que recorre el valle de Ordesa, entre hayedos y cascadas, hasta llegar al **circo de Soaso,** donde está el **precioso salto de agua de la «Cola de Caballo».**

■ En la misma región tendréis muchas oportunidades de andar y disfrutar de la naturaleza, como el recorrido del **valle de la Pineta,** o el que sigue el cauce del río Cinca hasta su nacimiento, en el **lago Marboré.** En las cercanías del pueblo de ***Tella,*** que tiene atractivas vistas sobre las montañas, hay un dolmen muy conocido; y en el mismo pueblo se encuentra un **Museo del Parque Nacional donde, además, podréis ver un audiovisual dedicado a la brujería** ya que, según parece, Tella fue un pueblo famoso por sus hechiceras. Por último, desde **Sarvisé** se llega al pequeño pueblo de ***Fanlo,*** que tiene cerca el grandioso **cañón de Añisclo.**

El río Cinca se une con el Ara en la localidad de ***Aínsa,*** una preciosa villa medieval con su castillo, sus callejones empedrados y su plaza llena de soportales. Cuentan que fue fundada por un grupo de cristianos que huían de la dominación musulmana, y se refugiaron en estas montañas próximas a Jaca. En una gran batalla intentaron conquistar Jaca a los árabes y, cuando iban perdiendo fuerzas, se produjo un milagro y **se les apareció una cruz iluminada sobre una encina** que les dio mucho ánimo para continuar combatiendo y ganar finalmente la batalla. Este hecho se celebra cada dos años en la plaza mayor de Aínsa con una fiesta que se llama «La Morisma», en la que **los vecinos se visten de damas y caballeros medievales.**

■ El ***valle de Benasque*** ocupa el conjunto montañoso más impresionante del Pirineo, con **más de 60 montañas que superan los 3.000 metros** y entre las que destacan el **pico Aneto,** que con sus 3.404 metros se pierde en las alturas. Las laderas están cubiertas de arbolado que esconde una fauna muy variada, incluyendo animales como el rebeco, el corzo, el tejón, la nutria o el quebrantahuesos. La capital del valle es ***Benasque,*** pueblo turístico y animado; y, siguiendo en dirección a Francia llegaréis a los **Llanos del Hospital,** un paraje muy espectacular formado por glaciares y en el que hay una pista de esquí nórdico y varios alojamientos para los alpinistas que se atreven a desafiar al pico Aneto. También cerca de Benasque hay una bonita excursión que llega hasta ***Cerler,*** el pueblo más alto del Pirineo, con muchas pistas de esquí y **un telesilla que lleva hasta los 2.300 metros de altitud.**

■ Hacia el sur está ***Castejón de Sos,*** famoso en todo el mundo entre los aficionados al parapente y al ala delta, que a menudo se pueden ver surcando el cielo. Y desde Castejón, podréis acercaros a ***Laspaúles,*** pueblo situado a los pies del mágico **monte Turbón.** En su iglesia hay un pequeño museo que exhibe cálices, cerámicas, una calavera y unos misteriosos documentos que se descubrieron hace poco en la torre y que cuentan cómo, en el año 1593, en este pueblo **mataron a 23 mujeres acusadas de brujería.** Cerca del pueblo está el lugar en el que fueron ejecutadas, que se conoce como el «Rodero de San Roc» y justo enfrente hay un montículo donde dicen que celebraban sus aquelarres.

Arriba, quebrantahuesos.

Abajo, fiestas de «La Morisma», en Aínsa.

SIERRA DE GUARA

LOS DESFILADEROS DEL GIGANTE

La Sierra de Guara, declarada parque natural, es el mayor conjunto de cañones de Europa, tallados durante siglos por ríos que han ido deshaciendo las rocas hasta crear formas alucinantes y excavado profundas gargantas y misteriosas grutas. Además, esta sierra está habitada por un ser temible, el «home grandizo», que recorre la región con un hacha de piedra sobre el hombro y acompañado de un oso al que supera en ferocidad.

Uno de los pueblos más bonitos de la zona es ***Alquézar,*** coronado por un castillo que fue levantado sobre un primitivo castro romano. Los árabes llegaron hasta aquí durante la ocupación de la Península y dejaron el recuerdo de su paso en un famoso dulce que se elabora en el pueblo, el *empanadón* (una especie de empanada rellena de mermelada), y también en muchos nombres de la zona, como el **río Guatizalema,** que significa algo así como «el arroyo en el que el agua se seca». La leyenda cuenta que cuando la gente de la región quiso expulsar a los árabes del castillo, recurrieron a una estratagema. Aprovechando que el rey musulmán se había enamorado de una joven cristiana, ésta hizo creer que le correspondía y consiguió entrar en el castillo. Pero cuando estuvieron a solas, **la muchacha se quitó una peineta de afiladas puntas** que sujetaba

sus cabellos y con ella mató al rey, provocando la huida de todos los habitantes del castillo.

Alquézar también tiene una hermosa colegiata y un museo etnográfico en el que descubriréis las costumbres y las formas de vida de la gente de la sierra. Además, a partir de la plaza se llega a un pequeño puente románico y al **río Vero,** que va fluyendo entre grandes cañones. En la parte baja del río se han descubierto varias cuevas con pinturas rupestres y **se ha creado una especie de museo en plena naturaleza,** que se puede recorrer por diferentes senderos acompañados de guías. Los recorridos incluyen cuevas como el **abrigo de Arpán,** el **Tozal de Mallata** o los **covachos de Barfaluy,** donde veréis ciervos, figuras humanas y símbolos misteriosos.

■ Otro recorrido que se puede hacer desde Alquézar es el que lleva a ***Lecina,*** donde hay **un ejemplar de encina que tiene cientos de años de vida.** A partir de Lecina se sube a **Fuentelencina,** lugar de nacimiento del río Vero, que se puede recorrer por la orilla hasta una zona conocida con el tenebroso nombre de **Los Oscuros.**

El pueblo de ***Rodellar*** también es un buen punto de partida para dar paseos por esta sierra, repleta de bosquecillos de hayas y de pinares, y en la que **encuentran refugio corzos, jabalíes y, sobre todo, una de las poblaciones de buitres mayores de Europa.** En lo más profundo de la sierra hay peligrosos barrancos que no todo el mundo puede visitar, ya que solamente se recorren con equipos especiales. Es el caso de algunas pozas de aguas heladas, como las **Gorgas Negras,** que únicamente se pueden cruzar en lanchas. Pero también hay recorridos sencillos, como el **cañón de Mascún,** próximo a Rodellar. En este trayecto, bien señalizado, podréis acercaros hasta la **fuente de Mascún (que en árabe significa «lugar donde viven los espíritus»),** ver la **Ciudadela,** con su imponente torreón, o dejaros asombrar ante la espectacular **Cuca de Bellostas,** una inmensa aguja que mide casi un centenar de metros de altura.

■ Muchas de las caprichosas figuras que ha ido formando la erosión han sido ya bautizadas con los nombres más chocantes, aunque siempre podéis inventaros otros. Algunos de los lugares en los que sin duda disfrutaréis poniendo nombres a las piedras son las agujas del **embalse de Vadiello,** o los **roquedos del Salto de Roldán.** Otros parajes muy espectaculares son las formaciones kársticas de **Bastarás** o las **cuevas rupestres de San Martín de la Val de Onsera,** habitadas desde hace 13.000 años por el «home grandizo», un temible personaje con aspecto de **anciano alto y mal**

Alquézar.

Paisaje de Mascún.

La Sierra de Guara es un lugar ideal para practicar deportes de montaña.

joven, intrigado, se quedó esperando hasta que al anochecer alguien llamó a la puerta. Al abrirla, imaginaos el susto que se llevó cuando vio frente a él a un anciano casi gigantesco, que llevaba un enorme hacha de piedra sobre el hombro y, mirándole con cara de pocos amigos, le dijo: «se que estás esperando a una moza, pero es mi nieta y he venido a matarte». Sin pensarlo dos veces, el joven reaccionó dándole una patada en el estómago y salió huyendo. El home grandizo se retorció de dolor, pero se recuperó enseguida y, cuando salió en busca del muchacho, éste se había escondido entre unos matorrales, y, aunque estuvo buscándole durante toda la noche, no pudo encontrarle. Al amanecer, **el viejo dio un grito terrible y entonces apareció un gran oso, sobre el que se montó como si fuera un caballo,** desapareciendo por un barranco. El muchacho nunca volvió a encontrarse con el home grandizo, pero a partir de entonces, cada vez que estaba en compañía de su novia no paraba de mirar a sus espaldas, pensando que en cualquier momento aparecería aquel terrible personaje dispuesto a descargar sobre su cabeza el hacha de piedra.

vestido, que tiene toda la cara cubierta por espesas barbas. Antiguamente recorría toda la sierra en compañía de un oso pardo, dedicándose a proteger la virginidad de las muchachas. Pero cuando la región empezó a estar más habitada, se acabó refugiando en estas cuevas de las que sólo sale de vez en cuando, cuando tiene que buscar comida.

Una de las leyendas del home grandizo cuentan que, en una ocasión, un joven había quedado con su novia en una casa aislada de la sierra para pasar la noche juntos. Cuando llegó a la casa estaba vacía y el

Barranquismo en la sierra.

Colonia de buitres.

ALBARRACÍN

LA CIUDAD DE COLOR AZAFRÁN

Albarracín debe su nombre a un caudillo árabe, llamado Ben Razim, que vivió aquí cuando la ciudad era capital de un reino musulmán. En aquella época se llamaba *Alcartán* porque a su alrededor abundaban las plantas de cártamo, que se utilizaban para teñir la ropa de un alegre color azafrán. De hecho, parece como si ese mismo color hubiera impregnado las casas, hechas con piedra de un extraño tono rojizo, que convierten a esta población en una de las más bonitas de la Península.

El pueblo de ***Albarracín,*** enclavado en una zona muy montañosa y bordeado por el río Guadalaviar (que en árabe significa «río blanco») os llamará la atención enseguida por su castillo y sus murallas, que se levantan en lo más alto. En una de las torres **cuentan que vive el fantasma de doña Blanca,** una infanta de Aragón que en la Edad Media tuvo que huir de Castilla porque la reina la odiaba. De camino, paró a descansar en Albarracín y fue acogida por el señor de la villa; éste al principio la trataba como una invitada, pero no se la volvió a ver, y la gente empezó a rumorear que había sido hecha prisionera por su anfitrión. Y así era realmente. La pobre infanta estuvo encerrada en una torre y allí mismo fue sepultada después de morir de pena. Desde entonces, dicen que **en las noches de luna llena es posible ver la sombra blanca y resplandeciente de la dama,**

Arriba, vista de Albarracín, detalle y Casa de Julianeta.

Al lado, dos piezas del Museo de Juguetes.

que sale de la torre y baja a bañarse al río para después desaparecer inmediatamente.

Cuando recorráis ***Albarracín,*** no olvidéis acercaros a la casa de Julianeta, que parece sostenerse milagrosamente entre dos calles, asomaros a la preciosa plaza porticada con sus fachadas adornadas con balcones y ventanas de esquina, echar un vistazo a las casas colgadas y prestar atención a algunos curiosos aldabones con formas de dragones y lagartos hechos en trabajos de forja, muy típicos de la zona. Pero sobre todo no dejéis de visitar el **Museo del Juguete,** que reúne una divertida colección de objetos de barro, tela, cartón, madera, hojalata y materiales de todo tipo, con los que jugaban los niños de comienzos del siglo XX. Como podéis suponer, en aquella época no había ordenadores, ni videoconsolas, ni nada de eso, pero bastaba la imaginación y muchos de los juguetes que veréis en este Museo **fueron construidos por artesanos, padres y madres, e incluso presos,** que se sirvieron de su propia fantasía para hacer cosas que no podían adquirir con dinero.

En los barrancos que rodean la población hay un buen conjunto de cuevas y abrigos (paredes protegidas por las rocas), entre enormes pedruscos del famoso color rojizo, que aquí se conoce como *rodeno.* Precisamente éste es también el nombre de un espectacular paraje muy cercano a Albarracín, donde hay gran cantidad de pinturas rupestres, que rpresentan **figuras humanas, así como ciervos, caballos, toros y otros animales.** Lugares como la **Fuente del Cabrerizo,** la **Cocinilla del Obispo** o **Doña Clotilde,** forman parte de ese agradable recorrido por la prehistoria, llamado el ***Parque Cultural de Albarracín*** y en el que también veréis rocas de formas sorprendentes y espesos bosques de pinar.

■ Todo el paisaje que rodea la ciudad es muy agreste y, de

cuando en cuando, descubriréis pueblecitos situados en rincones espectaculares. Hacia el sur se puede visitar el **pantano del Arquillo de San Blas,** llegar hasta **Saldón** y **Valdecuenca** y subir a la **sierra de Jabalón,** donde está el bonito pueblo de ***Jabaloyas,* en cuya plaza se alza la Casa de las Sirenas.** También desde Albarracín se puede tomar la carretera que pasa por **Royuela** y lleva hasta las cumbres de los ***Montes Universales*** por **Calomarde,** atravesando bosques, praderas y raras formas creadas por la naturaleza, como el Rollo o el «Molino de las Pisadas». A pocos kilómetros encontramos ***Frías de Albarracín,*** donde está **la fuente**

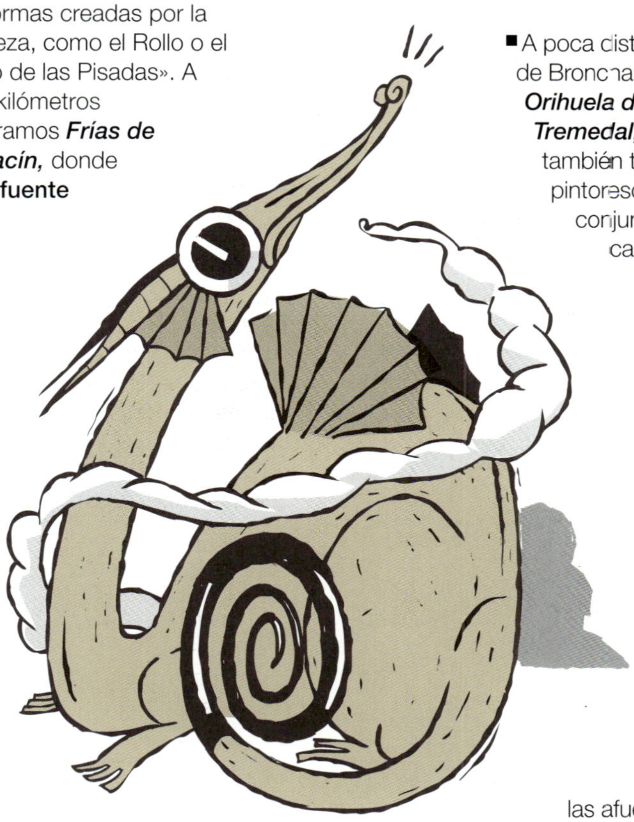

de la Mentirosa, que desaparece en verano, y en cuyas proximidades nace el Tajo, en el lugar señalado por el monumento de un guerrero.

Yendo hacia el norte, vale la pena acercarse a ***Bronchales,*** en cuyo término hay una cueva habitada por un dragón que traía de cabeza a los habitantes de la comarca. Cuentan que el monstruo **tenía todo su poder en la mirada, y que hacía desmayarse a todo aquél en quien fijara la vista.** Hartos de vivir aterrorizados, los vecinos idearon una estratagema y apilaron gran cantidad de troncos de pino seco a la entrada de la cueva, prendiéndoles fuego. La hoguera, como es lógico, provocó una gigantesca humareda y **el dragón se quedó ciego,** perdiendo su arma más poderosa. Desde entonces no ha vuelto a salir de la cueva, aunque dicen que ahí sigue, así que si os atrevéis a acercaros a lo mejor conseguís oír su pesada respiración y alguno de sus terribles rugidos.

■ A poca distancia de Bronchales está ***Orihuela del Tremedal,*** que también tiene un pintoresco conjunto de casas. A las afueras se puede ver un santuario, que fue destruido por las tropas de Napoleón en el curso de una batalla que tuvo lugar en este pueblo. Junto a ellas hay una agradable zona de recreo con merenderos, y hacia el **yacimiento arqueológico del Toril** existe **otra zona acotada, en la que podréis ver ciervos.** En los alrededores de **Orihuela** se hallan formaciones de grandes bloques de piedra y numerosas fuentes, como la Canaleja, los Pradejones o el Colladillo, con zonas recreativas para descansar un rato.

Reproducción de las pinturas rupestres del Parque Cultural de Albarracín.

Orihuela del Tremedal.

Pinares.

EL MAESTRAZGO

GÁRGOLAS, MANOS PELUDAS Y GRUTAS DE CRISTAL

La comarca del Maestrazgo, que se reparte entre Teruel y Castellón, tiene un paisaje agreste y muy solitario formado por sierras, profundos barrancos, ríos y páramos en los que se pueden ver los bancales donde se ha cultivado desde la Antigüedad, salvando el desnivel del terreno. En épocas inmemoriales, los pobladores de este territorio se protegían del frío invierno en cuevas, y con el tiempo fueron construyendo pequeños pueblos fortificados que todavía hoy conservan misteriosas leyendas.

En la Edad Media toda la comarca estuvo bajo el poder de los maestres de las órdenes militares. De ahí le viene el nombre de **Maestrazgo,** y de los abundantes castillos que se pueden ver encaramados en lo alto de los pueblos. Uno de los más importantes es el de ***Castellote,*** que **sirvió de refugio a los misteriosos caballeros templarios.** A los pies de esta fortaleza se encuentra el pueblo, muy bonito, donde veréis una curiosa fuente medieval adornada con cabezas y una iglesia en cuya portada aparecen, medio borradas, algunas figuras entre las que destaca una mujer con un pecho desnudo, que seguramente simboliza algún pecado. Cerca de Castellote está el **pantano de Santolea,** desde el que podréis acercaros a varias cuevas con pinturas rupestres, como la de **Ladruñán,** en la que

se encuentra representado un arquero que lleva siete flechas.

Uno de los lugares que os darán la pista de la antiquísima presencia humana en esta región es el cercano pueblo de ***Molinos,*** en el que se descubrió **la mandíbula de un hombre de hace 25.000 años.** La riqueza de los restos encontrados en la zona ha llevado a crear un parque cultural que incluye las preciosas **Grutas de Cristal,** completamente revestidas de estalactitas y estalagmitas con las formas más sorprendentes. Además, durante el recorrido del parque, que es como un museo al aire libre, veréis también rocas caprichosas, saltos de agua y paneles que cuentan, entre otras cosas, **los fósiles que se pueden encontrar en la región.**

■ A partir de Castellote y cruzando el río Bordón se llega a otro simpático pueblo, ***Mirambel,*** donde seguramente os llamarán la atención los torreones, adornados con celosías, que **parecen ocultar princesas encantadas.** Precisamente este pueblo fue el escenario de una triste historia de amor protagonizada por dos jóvenes que se conocen como los «amantes de Mirambel». Un muchacho de una familia pobre se enamoró perdidamente de su vecina, hija de una de las familias más ricas del lugar. Viendo que los padres de la muchacha nunca iban a consentir aquella relación, el joven enamorado, en un arranque de desesperación mató a su novia de un disparo y, luego, se suicidó. Si os acercáis al cementerio veréis una placa en recuerdo de la muchacha, llamada María del Pilar. Y dicen que, fuera del cementerio, está la tumba del pobre muchacho que ni siquiera pudo descansar junto a su amada después de muerto.

■ Muy cerca de Mirambel se encuentra el pueblo de ***Cantavieja,*** rodeado de murallas y encaramado sobre un precipicio

Detalle en Mirambel.

Calle de la Fantasma en La Fresneda.

donde también se alza el castillo. Merece la pena acercarse a su plaza Mayor, rodeada de preciosos soportales. En esta plaza está la iglesia y el Ayuntamiento, con una lonja en la que se han celebrado tradicionalmente los mercados del pueblo. En el número 5 de la calle Mayor hay una casona muy antigua, con un curioso escudo en el que figura una mano abierta sobre el agua y que, según cuentan, **fue la casa en la que vivió el verdugo de la Inquisición.**

■ Otra de las localidades que hay que visitar es ***La Iglesuela del Cid,*** a la que se llega bordeando unos profundos cañones. Dicen que este pueblo debe su nombre a que fue fortificado por el Cid Campeador, que mandó construir el castillo, actualmente en ruinas, y del que se conserva la imponente **torre de los Nublos.** Todo el pueblo ha sido declarado Conjunto Histórico, y está lleno de viejas casonas y rincones como el

Medidas de grano, en el Parque Cultural de Molinos.

Paisaje de Molinos.

Valderrobres.

lavadero comunal, que os darán una idea de **cómo se hacía la colada cuando no existían las lavadoras.** Una bonita excursión es la que lleva por el camino del cementerio, pasando por refugios de agricultores hechos con lajas de piedra, hasta llegar a un paraje muy espectacular, con un profundo desfiladero.

■ Al sur de Cantavieja está ***Cañada de Benatanduz,*** que ocupa otro impresionante paisaje sobre el **cañón del río Cañada,** y un poco más retirado se encuentra ***Villarluengo,*** donde veréis dos de los sitios más llamativos de toda la comarca: el **barranco de Malburgo,** con **gargantas de más de 350 metros de profundidad,** y los **órganos de Montoro,** una formación rocosa que ha sido bautizada con ese nombre porque recuerda a los tubos de un órgano gigantesco.

Al norte del Maestrazgo, lindando con Tarragona se halla la comarca del **Matarraña** y los **Puertos de Beceite,** en la que se habla una lengua muy peculiar, una especie de catalán fronterizo. La capital de la comarca es ***Valderrobres,*** a la que se entra cruzando un gran puente de piedra y atravesando la puerta de su muralla, protegida por dos leones de piedra que, según parece, representan a otros de verdad que vivieron en el castillo. Podréis visitar la fortaleza, que tiene una galería con buenas vistas y algunas dependencias curiosas, como el salón de las chimeneas, la cocina, la cárcel y el **pozo de la Mano Peluda.** De este pozo cuentan que tiene un pasadizo que va a dar a la orilla del río y que tiene este nombre tan curioso porque, hace mucho tiempo, un hombre mató a una mujer en la zona y **se escondió en el pasadizo para que no le encontraran.** Su esposa, que decidió protegerle y le llevaba comida de vez en cuando, ideó la historia de que en aquel pozo había una mano peluda y que, si te enganchaba, no se sabía lo que podía pasar. Así consiguió que, no sólo los niños, sino **nadie del pueblo se acercara al pasadizo por temor a la terrorífica mano.**

■ Uno de los pueblos más pintorescos en las proximidades de Valderrobres es ***Beceite,*** bordeado por el río Matarraña y que conserva un antiguo lavadero público y un fuerte dedicado al legendario general Cabrera, que dominaba toda la región durante las guerras carlistas, cuando el Maestrazgo era conocido como el «país de los guerrilleros». En las proximidades del río hay unas fuentes de agua caliente, y la llamada **cueva de las Maravillas,** también con estalactitas y estalagmitas. Siguiendo el curso del río se llega a la **Fenellosa, una fuente intermitente junto a la que hay unas pinturas rupestres que representan hombres con grandes falos.** Más adelante, el camino se estrecha por un angosto desfiladero en el que va encajonado el río hasta llegar a una de las principales reservas de cabra hispánica de la Península. Con un poco de suerte, podréis verlas cuando bajan a beber, a primeras horas de la mañana o al caer la tarde.

■ Por otra carretera que bordea un río se llega a ***La Fresneda,*** pueblo monumental que tiene **una calle dedicada a una «fantasma»** y en cuyo Ayuntamiento veréis unas gárgolas que representan un cerdo y un gato. En las inmediaciones de La Fresneda, en el llamado **alto de Santa Bárbara,** que se eleva sobre el **valle del Silencio,** hay una especie de cazuelas excavadas en la roca que están asociadas a ritos prehistóricos. Según algunos estudiosos, se hicieron para recoger agua que luego iría por unos estrechos canales hasta llegar a un cementerio cercano, **para que pudieran beber los muertos.**

■ Otro de los pueblos en los que veréis importantes restos de culturas prehistóricas es ***Calaceite,*** que conserva el poblado ibero del **cerro de San Antonio,** con murallas y torres defensivas. El pueblo también tiene una bonita plaza en la que aún se puede ver la barra de hierro que se utilizaba como medida para la vara, una unidad medieval que equivalía a 83 centímetros. Junto a la barra se puede ver una **argolla de hierro a la que se ataba por el cuello a los ladrones y malhechores para avergonzarles públicamente** y que sirviera de escarmiento.

■ Para concluir el recorrido de la región, también vale la pena acercarse a ***Cretas,*** donde se descubrió uno de los grupos de pintura rupestres más valiosos de Aragón. El lugar se conoce como **Roca de los Cuartos,** porque entre

las figuras había un ciervo que, según se cuenta, **tenía la mirada dirigida hacia el escondite de un cofre con gran cantidad de monedas de oro.** Como podéis imaginar, muchos intentaron descubrir aquel tesoro, pero nadie lo ha conseguido hasta la fecha. Ahora el ciervo está en un museo, pero nadie puede asegurar que el tesoro no se encuentre todavía enterrado en algún lugar cercano.

ZARAGOZA Y GALLOCANTA

LA LAGUNA DE LAS GRULLAS

La ciudad de Zaragoza, atravesada por el ancho Ebro, se levanta en una gran planicie al borde de Los Monegros, una de las comarcas más desérticas de España. Pero, al sur de la provincia, el agua se embalsa en la gran laguna de Gallocanta que, aunque en verano se seca por completo, se vuelve a llenar con las lluvias y todos los años recibe la visita de decenas de miles de grullas, llegadas a este lugar huyendo de los inviernos helados del norte de Europa.

La ciudad de ***Zaragoza*** es famosa por su gigantesco templo del Pilar, que se levanta junto al Ebro y **tque se tardó más de tres siglos en construir,** hasta el punto de que se hizo famoso el dicho «dura más que las obras del Pilar». Pero además de esta basílica, la ciudad tiene bonitos edificios civiles, como la Lonja renacentista, que ha sido restaurada recientemente y que tiene un amplio interior con altísimas columnas de piedra. Su construcción se remonta al siglo XVI, cuando el arzobispo Hernando de Aragón, muy enfadado porque los mercaderes hacían sus negocios en las iglesias, pidió que se levantara este elegante edificio que sirvió de mercado durante varios siglos.

Otro de los monumentos que merece la pena que veáis es el Palacio de La Aljafería, que **parece sacado de un cuento de *Las mil y una noches,*** y

fue construido en el siglo XI, durante la ocupación árabe de la ciudad. La leyenda cuenta que en aquella época había en Zaragoza un rey moro llamado Aben-Aljafe, que quería tener un palacio, pero que no podía construirlo por falta de dinero. Entre sus esclavas había una, Haifa, a la que quería mucho, pero cuando soñaba con el palacio siempre decía que entregaría su favorita a quien se lo construyera. Un día, estaba paseando a la orilla del río cuando **se le apareció un hombre mayor, que aseguró que era el Ebro en persona** y que le haría el palacio pero que, a cambio, se quedaría con Haifa. El rey le tomó por loco, pero cuando se despertó a la mañana siguiente se encontró con el precioso edificio de La Aljafería y, al ir a buscar a su querida Haifa para mostrárselo, descubrió que la había perdido para siempre.

Lejos ya de Zaragoza y bastante al sur está la villa de ***Daroca,*** otra hermosa ciudad llena de leyendas y que fue creada por los árabes hacia el siglo VIII. Está rodeada de murallas y protegida por **dos castillos, el Mayor y el de San Cristóbal, que, según cuentan, están comunicados por un pasadizo secreto.** En el interior del recinto amurallado hay varias bonitas calles y muchos edificios bien conservados, entre los que destaca la iglesia de Santa María, que conserva en su interior los famosos Corporales, seis hostias consagradas que protagonizaron una hermosa leyenda medieval. La historia está representada en un gran mural sobre la fachada del templo, y cuenta que, durante la Reconquista, los cristianos tuvieron que soportar el asedio de las tropas musulmanas. Para pedir la ayuda divina, se celebró una misa en una iglesia de Daroca y, cuando el sacerdote levantó un paño que guardaba seis hostias, **descubrió que estaban empapadas en sangre.** Los cristianos, animados por ese prodigio, hicieron frente a los árabes, venciéndoles, y desde

Arriba, Daroca: Túnel de la Mina y Fuente de los Veinte Caños.

Abajo, Museo de Aves de Gallocanta.

entonces las formas milagrosas se conservan en Daroca dentro de un relicario de oro.

■ Una de las principales entradas de la muralla es la puerta Baja, junto a la que se encuentran la impresionante fuente de los Veinte Caños y la piedra de «El Ruejo». Este curioso monumento, que no es ni más ni menos que una rueda de molino, se levantó para recordar que hace siglos **unas lluvias torrenciales estaban inundando la población y amenazaban con ahogar a todos sus vecinos.** Las puertas estaban cerradas y no había forma de abrirlas hasta que por casualidad la piedra del molino, que bajaba con mucha fuerza por la calle Mayor, rompió la puerta permitiendo la salida del agua. A raíz de aquella inundación se construyó también un túnel, conocido como «La Mina», que servía para conducir el agua de las lluvias sin que entrara en Daroca. Junto al puesto de la Cruz Roja veréis una de las bocas de **este túnel, de más de 500 metros de longitud,** que actualmente puede recorrerse en un divertido paseo.

Desde Daroca vale la pena acercarse a ***Gallocanta,*** donde está la mayor laguna de la Península, una gran superficie de más de siete kilómetros de longitud pero que apenas supera los dos metros de profundidad, por lo que **en verano pierde toda el agua a causa de la evaporación.** Antiguamente tenía gran cantidad de peces, pero durante el siglo pasado estuvo a punto de desaparecer porque quisieron desecarla y convertirla en finca de cultivo, aprovechando únicamente la riqueza de sal de sus aguas. Por fortuna, ese descabellado plan no se llevó a cabo y en la actualidad está a salvo y se ha convertido en refugio de miles de aves: gran variedad de patos, cigüeñuelas, aguiluchos y sobre todo grullas, que observaréis sobrevolando la laguna en enormes bandadas. No hay que olvidar que desde que está protegida, esta reserva natural se ha convertido en **uno de los principales lugares de cría de las grullas de toda Europa,** llegando a reunir más de 60.000 ejemplares. La época del año más interesante para observarlas es el otoño y el invierno, pero incluso en verano merece la pena acercarse, visitar el pequeño museo donde veréis ejemplares de aves disecadas y asomaros a la laguna, que con su fondo brillante y cubierto de sal **parece un paisaje de otro planeta.**

OTROS DESTINOS DE INTERÉS

■ Yendo desde Huesca en dirección a la cordillera pirenaica se alza el ***castillo de Loarre,*** considerado como el mayor de España y, desde luego, impresiona por sus gigantescas paredes y torreones. Después de la invasión árabe, cuando los cristianos se refugiaron en los Pirineos y vieron que no se había cumplido **la profecía de que el fin del mundo llegaría en el año 1000,** se animaron a recuperar las tierras ocupadas y empezaron a cultivar el suelo y a construir fortalezas defensivas. Por eso toda la región que se extiende al pie de los Pirineos está protegida por innumerables castillos. Uno de ellos es precisamente el de Loarre, que vigilaba algunos pasos y se construyó sobre un altozano aprovechando los roquedos como parte de las murallas.

■ Al entrar en el recinto amurallado podréis ver las ruinas de la torre vigía y visitar el castillo, desde cuyas ventanas se contemplan preciosas vistas de los alrededores, que a veces dejan ver la ciudad de Huesca. Dentro del conjunto está también la torre del Homenaje, una **iglesia con una cripta y que está unida al castillo por un pasadizo** y, en la parte más alta, el aljibe donde se almacenaba el agua de lluvia que, en caso de asedio, **servía para que las tropas no murieran de sed.** Lo más sorprendente de este castillo es que cuando se acabó de construir ya había terminado la Reconquista, por lo que nunca desempeñó su misión en una guerra. Sólo en una ocasión sirvió de refugio a una abadesa, llamada Violante, que se había puesto a favor de su hermano durante las batallas por el poder en la Edad Media. La mujer permaneció mucho tiempo sitiada en el castillo y, finalmente, tuvo que entregarse al enemigo porque los suyos jamás llegaron a rescatarla.

Otro de los lugares fantásticos de la provincia de Huesca es el ***Monasterio de San Juan de la Peña,*** al que se llega desde ***Santa Cruz de la Serós,*** un bonito pueblo presidido por su iglesia románica y lleno de casas de piedra con enormes chimeneas. A partir de este pueblo sube una carretera empinada, estrecha y llena de curvas, que a veces se ensancha en espectaculares miradores mientras se va adentrando en un bosque cada vez más tupido. A medida que subís iréis viendo arbustos como el acebo y **pinos cubiertos de muérdago, esa planta mágica que los druidas utilizaban antiguamente para hacer sus pócimas** y que debía ser cortada con una hoz de oro para que conservara todas sus propiedades. La carretera os llevará hasta el monasterio viejo, situado a 1.200 metros de altitud y totalmente encajado bajo una enorme piedra que cubre el claustro. Más arriba, en una explanada cubierta por grandes árboles, está el monasterio nuevo y una pequeña oficina de información donde hay láminas de los animales que se pueden ver en esta zona.

Castillo de Loarre.

Monasterio de San Juan de la Peña.

Aspecto y cascada del Monasterio de Piedra.

Entre los parajes naturales famosos de Aragón, quizá el más espectacular sea el ***monasterio de Piedra,*** escondido en un valle lleno de vegetación como si fuera un islote en medio de una sierra pelada. El monasterio se fundó en el siglo XII, y aunque hoy es un hotel de lujo se puede visitar, pues todavía conserva restos de la Antigüedad, como la cripta y unas galerías subterráneas que pertenecieron a un castillo árabe. Dicen que **en la cocina de este monasterio es donde se hizo el primer chocolate del país,** y también conserva las bodegas, en las que se elaboraba el vino, así como la «nevera» donde los monjes acumulaban la nieve prensada y protegida con paja para poder tener hielo en verano.

■ No obstante, lo más llamativo del monasterio de Piedra son los jardines, que se fueron haciendo en torno al río Piedra y en cuyo recorrido veréis zonas de arbolado y preciosas cascadas. Después de pagar la entrada y pasar los controles de rigor, llegaréis a la plaza de las Cuatro Calles, de donde salen las distintas rutas por caminos de tierra bien señalizados. Todas merecen la pena, pero en cualquier caso no os perdáis **la cascada de la Cola de Caballo, con una caída de 50 metros bajo la que está la Gruta del Iris,** que recibe este nombre porque las gotas, al caer, van tomando infinidad de tonalidades según como se filtre la luz. Otra visita imprescindible es el llamado **«Balcón de Diana»** y, siguiendo aguas arriba, la **Cascada Caprichosa.** Todo el curso del río está interrumpido por caidas de agua de distintas formas y a lo largo del recorrido tendréis también la posibilidad de descansar en algunos bancos o asomaros al tranquilo **Lago del Espejo,** donde el agua parece detenerse por completo bajo la **Peña del Diablo.**

■ Si queréis saber cómo es un pueblo destrozado por la guerra, pedid a los mayores que os lleven a ***Belchite,*** al sur de Zaragoza. Hacia 1930 era una localidad muy animada. Pero al empezar la Guerra Civil fue conquistada por Franco y, al poco tiempo, los republicanos intentaron recuperar el pueblo, produciéndose una sangrienta batalla en la que murieron miles de personas de los dos bandos. Durante los diez días que duró el enfrentamiento, el pueblo quedó completamente destruido por los bombardeos y así sigue todavía, **como ejemplo del sinsentido y la crueldad de la guerra.** Recorriendo las calles con cuidado de no acercaros demasiado a los muros que aún siguen en pie, podréis ver los restos de las casas, la iglesia, algunas torres y varios conventos, e incluso las marcas de los obuses, algunos de ellos todavía sin explotar.

INFORMACIÓN PRÁCTICA

Parques temáticos y de atracciones

Parque Cultural del Río Vero. Se encuentra en la provincia de Huesca, en las inmediaciones de la Sierra de Guara, donde el accidentado paisaje aragonés, habitado por el hombre prehistórico, ha permitido crear zonas con recorridos muy interesantes. Abierto todos los días en verano, y sábados y domingos de septiembre a octubre, ✆ 974 318 265.

Parque Cultural de Molinos. Provincia de Teruel. Preciosas grutas de Cristal. ✆ 978 849 085

Parque Cultural del Rodeno. Situado en Albarracín. ✆ 978 710 251.

Parque de Atracciones. Para disfrutar de un rato de diversión, Zaragoza ofrece este animado parque de atracciones. ✆ 976 378 000.

Espacios naturales

Parque Nacional de Ordesa. Es el espacio protegido más espectacular de Aragón y cuenta con varios centros de recepción de visitantes, entre ellos el de Broto. Abierto todos los días, ✆ 974 502 043

Parque Posets-Maladeta. Es otro paisaje de montaña que merece la pena visitar, cuyo centro de recepción está en el bonito pueblo de Benasque. Abierto todos los días en verano y, fines de semana y festivos durante el resto del año, ✆ 974 552 066.

Parque Natural de la Sierra y Cañones de Guara. Cuenta con un centro de visitantes en Bierge. Abierto todos los días en verano y fines de semana y festivos el resto del año, ✆ 974 230 635.

Laguna de Gallocanta. En las proximidades hay un centro de interpretación, con proyección de audiovisuales y una exposición permanente sobre las grullas. ✆ 978 725 004.

Monumentos de interés y museos curiosos

Castillo de Monzón. ✆ 974 404 854.

Castillo de Loarre. Es uno de los más espectaculares de Aragón y esconde numerosas leyendas. Abierto todos los días, excepto lunes y martes, ✆ 974 360 098.

Monasterio de San Juan de la Peña. También escenario de algunas leyendas, se encuentra en un paraje impresionante. Abierto todos los días, excepto lunes y martes, ✆ 974 360 098.

Colección de Juguetes del Museo Municipal. Albarracín (Teruel). Abierto todos los días en verano, y sábados y domingos el resto del año, ✆ 978 710 251.

Museo del Azafrán. Monreal del Campo (Teruel). Abierto todos los días, excepto los lunes, ✆ 978 863 236.

Museo de Artes Populares. En una aldea de Sabiñánigo se encuentra este bonito museo sobre las antiguas costumbres de la gente del Pirineo. Abierto todos los días, excepto lunes de invierno, ✆ 974 482 240.

Fuerte del Rapitán. Se encuentra en Jaca y es el lugar ideal para disfrutar una divertida colección de miniaturas militares. ✆ 974 360 098.

Museo de las Aves. Este museo sirve para saber algo más sobre la fauna del pueblo zaragozano de Gallocanta. ✆ 976 803 026.

Excursiones emocionantes

Cueva de las Güixas. La brujería estuvo presente en varios lugares de la provincia de Huesca. Uno de ellos es el pueblo de Villanúa, donde está situada esta cueva. ✆ 974 373 217.

Dolmen de Tella. En el pueblo de Tella, cerca del Parque Nacional de Ordesa hay un dolmen en el que se daban cita las hechiceras y cuya historia se cuenta en un museo dedicado a la región. ✆ 974 504 022.

Actividades

En una zona donde abunda la nieve, una de las primeras tentaciones es aprender a esquiar. Se ofrecen cursos para todas las edades.

Estación de Valdelinares. Teruel. ✆ 978 728 008. **Estación de Astún.** Huesca. ✆ 974 372 000.

Estación de Candanchú. Huesca. ✆ 974 373 194. **Estación de Formigal.** Huesca. ✆ 974 490 000.

Además, hay pequeñas empresas que ofrecen la posibilidad de disfrutar de la naturaleza:

Flora y la fauna del Pirineo. ✆ 974 373 217. **Paseos con raquetas de nieve.** ✆ 974 375 218.

Escapadas en canoa o kayak: ✆ 974 510 008. **Paseos a caballo.** ✆ 974 350 051.

Recorridos en camello. ✆ 974 253 341.

Alojamientos

Muchos establecimientos hoteleros y algunas casas rurales de la zona pirenaica tienen tarifas especiales para niños y organizan rutas o facilitan el contacto con empresas de turismo activo.

Llanos del Hospital *.** En Benasque. ✆ 974 552 012.

San Marsial *.** En Benasque. ✆ 974 551 616.

Avenida *. En Benasque. ✆ 974 551 126.

Arruebo **. En Panticosa. Facilita el contacto con las estaciones de invierno. ✆ 974 487 052.

Faus-Hütte **. En Villanúa. Organiza estancias con cursos de esquí. ✆ 974 378 136.

Albergue Allucant. Se encuentra en la provincia de Zaragoza, con vistas a la laguna de Gallocanta. Ofrece programas para observar las aves. ✆ 976 803 137.

El Castellar. En el pueblo de Moscardón, en plena sierra de Albarracín (Teruel). Organiza también rutas por la zona. ✆ 978 705 272.

El Molí de l'Hereu **. Se encuentra en el Maestrazgo, en la localidad de Ráfales. Permite conocer el interior de un molino de aceite. ✆ 978 856 266.

ASTURIAS Y CANTABRIA

La Costa Verde.

HACE SIGLOS, LOS DINOSAURIOS DEJARON SUS HUELLAS EN LOS ACANTILADOS DEL CANTÁBRICO, DONDE TAMBIÉN SE DETENÍA A TOMAR EL SOL EL «HOMBE PEZ». DESPUÉS VINO EL «CUÉLEBRE», QUE SENTÍA ESPECIAL DEBILIDAD POR LAS PRINCESAS Y LAS ENCERRABA EN CUEVAS. HOY, EN ESAS CUEVAS, EN LO MÁS APARTADO DE LOS PICOS DE EUROPA, SOBREVIVE A DURAS PENAS EL OSO PARDO.

Los Picos de Europa.

Santander y la Costa Cántabra.

LOS OSCOS Y LA RÍA DEL EO

MOLINOS DE AGUA, «CUÉLEBRES» Y MONASTERIOS ABANDONADOS

Las costas de Asturias y Galicia están separadas por la desembocadura del Eo, que cambia de aspecto cuando baja la marea y las barcas quedan embarrancadas en el lodo. Yendo hacia el interior, hay una comarca escondida que se conoce como Los Oscos, poblada hace muchos siglos por una tribu que llegó de Italia. Aquellos primeros habitantes habían viajado a la zona en busca de oro, estaño y otros minerales y, desde entonces, Los Oscos se hicieron famosos por sus ferrerías, donde se trabajaba el hierro con ayuda de grandes mazos movidos por el agua, que todavía se pueden ver en funcionamiento.

Entre los pueblos que se asoman a la ría del Eo en la zona asturiana, es especialmente bonito ***Castropol,*** que está situado sobre un cerro y tiene muy buenas vistas, incluyendo el puente que cruza el estuario desde Galicia. Si subís por sus empinadas cuestas llegaréis al **parque de Loriente,** donde hay un centro cultural que conserva fotos antiguas del pueblo. Al borde de la ría hay una carreterilla que lleva hasta el puerto, desde donde se pueden hacer **pequeñas excursiones en lancha hasta la otra orilla.** Otro pueblo que vale la pena visitar es ***Vegadeo,*** que tiene un agradable paseo arbolado, La Alameda, y uno de esos antiguos quioscos de música, con muchas filigranas de hierro.

■ Bordeando la costa cantábrica se llega a otros puertos, como el de ***Tapia de Casariego,*** y a algunas playas como la de **Mexota,**

Ferrerías de Os Teixois y Mazonovo.

resguardada entre islotes y rocas, o la de **Serantes,** con dunas y marismas. Algo más lejos, en **Salave,** existen unas preciosas lagunas a las que se accede por pistas bordeadas de pinar y en las que se pueden ver **canalizaciones y galerías de antiguas minas que van a dar a los acantilados.**

■ Desde Vegadeo, la carretera se adentra en un paisaje cada vez más solitario, con grandes praderas y aldeas de piedra oscura y pizarra, algunas deshabitadas y un poco misteriosas. Antes de llegar al **puerto de La Garganta,** merece la pena desviarse al pueblo de ***Taramundi,*** que conserva un roble centenario bajo el cual se celebraban los juicios en el pasado. Muy cerca de Taramundi está ***Os Teixois,*** una ferrería en la que se puede ver funcionar **un impresionante mazo movido por la fuerza del agua.**

A partir de Taramundi la carretera lleva hasta ***Santa Eulalia de Oscos,*** uno de los pueblos más cuidados de toda la comarca, donde hay otra ferrería, la de ***Mazonovo,*** situada en un paraje muy verde al borde del río. También podréis visitarla y ver funcionar **el artilugio que golpea el hierro haciendo un ruido infernal,** mientras un enorme fuelle aviva el fuego poniendo las piezas al rojo para que el herrero les dé forma y las vaya

convirtiendo en hoces, cacharros, azadones y trabajos de forja.

■ Otro lugar de Los Oscos al que debéis acercaros es ***Villanueva,*** un pueblo donde se levanta un gran caserón de piedra y pizarra que, aunque parezca mentira, fue un importante monasterio hace muchos siglos. Al cruzar el portalón que hay junto al río se puede ver el huerto, lleno de maleza, y las habitaciones de los monjes, derrumbadas y **cubiertas también de vegetación lo que le da un aire un poco tétrico.** Imaginaos el miedo que dará de noche, cuando todo el sitio quede en silencio y sólo se oiga el viento silbando entre las ruinas.

A pocos kilómetros de Villanueva está ***San Martín de Oscos,*** que

Museo Etnográfico de Grandas de Salime.

Por una carretera un tanto deteriorada se llega a ***Grandas de Salime,*** pueblo situado cerca de un gran pantano. No tiene mucho encanto, pero **conserva un precioso museo etnográfico** que compensa de sobra el viaje y en el que podréis ver muchos de los objetos que se utilizaban en los pueblos: herramientas, ropas, muebles, trampas para cazar animales, cacharros de cocina, artilugios para sacar y preparar la miel, zuecos, etcétera. Hay incluso habitaciones enteras, tal como se amueblaban antiguamente, y sobre todo algo que seguramente les encantará a los mayores: **el aula de una antigua escuela, con sus pupitres, tinteros, pizarra y montones de detalles divertidos.** Además, cerca de Grandas de Salime hay una aldea llamada ***Castro,*** donde se encuentra **un impresionante poblado celta,** con murallas y muchas viviendas.

conserva un viejísimo hórreo con el techo de hierba y pizarra. En este pueblo hay varios edificios muy antiguos, como la iglesia, que tiene la torre un poco inclinada, y algunos palacios. Pero el caserón más impresionante está en la cercana aldea de ***Mon,*** un solitario grupo de casas que nació alrededor de un palacio donde se guardan muchos secretos. Según dicen, en él vivió prisionera una princesa muy hermosa vigilada por un terrible *cuélebre,* **un antiguo monstruo que era una mezcla de dragón y culebra gigantesca.** Un caballero llamado Arias Mon consiguió acabar con el cuélebre, se casó con la princesa y formó una estirpe que vivió en el palacio, poniendo un gran escudo sobre la puerta para que todo el mundo recordara aquella historia.

LA COSTA VERDE

CUEVAS, SURTIDORES DE AGUA Y RASTROS DE DINOSAURIOS

Una de las zonas costeras más variada de Asturias es la que se extiende entre la ría de Villaviciosa y el puerto de Llanes. En ella se pueden encontrar playas recoletas, huellas de dinosaurios, grandes rocas donde anidan las aves marinas, miradores espectaculares, surtidores de agua de mar y muchos otros atractivos naturales. Además, toda esta región debió estar habitada desde hace miles de años, porque abundan las cuevas con pinturas rupestres en las que se ven representaciones de animales y personas.

La *ría de Villaviciosa* es una zona muy rica en fauna, sobre todo aves acuáticas y peces, como se puede ver en un pequeño centro de recepción que cuenta con acuarios, esqueletos de pájaros y reptiles y que está muy próximo a la costa. Justo en la desembocadura de la ría se halla el bonito pueblo de ***Tazones,*** al que debéis llevar a los mayores a ver **una casa graciosísima, completamente forrada de conchas marinas** y caparazones de cangrejo, junto al puerto. También en los alrededores de la ría está la aldea de **Argüero,** en la que se halla una casa rural, la **Quintana de la Foncalada,** en la que se pueden ver **los famosos asturcones,** una variedad de poni típica de Asturias que ya era conocida en tiempos de los romanos y que solía vivir en estado salvaje.

Arriba, Casa de las Conchas de Tazones.

Derecha, «monumento a la sidra» en Villaviciosa.

En toda la costa que rodea la ría de Villaviciosa hay numerosas **icnitas de dinosaurios,** que son **las huellas de aquellos gigantescos reptiles** que vivieron en la Tierra y se extinguieron misteriosamente mucho antes de que apareciera el hombre. Como ya sabréis, había especies de todos los tamaños y formas, desde las que parecían pájaros hasta las que pesaban tanto como veinte elefantes. Algunos dinosaurios se alimentaban con vegetales y otros eran carnívoros, y gracias a las icnitas se han podido saber si andaban a dos o cuatro patas, si corrían o se desplazaban a saltos y muchas otras cosas. Las marcas que se conservan en esta zona están indicadas con carteles. Por ejemplo, **cerca del faro de Tazones hay huellas del arrastre de sus colas** y en los alrededores del puerto se pueden ver pisadas de las patas traseras.

■ Si paráis en la población de ***Villaviciosa,*** no dejéis de pasar por el precioso parque, en el que hay algunas pajareras y un **curioso «monumento a la sidra» hecho con un enorme sombrero lleno de manzanas.** Villaviciosa es la capital de la popular bebida asturiana y tiene además las bodegas de sidra «El Gaitero», que se pueden visitar, aunque sólo sea para ver **las gigantescas cubas de madera donde se guarda la sidra** que se exporta a todo el mundo.

■ Entre Villaviciosa y Ribadesella hay muchos otros lugares con icnitas, como la **playa de La Griega,** cerca de **Colunga,** donde se pueden ver algunas huellas que están entre las más grandes que existen. En los **acantilados de Tereñes** hay marcas de patas de dinosaurios con tres grandes dedos, y en la **playa de Ribadesella** hay una zona con más huellas y restos de fósiles.

■ El puerto de ***Ribadesella,*** aunque ahora es grande y animado, antiguamente era muy pequeño y vivía de la pesca tanto en el mar como en el río Sella, que desemboca aquí. Pero además era un lugar muy importante en el comercio marítimo de la sal, un condimento que llegó a tener el mismo valor que el dinero, porque era imprescindible para conservar los alimentos y transportarlos de un país a otro. El pueblo de **Ribadesella** es también **la meta de uno de los descensos de piraguas más famosos del mundo,** que se celebra en agosto, y es una mezcla de competición y fiesta multitudinaria. Por último, no os vayáis sin visitar dos lugares muy especiales: la **ermita de la Virgen de la Guía,** desde donde hay unas estupendas vistas de la playa, el puerto y la desembocadura del río, y las **cuevas de Tito Bustillo,** en las que vivieron las primitivas tribus de esta zona y donde veréis pinturas rojas y negras de caballos, ciervos y un reno.

En dirección a Llanes, vale la pena detenerse en ***Nueva de Llanes,*** donde hay un centro de recuperación de fauna asturiana y una curiosa playa, la de **Cuevas del Mar,** con extrañas rocas perforadas por el agua. También en esta zona de la costa está la **playa de San Antolín de Bedón,** en la que podéis ver las ruinas de un monasterio abandonado que, según parece, tuvo su origen en una leyenda. Cuentan que hace muchos años vivía en esta zona un conde llamado Munio, conocido por su crueldad y porque **le gustaba matar por simple capricho.** Un día, iba persiguiendo un jabalí cuando llegó a este lugar y descubrió una cabaña en la que vivía una hermosa muchacha. Munio **se abalanzó sobre ella con las peores intenciones,** pero la joven consiguió huir y, desde aquel día se convirtió en una obsesión para el conde. Una mañana, el cruel personaje volvió a acercarse a la cabaña y, al descubrir que la muchacha estaba con su novio, tomó indignado su ballesta y los mató sin pensárselo dos veces. **Pero después de aquel asesinato la voz de su conciencia no le dejó en paz ni un momento** y constantemente le preguntaba «¿qué daño te habían hecho?». Su cabeza le torturaba de tal manera que, desesperado, decidió vender todo lo que tenía y construir un monasterio en el mismo lugar donde estaba la cabaña de la pobre muchacha. El Conde se hizo monje y vivió el resto de su vida en el monasterio, y dicen que entre las ruinas todavía se puede ver su espectro, condenado a sufrir eternamente por el crimen que había cometido.

■ ***Llanes*** es una bonita ciudad con un castillo almenado y con playas muy animadas, como la de **Toró,** llena de rocas con las formas más caprichosas. **Toda la costa está formada por islotes y pequeñas calas,** con algunos miradores como el de **La Boriza,** desde donde se divisan panorámicas impresionantes. En ***Puertas de Vidiago*** se puede ver una de las figuras más enigmáticas de toda la región, el **ídolo de Peña Tú,** al que se llega haciendo una corta excursión entre bosques, hasta la cima de un

Descenso del Sella.

Pintura rupestre, en la Cueva de Tito Bustillo.

«Bufón».

Peña Tú, en Vidiago.

monte. Se trata de una roca que parece **tallada como si fuera un dios antiguo,** y que tiene algunas extrañas figuras, entre las que se distingue una espada. También en Puertas de Vidiago hay un camino que lleva hasta el mismo borde del mar, donde están los famosos *bufones,* que son agujeros abiertos en los acantilados, por los que **salen altísimos chorros de agua cuando el mar está furioso.** Incluso cuando no hay mucha resaca, el ruido que hacen, como una especie de rugido de la tierra, impresiona sobremanera.

■ Otro de los lugares mágicos de esta zona es ***Pimiango,*** donde está el **mirador del Picu,** también **con preciosas vistas que en los días claros dejan ver hasta el Naranjo de Bulnes,** el monte más famoso de los Picos de Europa. Aquí están además las **cuevas del Pindal,** abiertas en medio de un acantilado y a las que se llega por una empinada escalera. En su interior se ven **figuras de bisontes, caballos, ciervos, un pez y hasta un mamut.** Cerca de las cuevas hay un agradable merendero y una ermita dedicada a san Emeterio, desde la que sale un camino que lleva entre subidas y bajadas hasta las ruinas de otro monasterio abandonado, el de **Santa María de Tina,** en un paisaje cubierto de helechos al borde del mar.

LOS PICOS DE EUROPA

EL PAÍS DE LOS OSOS

Entre Asturias y Cantabria existe una gran barrera de montañas llamadas Picos de Europa, en cuyo interior hay profundos cañones, bosques de hayas y pequeñas cabañas de piedra que en primavera sirven de refugio a los pastores. Ocultos en lo más profundo de esta cordillera hay muchos animales, entre los que destacan los osos pardos, de los que desgraciadamente quedan muy pocos ejemplares y que, aunque están protegidos, todavía son cazados por gente sin escrúpulos. Hace falta tener mucha suerte para ver un oso en libertad; pero si no lo lográis, imaginaos al menos sus andanzas por estas montañas, donde a veces una osa baja a los ríos para conseguir comida para sus crías.

En la zona asturiana de los Picos de Europa está el ***Parque Nacional de la Montaña de Covadonga,*** al que se accede desde la histórica villa de ***Cangas de Onís,*** donde veréis el gran puente construido por los romanos para cruzar el río Sella. Otro de los sitios curiosos en esta ciudad es la capilla de Santa Cruz, levantada sobre un dolmen que aún se conserva en una cripta, bajo el suelo. En este lugar hace muchos siglos **enterraban a los muertos con alimentos, joyas y armas,** como hachas y puntas de flecha, creyendo que podrían necesitar todo esto en algún momento. Durante mucho tiempo, cuando los labradores araban las tierras y descubrían aquellas piedras afiladas, **pensaban que eran puntas de rayos y que tenían propiedades mágicas para alejar las tormentas** o para conseguir que las vacas dieran más leche.

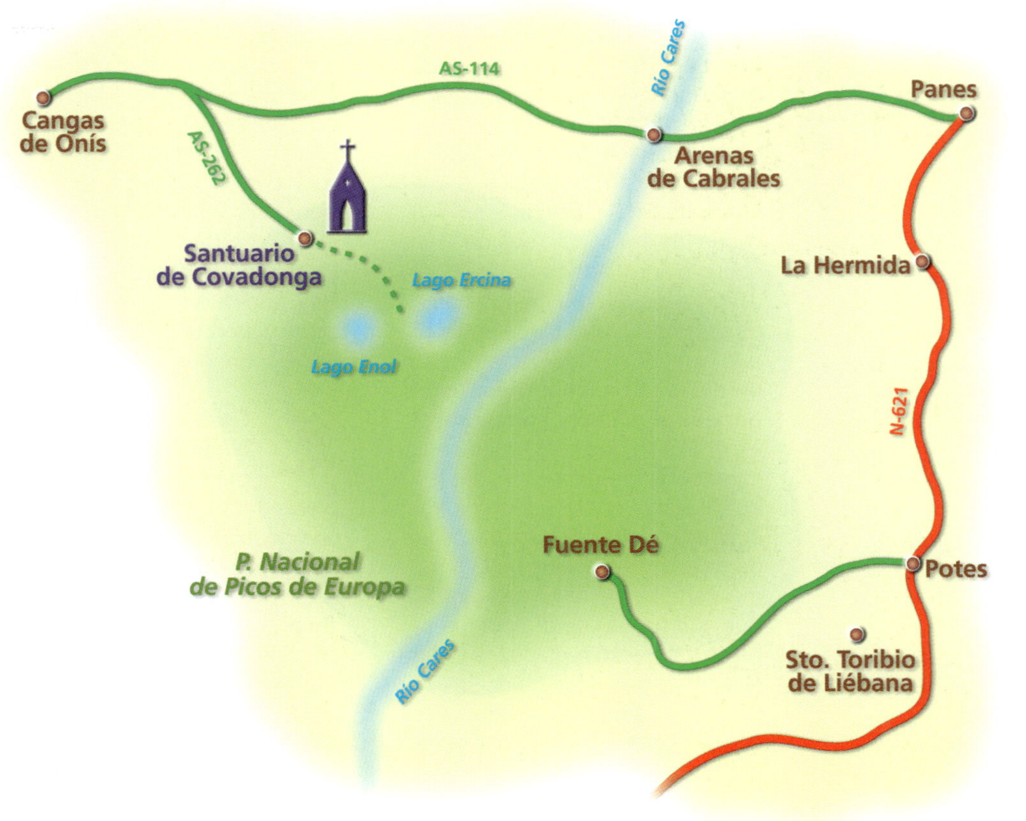

Paisaje de los Lagos.

Desde Cangas de Onís, una carreterita lleva hasta el ***santuario de Covadonga,*** un impresionante lugar rodeado de montañas y bosques, donde está la **cueva de la Santina,** bajo la cual hay una bonita cascada. También aquí nace la estrecha pista asfaltada que lleva hasta los preciosos **lagos de Enol** y **Ercina** que, según los científicos, son de origen glaciar, aunque la leyenda asegura que fueron creados de otra forma. Cuentan que antes de que el mundo estuviera terminado, **un día iban paseando por estos parajes el diablo y su madre;** al llegar al sitio que se conoce como mirador de la Reina, la madre le dijo al diablo que él y sus soldados acabarían sufriendo una tremenda derrota. El diablo, que tenía muy mal carácter, se enfureció tanto que agarró a su madre por los pelos y empezó a golpearla contra el suelo, y con cada golpe se formó una gran fosa donde surgieron los lagos y todo el relieve accidentado de Covadonga.

■ Más arriba del **mirador de la Reina** está la **Peña del Elefante,** una roca tallada caprichosamente por la naturaleza y en la que **se distingue perfectamente la cabeza y la trompa.** Desde esta peña, una atractiva excursión entre bosques y prados lleva a **Orando,** donde hay una cueva que se traga el río que luego saldrá formando la cascada bajo la cueva de la Santina. Por último, si os animáis a subir como las cabras, a partir del lago de Ercina hay sendas que llevan a bonitos parajes, como el **Pozo del Alemán** o el **mirador del Rey,** que está a mil metros de altura y tiene una espectacular caída sobre el río Dobra.

Cerca de Cangas de Onís también están las **cuevas del Buxu,** con pinturas prehistóricas de ciervos; y ***Noriega,*** un pequeño pueblo en el que vivió Roberto Frassinelli, un alemán que estudió mucho toda la historia de la zona y que trabajaba en una gruta cercana, que se puede visitar. Durante mucho tiempo, esa gruta estuvo habitada por un cuélebre, uno de esos monstruos que abundaban en Asturias y que sentían debilidad por la carne humana, y si era de una chica joven, mejor que mejor. **Los vecinos vivían aterrorizados y no**

podían dormir oyendo los gritos de las pobres muchachas mientras el cuélebre se las zampaba con glotonería. Un día, harto de aquella tragedia, el cura cogió un trabuco, montó a caballo y se fue a la cueva, pero al ver a aquella criatura espantosa huyó despavorido y **sólo tuvo tiempo de disparar al cuélebre a la barba, que era su punto débil.** Cuentan que el cura murió de miedo pocas horas más tarde, pero el cuélebre acabó desangrándose y, finalmente, los habitantes de la zona se libraron de la maldición.

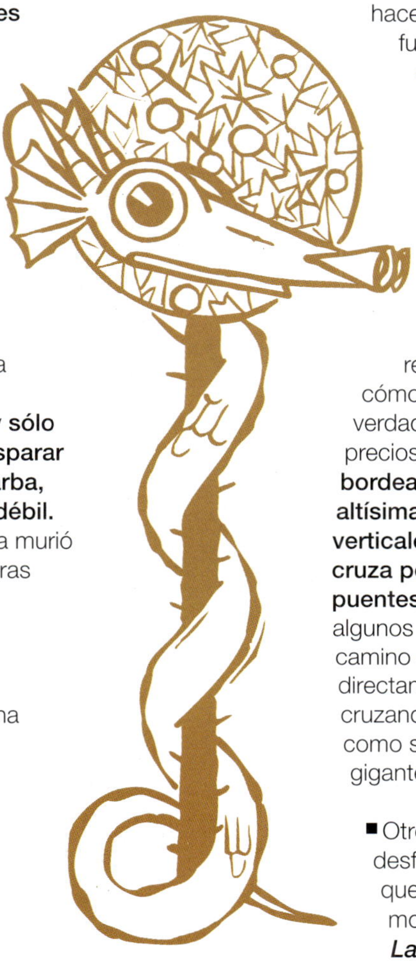

Una de las rutas más populares que se hacen andando en los Picos de Europa es la del ***desfiladero del Cares,*** que se empieza cerca del pueblo de ***Las Arenas de Cabrales,*** famoso por hacer un queso muy fuerte que suele entusiasmar a los mayores. Al principio el paseo es un poco pesado, porque tiene algunas cuestas, pero luego resulta más cómodo y es verdaderamente precioso ya que **va bordeando el río entre altísimas paredes verticales y, a veces, lo cruza por pequeños puentes.** Hay además algunos tramos donde el camino se halla tallado directamente en la roca, cruzando los precipicios como si fueran un gigantesco pasillo.

■ Otro de los desfiladeros famosos que atraviesan estas montañas es el de ***La Hermida,*** que está en Cantabria y, en este caso, se puede recorrer en coche. En el centro del desfiladero está el pueblo de Hermida, donde

Estatua de Don Pelayo, en Cangas de Onís.

Cueva de la «Santina».

Arriba, Santuario de Covadonga, en su maravilloso entorno.

Abajo, Santa María de Lebeña.

antiguamente **se embarcaba el mineral que se sacaba de la zona y se transportaba en balsas de madera por el río Deva.** A partir de Hermida vale la pena ir a **Bejes,** donde hay una cueva de estalactitas y estalagmitas. Más arriba está ***Colio,*** a los pies de un glaciar que a veces se desborda y arrastra piedras, agua y tierra, provocando un gran ruido del que antiguamente se culpaba a los «diablillos de Colio».

■ Continuando por el desfiladero de La Hermida se llega a la iglesia de **Santa María de Lebeña,** junto a la cual **hay un antiquísimo tejo,** plantado hace miles de años cuando este árbol era considerado como sagrado. Siguiendo por el río aguas arriba se llega a ***Potes,*** con su torre medieval y un mercadillo muy animado en el que venden sus productos los aldeanos de la comarca. Potes es además el lugar del que salen algunas excursiones muy bonitas, como la que lleva hasta el **monasterio de Santo Toribio de Liébana,** desde el que veréis impresionantes vistas de las montañas.

Teleférico de Fuente Dé.

La escapada más espectacular es la que os llevará hasta el circo de ***Fuente Dé,*** donde está el famoso **mirador del Cable,** al que se llega por **un teleférico que salva una altura de vértigo.** Desde el mirador, una especie de terraza de rejilla que se asoma al abismo, las panorámicas del valle, las aldeas y las montañas, en las que de vez en cuando se distinguen los rebecos, os darán la sensación de estar volando y viendo las cosas a vista de pájaro.

SANTANDER Y LA COSTA CÁNTABRA

LOS MARES DEL HOMBRE-PEZ

La ciudad de Santander, aunque fue destruida por un incendio en 1941, conserva todavía muchos atractivos, especialmente sus famosas playas del Sardinero y La Magdalena, así como sus elegantes paseos. Toda la ciudad se asoma a una hermosa bahía donde está el popular Puerto Chico con sus lanchas deportivas y los muelles a los que llegan embarcaciones de todo tipo, desde los *ferries* que vienen de Gran Bretaña, hasta las famosas «golondrinas» que acercan a los veraneantes a otras playas de la zona. A veces, casualmente, las embarcaciones se cruzan con el hombre-pez de Liérganes, muy aficionado a nadar en estas aguas.

Una de las cosas que más os llamarán la atención en ***Santander*** son los parques, muy cuidados y que, a veces, como en el caso de los jardines de Piquío, San Roque o Mesones, están junto a la misma playa y ofrecen el espectáculo de unas preciosas puestas de sol. Otros jardines entretenidos son los de Pereda, donde hay un estanque con cisnes, un quiosco de música y grandes árboles. Pero sin duda el parque más atractivo es el que está en la pequeña península de la Magdalena, en la que **se levanta un palacio que parece sacado de un cuento de hadas.** Antes de entrar en la península, veréis varios galeones y la balsa que utilizó el aventurero Vital Alsar para hacer un viaje marítimo en solitario desde Ecuador hasta Australia, durante seis meses. Ya dentro del parque, podréis fijaos en la estatua de la sirenita, acercaros al pequeño zoo o **haceros una foto**

junto al monumento a Félix Rodríguez de la Fuente, el «amigo de los animales».

■ Entre los museos que merece la pena visitar, lógicamente hay uno dedicado al mar, que reúne entre otras cosas **esqueletos de grandes mamíferos, como ballenas y delfines,** así como acuarios con curiosas variedades de peces. Otro museo interesante es el de Prehistoria, donde se pueden ver algunas de las piezas que se han ido descubriendo en las cuevas de Cantabria, desde **huesos de mamuts, rinocerontes y osos de las cavernas,** hasta un bonito bastón de mando que tiene talladas las cabezas de un caballo y una cierva.

Arriba, Monumento a Félix Rodríguez de la Fuente.

Abajo, Parque de Cabárceno e interior del Museo Marítimo de Santander.

Paseando por la ciudad podéis acercaros a la plaza Porticada, en uno de cuyos arcos veréis **unas estatuas de una mujer y un hombre desnudos** sobre las que se cuenta una divertida historia. Dicen que hace muchos años, una entidad financiera de la ciudad encargó estas estatuas a un escultor para representar la Beneficencia y el Ahorro, y que los santanderinos tomaran buena nota de estas virtudes. El artista hizo las dos esculturas de bronce, pero a mucha gente no le sentó nada bien que estuvieran desnudas, hasta tal punto que el día de la inauguración se negaron a destaparlas y más de uno retiró el dinero que tenía en aquel banco. Afortunadamente, los puritanos perdieron la batalla y hoy pueden verse las estatuas presidiendo la plaza con la mayor naturalidad.

■ En los alrededores de la bahía de Santander hay otros lugares a los que vale la pena acercarse, como el ***Cabo Mayor,*** donde hay un faro y también se encuentra el puente del Diablo, que se llama así porque **fue construido personalmente por Lucifer.** Algo más apartada está la **isla de la Virgen del Mar,** en la que hay un santuario y que está unida a tierra por un puente. Al otro extremo de la bahía hay algunas agradables playas, como las de **Somo** y **Pedreña.**

Si no os importa alejaros un poco de la costa, no dudéis en hacer una escapada hasta el ***Parque de la Naturaleza de Cabárceno,*** un paisaje sorprendente formado por antiguas minas que ya fueron explotadas antes de los romanos. En medio de este lugar se ha hecho una especie de zoo donde los animales andan sueltos, sin jaulas; allí podréis ver tigres, elefantes, osos, monos, iguanas y otras especies de todo el mundo. De camino hacia el parque de la naturaleza se pasa por ***Liérganes,*** donde cuentan

Izquierda, «Capricho» de Gaudí, en Comillas.

Derecha, Santillana.

que hace muchos años **nació un hombre-pez que era en realidad un muchacho del pueblo,** tan aficionado al agua que acabaron saliéndole escamas y se fue a vivir al mar.

A lo largo del litoral hay varias zonas de interés para los aficionados a la naturaleza y, sobre todo, para ver **infinidad de pájaros de todo tipo.** Por ejemplo, la ***Ría de Santoña,*** que es una de las zonas más importantes de la península para las aves acuáticas; o las ***marismas de Oyambre,*** donde se pueden ver acantilados, rías, playas, dunas y bosques que también sirven de lugar de descanso para las aves en sus largos viajes entre África y el norte de Europa. Desde el **Cabo de Oyambre** hay un atractivo paseo que se puede hacer andando, al borde de los acantilados, hasta llegar a la **playa de Merón,** frente a la preciosa villa marinera de ***San Vicente de la Barquera.***

■ Sin duda los mayores querrán visitar algunas ciudades famosas por su historia y sus monumentos, como ***Santillana del Mar*** o ***Comillas.*** Las dos son verdaderamente bonitas y tienen cosas que os llamarán la atención. En Comillas hay una estupenda playa y un palacio que se conoce como **El Capricho,** diseñado por Gaudí, uno de los arquitectos más fantásticos de este siglo. Este palacio, que hoy es un restaurante de lujo y cuenta además una tienda de recuerdos, **está forrado con azulejos de muchos colores** y rodeado de un jardín donde se puede ver una graciosa estatua del arquitecto, como si estuviera ideando su obra.

■ ***Santillana*** es un pueblo medieval tan bien conservado, que no debéis sorprenderos si os cruzáis con un caballero vestido con armadura. De hecho, uno de sus caserones alberga un Museo de la Inquisición, donde se pueden ver **los instrumentos de tortura que utilizaban aquellos «santos señores»** de la antigüedad para que los prisioneros confesaran las cosas más disparatadas. En total hay unos setenta objetos, que demuestran lo retorcidas que podían llegar a ser las mentes de aquellas personas para provocar el sufrimiento humano y matar a los detenidos. No todo en este pueblo es así de macabro, y, aunque no podréis visitarlas, conviene que sepáis que muy cerca están **las cuevas de Altamira, conocidas mundialmente por sus magníficas pinturas prehistóricas** que incluyen un famoso bisonte. Ese mismo animal, pero en carne y hueso, se puede ver en un pequeño zoológico situado a un kilómetro del pueblo.

OTROS DESTINOS DE INTERÉS

Aunque las cuencas mineras asturianas tienen un paisaje oscurecido por la contaminación industrial, también son un ejemplo de la dureza del trabajo en las galerías de las que se saca el carbón desde la antigüedad. La mejor forma de conocer la historia de esta actividad es visitar **el museo de la Minería y de la Industria,** que está en la población de ***El Entrego.*** En él veréis las viejas locomotoras que trasportaban el mineral, instrumentos y laboratorios antiguos, una enfermería, una casa de baños, colecciones de lámparas y una máquina que podréis mover vosotros mismos y que servía para sacar agua. Lo más interesante de este museo es **la reproducción de una mina a tamaño natural,** situada bajo tierra y a la que se baja en uno de esos ascensores de jaula típicos de las minas de verdad.

Como es lógico, también hay instrumental para sacar el carbón y las famosas vagonetas que trasladaban el mineral por raíles a lo largo de las galerías y que, sin duda, os recordarán una película de *Indiana Jones.*

Como seguramente sabréis, **el oso pardo está en peligro de extinción en la Península** y apenas quedan ochenta ejemplares repartidos por la Cordillera Cantábrica y otros pocos en los Pirineos. Por eso, todo lo que se haga para protegerlo estará bien, aunque a veces da un poco de lástima que este gran «señor del bosque» se pueda convertir en un reclamo turístico. A unos treinta kilómetros de Oviedo, rodeada de un paisaje muy accidentado, donde todavía se esconden los osos en lugares a los que no puede acceder la gente, está la ***Casa del Oso,*** que ocupa un edificio del pueblo de ***Proaza*** y en la que se pueden aprender muchas cosas sobre su vida y sus costumbres: las huellas que deja, sus alimentos y los peligros que corre. Dentro de una vitrina **se conserva el esqueleto de un ejemplar bastante grande,** y en una sala de audiovisuales proyectan documentales sobre la especie. También hay un jardín con juegos y una tienda, por si queréis llevaros un recuerdo para que

Arriba, la «Fuente de las Xanas».

Abajo, dos aspectos de la «Senda del Oso».

Arriba, Parque de Saja-Besaya.

Abajo, valle de Soba.

nunca se os olvide este hermoso animal amenazado.

■ Entre Proaza y San Adriano está la llamada ***Senda del Oso,*** que recorre el **valle de Trubia** durante más de veinte kilómetros, aprovechando una vía de ferrocarril abandonada. El trayecto se puede hacer andando o en bicicleta desde el pueblo de **Tuñón,** y todo el camino es muy agradable, pasando por riachuelos, puentes, áreas recreativas y pueblecitos. Uno de los lugares por los que pasa esta senda es el monte en el que viven Paca y Tola, dos osas que fueron recogidas en 1989, cuando todavía eran crías y **un cazador furtivo mató a su madre.** El monte está rodeado por una valla y todos los días es posible ver a las osas cuando bajan a recibir la comida que les da un cuidador que responderá a todas las preguntas que le queráis hacer.

También en esta zona está el ***desfiladero de las Xanas,*** dedicado a estas criaturas que son una especie de ondinas de los ríos asturianos. El recorrido por el desfiladero tiene unos nueve kilómetros y es muy bonito, pero hay que hacerlo con cuidado porque **el camino es estrecho y se eleva a más de 300 metros de altura por la ladera del monte,** sin ninguna protección. Al inicio del camino hay una fuente abandonada, donde antiguamente habitaban algunas xanas y durante las noches de San Juan tenían la costumbre de salir a bañarse y peinar sus cabellos. Sólo durante esas noches **brotaba en las fuentes la rara flor del agua, que tiene propiedades mágicas** porque al que la encuentra le permite cumplir todos sus deseos.

■ En el interior de Cantabria hay varios preciosos valles, como el de ***Cabuérniga,*** que se puede recorrer bordeando el río Saja a través de bosques centenarios, valles silenciosos y aldeas medievales. En la antigüedad cuentan que en este valle vivían unos guerreros temibles, que tardaron mucho tiempo en ser vencidos por los romanos y que **debían su valor y su fuerza a que solían beber sangre de caballo.** Una de las aldeas más bonitas del valle es ***Bárcena Mayor,*** con sus casas de piedra y madera adornadas de flores. También merece la pena que os acerquéis a **Ruente** y hagáis una

Vista de Bárcena.

excursión al **monte Aá,** donde se alza el impresionante *Cubilón,* **un roble considerado como el más viejo de Cantabria.**

En la parte alta del río Saja existe un enorme bosque de hayas donde también habitan criaturas fabulosas, como **el «ojáncano», un ser violento y extremadamente feo, que se distingue por tener un solo ojo en medio de la frente** y una larguísima cabellera rubia a la que da brillo con grasa de oso. Si tenéis la mala suerte de cruzaros con un ojáncano, fijaos bien si se trata de un macho o de una hembra. Si es ojáncana ya podéis echar a correr, porque ataca a la gente con verdadera crueldad. Pero si es un ojáncano, hay un truco para hacerle frente, **arrancarle la única cana que tiene en la barba,** porque entonces se deprime y pierde toda su fuerza. Continuando el valle del Saja, aguas arriba, se llega a ***Reinosa,*** donde nace el Ebro y hay un espectacular embalse que se puede contemplar desde el **pico de los Tres Mares.** Este monte ha recibido su curioso nombre, porque según cómo le caiga, una gota de agua puede ir a parar hasta el Cantábrico por el río Nansa, al Atlántico por el Pisuerga o al Mediterráneo por el Ebro.

■ Otro de los valles que merecen una escapada es el de ***Soba,*** donde dicen que **nace el arco iris,** y que está en el límite con Burgos y Vizcaya. Una de sus poblaciones más conocidas es **La Gándara,** en la que podréis ver varios bosques de robles centenarios y un pequeño museo en el que se muestra la artesanía que se hacía con la madera del enebro. En este valle también hay dos miradores espectaculares, el del **Portillo de la Sia** y el de **Asón,** donde nace este río **formando una ruidosa cascada que cae en picado por una gran pared vertical,** visible sobre todo en primavera, después del deshielo.

INFORMACIÓN PRÁCTICA

ZOOLÓGICOS, JARDINES Y PARQUES NATURALES

Parque de la Naturaleza de Cabárceno. En Cantabria. Uno de los lugares más atractivos de la Península para observar fauna europea y africana. Abierto todos los días, ✆ 942 563 736.

Zoológico de Santillana del Mar. Alberga una de las mejores colecciones de mariposas. Abierto todos los días, ✆ 942 818 125.

Jardín Botánico de Puente San Miguel. Cerca de Santillana. Abierto en verano, ✆ 942 820 115.

Centro de Exhibición de Fauna Autóctona. En Cangas de Onís. ✆ 985 940 017. Se pueden ver varios animales, entre ellos osos pardos.

Casa del Oso. En Proaza. Abierta todos los días, ✆ 985 761 252.

Parque Nacional de Picos de Europa. Centro de recepción. Cangas de Onís. ✆ 985 848 614.

Parque Natural de Redes. ✆ 985 608 110; **Parque Natural de Somiedo.** ✆ 985 763 758.

MONUMENTOS Y MUSEOS CURIOSOS

En las dos comunidades ha tenido mucha importancia la actividad ganadera y la vida de la montaña, cuyas tradiciones se recogen en varios museos. Algunos de los más interesantes son:

Museo Etnográfico de Grandas de Salime. Asturias. ✆ 985 627 243.

Ecomuseo de Somiedo. Asturias. Abierto todos los días, excepto los lunes, ✆ 985 763 984.

Museo Etnográfico de Muriedas. Cantabria. Abierto todos los días, ✆ 942 251 347.

Museo de la Naturaleza, de Carrejo. Cantabria. Abierto todos los días, ✆ 942 701 808.

Planetario. Santander. ✆ 942 310 161

Museo Marítimo. Santander. Además incluye un pequeño acuario. Abierto todos los días, excepto los lunes, ✆ 942 274 962.

En Santillana del Mar se encuentra el tétrico **Museo de la Inquisición**. Abierto todos los días, ✆ 942 840 273; muy cerca de esta preciosa villa se puede visitar una **Reproducción de las Cuevas de Altamira**. ✆ 942 818 005.

En Asturias es posible acercarse a la prehistoria visitando el **Castro de Coaña.** ✆ 985 978 401.

En el mismo Principado hay numerosos museos temáticos de gran interés, como el **Museo del Ferrocarril,** en Gijón, ✆ 985 301 211; el **Museo de la Sidra,** en Nava, ✆ 985 717 422; y el **Museo de la Minería,** en El Entrego. Abierto todos los días, excepto los lunes, ✆ 985 663 133.

EXCURSIONES EMOCIONANTES

En el capítulo de las grutas que estuvieron habitadas por el hombre primitivo hay varios ejemplos de interés, como las **Cuevas del Pindal** y **Tito Bustillo,** en Asturias, y las de **Puente Viesgo,** en Cantabria, pero incomprensiblemente, la mayoría no admiten visitantes infantiles.

Resulta más accesible un recorrido por los antiquísimos **molinos de agua de Teixois y Mazonovo,** en la comarca asturiana de Los Oscos. ✆ 985 979 684.

Para ver los Picos de Europa desde las alturas, no hay nada mejor que el **Teleférico de Fuente Dé.** ✆ 942 736 610.

Para embarcarse y hacer recorridos por la bahía de Santander están los populares **«Regina»** que en verano hacen trayectos hasta el Cabo Mayor. ✆ 942 216 753.

ACTIVIDADES

En Asturias y Cantabria hay infinidad de oportunidades para realizar rutas a caballo, a pie o en bicicleta. Para aprender a remar en canoa, la escuela asturiana de piragüismo organiza cursos de iniciación, ✆ 985 841 282; para descubrir los secretos de la navegación en el mar, hay opciones en la capital santanderina, ✆ 942 280 402, y en Gijón, ✆ 985 164 579. Y también esta ciudad ofrece la experiencia alucinante de un viaje en globo, ✆ 985 355 818, aunque por razones de estatura no es aconsejable para niños menores de nueve años. Finalmente, en la montaña de Cantabria se pueden hacer los primeros pinitos sobre esquíes en la **estación invernal de Alto Campoo**, ✆ 942 779 222.

ALOJAMIENTOS

También hay abundantes posibilidades de estancias con actividades para toda la familia

Asturias:

La Tahona de Besnes **. En una zona montañosa, cerca del río Cares. ✆ 985 415 749,

Hotel L'Alceu **, ✆ 985 858 343; y **La Casona de Villanueva** **, ✆ 985 412 590, próximos a la costa de Llanes

Hotel Casa Diego, ✆ 985 626 117; y otros alojamientos de la comarca de Los Oscos.

Cantabria:

Hay numerosos albergues ,que incluyen todo tipo de rutas y actividades medioambientales:

El Casón de la Marquesa. En Arenas de Iguña. ✆ 629 211 087.

La Posada del Bosque. En los Corrales de Buelna. ✆ 942 572 242.

Albergue de Olea. ✆ 942 745 574.

BALEARES

EL FONDO DEL MEDITERRÁNEO ESTÁ POBLADO POR INFINIDAD DE CRIATURAS, REALES Y FANTÁSTICAS, QUE PASAN COMO SOMBRAS FUGACES BAJO EL AGUA, UN AGUA DE UN AZUL QUE PARECE IMPOSIBLE. A VECES, UNA SIRENA SE ATREVE A MEZCLARSE CON LA GENTE Y HASTA SE COMPRA UNOS PENDIENTES EN UN MERCADILLO «HIPPIE».

Menorca.

Bar Ábaco, Palma de Mallorca.

PALMA Y LA SIERRA DE TRAMUNTANA

BAÑOS ÁRABES, TRENECITOS Y SERES MARINOS

La ciudad de Palma, que se extiende al borde de una amplísima bahía, conserva numerosos recuerdos de la estancia de los árabes, entre ellos unos bonitos baños y el antiguo alcázar. En toda la isla de Mallorca hay restos de las viejas granjas musulmanas, algunas de ellas convertidas en románticos palacios que se asoman al mar. En los acantilados del norte abundan las aves marinas, y en torno a los islotes rocosos se mueven –sin ser vistos– algunos seres fantásticos.

Nada más llegar a **Palma de Mallorca,** desde el barco o desde el avión veréis la mole de la Catedral, que se alza por encima de las murallas y ocupa el mismo lugar que una gran mezquita construida por los árabes. Cuando os acerquéis, fijaos en la puerta del Mirador, **la única que se salvó de un terremoto** hace más de un siglo; y una vez dentro visitad el tesoro, donde se conservan objetos religiosos de los judíos, otra de las comunidades que estuvieron presentes en la ciudad muchos siglos. Cerca de la Catedral está el Palacio de la Almudaina, construido sobre el primitivo alcázar musulmán y en el que destacan la torre del homenaje y la *dels Caps* («cabezas») porque aquí era donde **se colgaban las cabezas de los ajusticiados.**

Palma de Mallorca. Baños árabes y Castillo de Bellver.

■ Otro lugar que merece una visita son los baños árabes, sostenidos por esbeltas columnas y con un agradable jardín en el que podréis descansar un rato. Puestos a pasear, nada mejor que acercarse al puerto –donde permanecen amarrados veleros y embarcaciones deportivas de todos los tamaños– recorrer el paseo del Born, **vigilado por dos parejas de esfinges,** o caminar por la Rambla, la calle más popular de la ciudad, con sus puestos de flores y sus quioscos de prensa. Si tenéis un capricho, no dejéis de probar alguna de **las famosas ensaimadas, rellenas de crema, nata o cabello de ángel.** Y si queréis dar una sorpresa a los mayores y que vean un bar realmente bonito, llevadles a *Ábaco,* os lo agradecerán eternamente.

Palma de Mallorca. Vista general.

Vista de Banyalbufar y Port d'Andratx.

■ Muy cerca de la ciudad –y en lo alto de una colina– está el castillo de Bellver, del que se cuenta que **está unido a la Almudaina por pasadizos subterráneos.** Lo más especial que tiene este castillo es su curiosa forma circular, el profundo foso que lo protege y su recogido patio gótico, que se puede rodear por arriba mientras se disfruta de las estupendas vistas de Palma, la bahía y los montes cercanos, cubiertos de un espeso arbolado. Hasta hace pocos años, la fortaleza servía como cárcel y ahora alberga el museo municipal de Historia de la Ciudad.

Alrededor de la bahía se ha construido demasiado, hasta el borde mismo de las playas, pero yendo hacia el norte se llega a la ***Sierra de la Tramuntana,*** que baja hacia el mar formando grandes acantilados en los que todavía abundan las calas protegidas y sin edificar. Si empezáis por **Andratx** vale la pena que os acerquéis a **San Telm,** desde donde se divisa la ***isla de la Dragonera,*** a la que se puede llegar en barco y que ha sido bautizada con ese nombre porque **parece un dragón que está descansando en el mar.** Continuando entre la costa y la sierra podréis asomaros al **Mirador de las Ánimas,** cerca de **Banyalbufar,** o hacer un pequeño desvío hacia **Sa Granja,** una antigua alquería árabe en la que se ha creado un **Museo Etnográfico donde hay artesanos haciendo sus trabajos a la vista del público.**

■ Una de las poblaciones más visitadas de la isla es ***Valldemossa,*** conocida sobre todo por su Cartuja, que tuvo entre sus huéspedes al músico Chopin y a la escritora George

Sand mientras vivían un apasionado amor, de esos que se cuentan como románticos. Junto a los recuerdos de estos personajes, como un piano, cartas y algunos dibujos, la cartuja es famosa por su antiquísima farmacia, donde veréis los **artilugios que se usaban para fabricar medicinas.** Además, en la biblioteca se ha instalado un Museo Municipal en el que se muestra la prensa y otros objetos de una vieja imprenta mallorquina.

■ A partir de Valldemossa, también hay otros lugares que vale la pena visitar. Uno de ellos son los jardines del **Palacio de Miramar,** con un precioso mirador de mármol desde el que se ve la costa y la curiosa **punta de Sa Foradada,** así llamada porque tiene un agujero en medio de las rocas. Muy cerca, en la ladera de una montaña, se apiña el simpático pueblo de ***Deià;*** y a pocos kilómetros está ***Sóller,*** comunicado con su puerto **mediante un gracioso trenecito que circula entre campos de naranjos.** También desde Sóller se puede llegar a Palma en tren, atravesando lugares como **Raixa,** donde hay un palacio con frondosos jardines, estanques y una monumental escalinata.

En la costa sur de Mallorca está el **Cabo de Ses Salines,** con un paisaje en el que podréis contemplar muchas aves y, a lo lejos, el ***archipiélago de Cabrera,*** al que se llega en barco desde la colonia de Sant Jordi. Este grupo de dieciséis islotes rocosos, entre los que destaca el de Cabrera, contó con una fortaleza y –después de la batalla de Bailén– jugó el papel de **cárcel de 9.000 prisioneros franceses,** la mayoría de los cuales murieron de hambre y de enfermedades. Hace unos cuantos años, después de muchas protestas para que dejara de ser un campo de maniobras del ejército, fue declarado Parque Nacional y desde entonces sirve como refugio a gran cantidad de aves marinas, como gaviotas, águilas pescadoras o el raro halcón de Eleonor.

Junto a la fauna que vuela sobre los islotes hay otra que se mueve bajo las aguas y que incluye delfines, tortugas, gran variedad de peces y una simpática criatura legendaria que sólo consiguen ver los que tienen el don de la fantasía. Se trata del *vell marí,* un ser de cuerpo rechoncho y rasgos vagamente humanos que ya era conocido en la antigüedad y que solía nadar detrás de las embarcaciones cuando regresaban a la costa. Si os acercáis a las islas y veis una sombra oscura nadando cerca de una cala o una cueva submarina, tal vez sea este personaje. Y si cantáis una canción, **a lo mejor asoma la cabeza, porque siente una gran afición por la música.**

Tren de Sóller.

Celda de Chopin en Valldemossa.

Tienda de artesanía en Deià.

Menorca. Arriba, Cala Coves (izquierda) y Cova d'En Xoroi (derecha). Abajo, Casa Mir.

OTROS DESTINOS DE INTERÉS

■ En la isla de ***Menorca*** hay dos bonitas ciudades, Maó y Ciutadella, que se resguardan junto a estrechas ensenadas convertidas en puertos naturales. Entre ambas poblaciones hay una vieja rivalidad desde que, en tiempos remotos, Ciutadella estuvo ocupada por cristianos mientras que Maó tenía una importante población judía. Siglos más tarde, la isla fue colonizada por los ingleses, y desde entonces ***Maó*** pasó a ser la capital, mientras Ciutadella se convertía en una ciudad tranquila y aristocrática. El paso de los ingleses por la isla dejó también otros recuerdos, como la famosa mansión de la *Golden Farm,* en la que **pasó algunas temporadas el almirante Nelson,** y también una bebida alcohólica, el *gin,* que los mayores suelen tomar con unas gotas de limón.

■ ***Ciutadella*** es una población con bellos palacios, casas blancas y un simpático puerto donde veréis bares y restaurantes que ocupan las cuevas en las que los pescadores guardaban antiguamente sus aparejos. Ahora, la ciudad respira un ambiente alegre y en verano se llena de turistas que suben al castillo de Sant Nicolau, se acercan a la plaza del Ayuntamiento para asomarse al estupendo mirador sobre el puerto, o recorren la calle de Ses Voltes, con sus soportales y sus típicos comercios. Pero hubo épocas trágicas en las que **sufrió sangrientos ataques de la piratería,** uno de ellos con la participación de cien naves turcas que, después de arrasar la ciudad, se llevaron un rico botín y un buen número de cautivos que tardaron varios años en ser liberados.

■ El principal tesoro de la isla son las pequeñas calas, a las que a veces sólo se llega cruzando fincas particulares, abriendo y cerrando cancelas todo el rato. Gracias a eso muchas de esas playas mínimas, como ***Macarella*** y ***Turqueta,*** no tienen aún construcciones y **conservan sus aguas limpísimas y de un precioso tono azul.** Otra de estas playas es **Cales Coves,** con más de un centenar de cuevas excavadas en los acantilados, que en la prehistoria sirvieron como enterramientos y hasta hace poco han sido viviendas más o menos *hippies.* En toda la isla hay muchos restos de sus antiguos pobladores, entre ellos la famosa **naveta des Tudons,** un **monumento funerario que tiene forma de barca puesta al revés,** o las llamadas taulas, como la de **Trepucó** o el **Talatí de Dalt,** que están cerca de Maó y os llamarán la atención por su enigmática forma de «T».

Cerca de ***Cales Coves*** hay una famosa cueva, la de ***Xoroi,*** que también estuvo habitada en la Prehistoria. Actualmente es un bar y un precioso mirador sobre la costa, pero además es un sitio de leyenda porque **en ella se refugió un pirata,** llamado Xoroi, después de ser abandonado por sus compinches en la isla. Durante mucho tiempo, se dedicó a robar a los campesinos para poder subsistir, sin que nadie pudiera descubrir su escondite. Pero un día se hartó de vivir solo y decidió raptar a una mujer de un pueblo cercano, llevándosela a la cueva. A partir de ese momento, **tuvo que cometer más robos para mantener a su familia** y cada vez tenía más enemigos, aunque seguían sin localizarle. Hasta que en una ocasión cayó una gran nevada en la isla y al regresar de uno de sus robos, Xoroi dejó marcadas las huellas de sus zapatos sobre la nieve y los campesinos pudieron seguirle sin dificultad. Cuando el pirata les vio llegar con las armas en alto, **tomó en brazos a su hijo mayor y se tiró por el acantilado, desapareciendo para siempre.**

La situación de la isla la ha hecho siempre muy vulnerable a los ataques y las invasiones, hasta el punto de que **sus habitantes aprendieron una original forma de lucha, el tiro con honda,** con el que llegaron a ser tan hábiles que eran contratados para luchar en el ejército romano. El manejo de esta sencilla arma empezaba desde que eran muy pequeños, y se dice que, para aprender, **sus madres les dejaban la comida colgada en las ramas altas de los árboles,** de manera que si no eran capaces de descolgarla con la honda, no podían comer.

■ Otra bonita isla es ***Eivissa,*** más pequeña y con una encantadora

Naveta d'Es Tudons.

capital que tiene un puerto bien protegido del mar. La ciudad de Ibiza o *Eivissa* se ha hecho famosa en todo el mundo por su ambiente sofisticado y sus tiendas de moda y de artesanía, pero todavía conserva calles estrechas y empinadas y el bullicioso barrio de Sa Marina, que se encuentra junto al puerto pesquero y en el que veréis **un monumento dedicado a los corsarios de la isla.** En lo alto está el antiguo barrio de Dalt Vila, con un recinto amurallado al que se puede entrar por varias puertas.

Además de la capital, toda la costa ibicenca tiene pequeñas playas, acantilados, islotes rocosos, algunos pueblos tranquilos y otros muy turísticos, como **Portinatx, Sant Antoni**

Fiestas de San Juan en Menorca.

Faro de Formentera.

Instrumentos musicales ibicencos.

o ***Santa Eulària des Riu.*** Este último es **el refugio de unos geniecillos,** conocidos como *fameliars,* de tamaño minúsculo y bastante feos, que suelen presentarse en la mágica noche de San Juan. Antiguamente aparecían en el puente de Santa Eulària y **la gente los capturaba porque son serviciales y trabajadores** y te podían hacer el trabajo de la casa en un santiamén. Pero ahora el exceso de turistas les ha hecho más asustadizos, y casi no se dejan ver.

■ Si tenéis ocasión, no dejéis de hacer una escapada a ***Formentera,*** la más pequeña de las islas Pitiusas, a la que se llega en barco desde Ibiza. Cuando lleguéis os parecerá que se recorre *en un pis pas,* pero también tiene sus pueblines, como **Sant Francesc,** con una **iglesia en la que se refugiaban los isleños cuando había ataques piratas.** Desde aquí hay una carretera que sube hasta **la Mola,** con una agradable excursión que lleva al faro y a un **paisaje de acantilados que inspiró a Julio Verne** para escribir una de sus fantásticas novelas. Otro bonito paraje de la isla es el **Estany Pudent,** un lago separado del mar por la blanca playa de Llevant. Además, desde esta playa podréis recorrer la península de Es Trucadors y tal vez llegar a nado al islote de **Espalmador,** con su torre de vigilancia.

INFORMACIÓN PRÁCTICA

Parques de atracciones

A lo largo de la zona más turística de la costa mallorquina abren sus puertas –de mayo a octubre– varios parques acuáticos: **Aquacity Park,** en la autovía de Palma a El Arenal, ✆ 971 440 000; **Hidropark,** próximo a Puerto Alcúdia, ✆ 971 891 672; y **Aquapark**, entre Cala Figuera y Magaluf, ✆ 971 130 811.

Zoológicos, jardines y parques naturales

En el pueblo mallorquín de Portocristo está el **Acuario de Mallorca,** ✆ 971 820 971; en la carretera de esta localidad a Son Servera se encuentra el **Auto Safari**, abierto todos los días, ✆ 971 810 909.

Para disfrutar de un paseo entre aves tropicales, hay que acercarse al **Exotic Parque,** en Calas de Mallorca, abierto todos los días, ✆ 971 183 492; y para ver un espectáculo de focas y delfines, en Costa d'en Blanes se encuentra **Marineland,** abierto todos los días, ✆ 971 675 125.

Mallorca cuenta además con algunos destinos para los aficionados a las plantas, como **Botanicactus,** próximo a Ses Salines, abierto todos los días, ✆ 971649 494; **S'Albufera,** cercana a Alcúdia, abierto todos los días, ✆ 971 892 250; o los **Jardines de Raixa,** ✆ 971 272 159, y **Alfàbia,** ✆ 971 613 123, situados ambos en la carretera de Palma a Sóller.

El **Parque Nacional del Archipiélago de Cabrera,** al sur de la isla de Mallorca, se puede visitar tomando una embarcación en la Colonia San Jordi. ✆ 971 649 034.
Por otra parte, Menorca ha sido declarada por la Unesco Reserva de la Biosfera, y cuenta con numerosas zonas de interés para conocer la fauna y la vegetación de la isla, entre ellas el **Parque Natural de S'Albufera des Grau,** ✆ 971 352 502.

Monumentos y museos curiosos

En Palma vale la pena acercarse al **Castillo de Bellver,** que incluye además un Museo Municipal de Historia de la Ciudad. Abierto todos los días, ✆ 971 730 657.

En Menorca, cerca de Maó, se encuentra el **Fuerte Marlborough,** abierto todos los días, excepto los lunes, ✆ 971 360 462; y en el centro de la isla, en la localidad de Ferreries, hay un interesante **Museo de la Naturaleza de Menorca,** abierto todos los días, excepto los lunes, ✆ 971 350 762.
Al otro extremo de la isla, el **Museo Municipal de Ciutadella** ofrece exposiciones sobre sobre el pasado de Menorca. Abierto todos los días, excepto los lunes, ✆ 971 380 297.

También en Mallorca hay colecciones de interés: **Pueblo Español,** abierto todos los días, excepto los domingos y festivos, ✆ 971 737 075; **Museo de Juguetes de Sa Pobla,** abierto todos los días, excepto los lunes, ✆ 971 542 389; **Museo Balear de Ciencias Naturales,** abierto todos los días, excepto los lunes, ✆ 971 634 064. En el pueblo ibicenco de Santa Eulària hay un bonito **Museo Etnológico,** abierto todos los días, excepto los domingos.

Excursiones emocionantes

En Mallorca hay numerosas grutas que se pueden visitar, como las famosísimas **Cuevas del Drac,** abiertas todos los días, ✆ 971 820 753; las **Cuevas de Artà,** abiertas todos los días, ✆ 971 841 293; o las **Cuevas de Hams,** abiertas todos los días, ✆ 971 820 988, todas ellas al noroeste de la isla. Próximas a Inca están las **Cuevas de Campanet,** abiertas todos los días, ✆ 971 516 130.

Actividades

Lógicamente, el mar es el gran protagonista, y desde cualquiera de las islas se pueden hacer escapadas en barcas, veleros o catamaranes para recorrer la costa. También se imparten cursos de *windsurf,* esquí acuático y buceo en zonas muy seguras. Esta variadísima oferta incluye así mismo cursillos de equitación, rutas a caballo o excursiones en bicicleta para toda la familia: ✆ 971 722 349.

Alojamientos

En el litoral, la mayoría de los grandes hoteles incluyen programas de animación específicos para niños o para toda la familia. En el interior también hay algunos alojamientos que ofrecen algún aliciente para los pequeños. Por ejemplo, en la villa mallorquina de Campos, la **Finca Sant Blai,** ✆ 971 650 567, cuenta con telescopio y organiza paseos en carros tirados por burritos; al igual que **Son Mercadal,** ✆ 971 181 307, una estancia rural situada en Porreres. Cerca de la Colonia Sant Jordi, en **Es Palmer,** ✆ 971 181 265, ofrecen la posibilidad de observar pájaros con prismáticos; y en la villa menorquina de Sant Lluis, la **Casa Alcaufar Vell,** ✆ 971 151 874, facilita bicicletas y juegos a sus huéspedes.

Tenerife y el Parque Nacional del Teide.

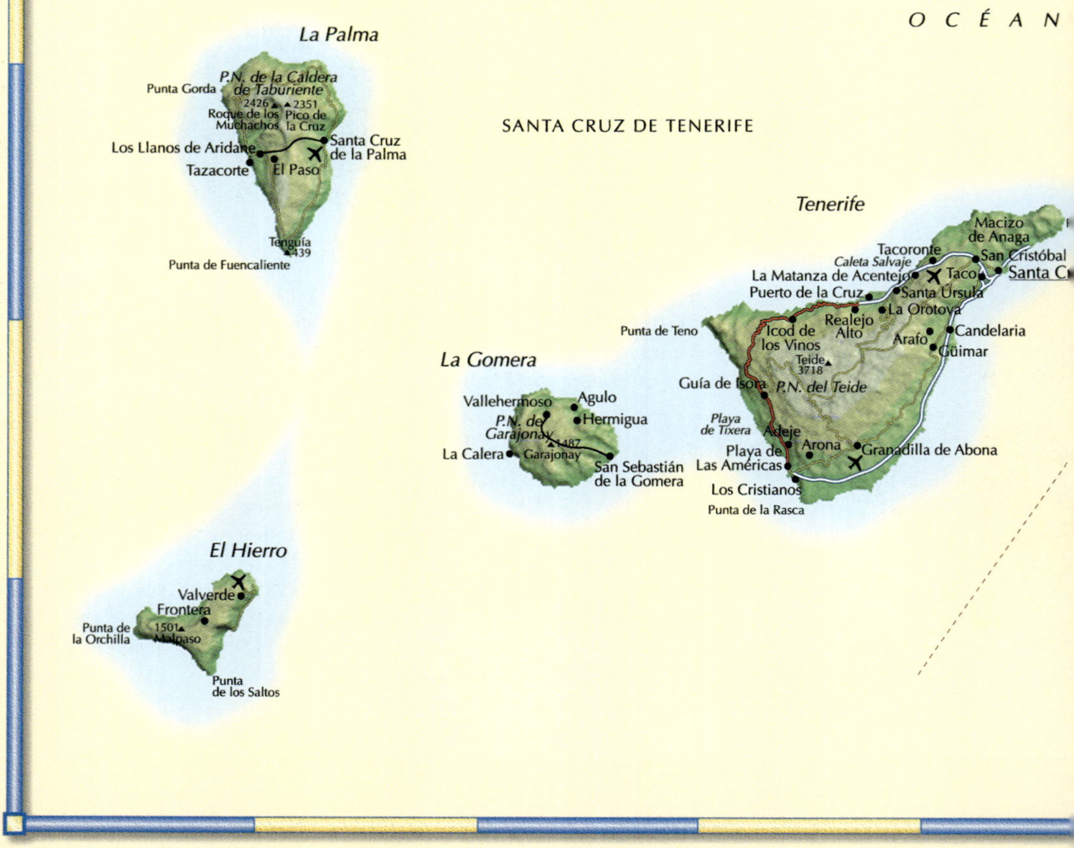

CANARIAS

LOS DROMEDARIOS, CON EXPRESIÓN RESIGNADA, LLEVAN DE EXCURSIÓN A LOS TURISTAS MIENTRAS RECUERDAN LA TRISTE HISTORIA DE DOS ENAMORADOS QUE MURIERON EN LO ALTO DEL PICO GARAJONAY. BAJO SUS PATAS, EL SUELO PARECE QUE TODAVÍA ECHA HUMO DE ALGÚN VIEJO VOLCÁN, ENVIDIOSO DE LA FRONDOSIDAD DE LOS JARDINES DE ORQUÍDEAS Y DE LOS GRANDES BOSQUES DE LAURISILVA.

Lanzarote y el Parque Nacional de Timanfaya.

TENERIFE Y EL PARQUE NACIONAL DEL TEIDE

MOMIAS GUANCHES Y VOLCANES HECHIZADOS

La isla de Tenerife, la mayor del archipiélago canario, está presidida por la imponente mole del Teide, un volcán que, con sus 3.718 metros, es el monte más alto de España y que puede llegar a impresionar cuando asoma sobre las nubes.
En el interior del cráter vivía el espíritu del mal, según los primitivos pobladores de la isla, que además han dejado muchos restos de su paso, como pirámides, cuevas y cuerpos momificados.

La capital de la isla es ***Santa Cruz,*** una ciudad turística y animada, conocida por sus espectaculares Carnavales, en los que las mujeres se adornan con vestidos y sombreros imposibles. Además de su puerto, en el que entran y salen barcos de todo el mundo, vale la pena visitar el edificio del Cabildo Insular, que alberga el museo Arqueológico. Aquí podréis ver una maqueta de la isla y conocer algo de la cultura y la forma de vida de los guanches, que ya **utilizaban técnicas para momificar los cuerpos en sus enterramientos.** Otro de los lugares que merece la pena ver en la ciudad es el parque municipal García Sanabria, una especie de jardín botánico que exhibe abundantes especies de la variada flora canaria.

Izquierda, delfinario del Loro Parque, en Puerto de la Cruz.

Derecha, Carnavales de Tenerife.

Muy cerca de Santa Cruz está el ***Parque Natural de Anaga,*** un enorme macizo montañoso que cae al mar formando grandes acantilados, y hacia el interior se llega a ***La Laguna,*** población que debe su nombre a que hace siglos hubo realmente una laguna limitada por barreras de lava solidificada. Actualmente es la sede de la Universidad, y conserva algunos monumentos, como la iglesia de Santo Domingo, **en cuyo claustro extiende sus ramas un drago milenario.**

■ También en la cercana ciudad de ***Tacoronte*** veréis un ejemplar antiquísimo de este árbol, y podréis empezar el recorrido de la costa norte de la isla, con sitios tan espectaculares como los **acantilados de Acentejo** o el ***Valle de la Orotava.*** Para hacerse una idea de la riqueza de la vegetación de este valle, **cubierto de plataneras,** vale la pena asomarse al **Mirador de Humboldt,** desde el que se distingue también la bonita población de ***Orotova.*** No dejéis de pasear por sus calles, mirar los elegantes edificios y asomaros a la casa de los Balcones, que encierra un precioso patio ajardinado y el museo de Artesanía de la isla.

■ Otra de las poblaciones turísticas de Tenerife es ***Puerto de la Cruz,*** con sus playas de arena negra que incluyen algunas piscinas naturales y el **lago artificial de Martiánez.** En la misma localidad hay una estupenda atracción, el **Loro Parque,** con zoológico, estanques, acuarios y exhibiciones de delfines y muy cerca, en **El Durazno,** se halla un jardín botánico con especies tropicales y plantas de los cinco continentes, incluyendo un raro ejemplar de caucho con más de doscientos años. Y si queréis ver un árbol que bate todos los récords, haced una escapada hasta ***Icod de los Vinos,*** donde se conserva **un drago al que le han calculado 2.500 años de vida.** ¡No está mal!

■ Todavía en el norte de la isla podéis visitar ***Garachico,*** un pueblo que tuvo que ser reconstruido por completo después de quedar **sepultado bajo un río de lava.** Frente a la costa veréis asomar un solitario y espectacular roque, y a partir del pueblo podréis hacer agradables excursiones hasta el **faro de Teno,** o hasta **el**

Mural de tema guanche.

Drago milenario de Icod de los Vinos.

«Zapato de la Reina», en el Parque Nacional de las Cañadas del Teide.

Niña con traje típico, en las fiestas de la Orotova.

increíble Acantilado de los Gigantes, con 500 metros de altura cayendo a pico sobre el mar.

Si viajáis desde Santa Cruz de Tenerife hacia el sur, pasaréis por ***Candelaria,*** localidad que debe su nombre a esta Virgen, patrona de las Islas Canarias. Según cuenta la leyenda, **su imagen fue descubierta por los guanches después de que el mar la empujara hasta la costa,** y a partir de entonces, aquellos primeros pobladores la colocaron en una gruta y la adoraron como si fuera una diosa. Más tarde, cuando la isla fue conquistada por los cristianos, pasó a ser la patrona del archipiélago y, tras desaparecer arrastrada por una terrible tempestad, se hizo una nueva imagen y se construyó una basílica para protegerla.

■ Además de las leyendas, en toda la zona abundan las huellas de la cultura guanche. Una de las más curiosas son las ***pirámides de Güimar,*** un conjunto de **construcciones de piedra semejantes a las de México y Perú,** levantadas en este valle volcánico en el que se ha habilitado un museo con auditorio y tienda de regalos. Alrededor del valle hay también muchas cuevas, que estuvieron habitadas por los aborígenes y, para ver algunas, sólo tenéis que acercaros al **mirador de Don Martín** y hacer una escapada al **Barranco de Herque.**

■ A partir de Güimar, una carretera bastante endiablada pasa por la bonita población de **Fasnia** y lleva hasta ***Granadilla de Abona,*** localidad famosa porque en la fiesta del Corpus cubre sus calles con alfombras de flores. Desde Granadilla podréis ir a ***Arona,*** donde hay un parque ecológico en el que hacen demostraciones de vuelos de aves rapaces, o acercaros al ***Parque Nacional de las Cañadas del Teide,*** pasando antes por el pueblo de **Vilaflor,** encaramado a 1.500 metros y considerado como el de mayor altitud de España. A partir de aquí empezaréis a ver los suelos volcánicos, con colores que van del amarillo al negro pasando por mil tonos de rojo, y en los que destacan **grandes piedras de las formas más caprichosas, que fueron lanzadas hace siglos por alguna erupción.**

En el recorrido del Parque Nacional, no dejéis de pasar por el circo de las Cañadas, **un volcán hundido en el que se distinguen los ríos de lava,** o por la cañada de Pedro Méndez, con algunas fantásticas rocas erosionadas. Y si queréis disfrutar de las mejores vistas, tomad el teleférico que, si no hace viento, sube hasta las proximidades de la cima. ¡Veréis como merece la pena!

LA PALMA Y LA CALDERA DE TABURIENTE

LA ISLA BONITA

En todo el archipiélago canario hay una isla que destaca especialmente por su frondosa vegetación, La Palma, en cuyo centro se abre el impresionante cráter de la Caldera de Taburiente. La isla ha sufrido durante siglos la sacudida de los volcanes, la última hace unos pocos años cuando entró en erupción el Teneguía, situado al sur, junto a la punta de Fuencaliente.

Santa Cruz, la capital de La Palma, tiene un bonito casco antiguo y un paseo marítimo en el que veréis graciosas casas con balconadas de madera. Alrededor de la ciudad se alza el **castillo de Santa Catalina,** la primera fortificación que se construyó en la isla; y al otro lado está el **castillo de la Virgen** y el **santuario de la Virgen de las Nieves,** en un paraje donde abunda la vegetación. Además, muy cerca de Santa Cruz está el **antiguo cráter de la Caldereta, que podréis contemplar desde el Mirador de la Concepción.**

Uno de los paisajes más espectaculares de la isla es el que bordea la costa hasta el pueblo de ***Barlovento.*** Sin perder de vista el mar, la carretera **va cruzando barrancos y profundos valles,** al principio muy áridos y luego

Bosque de laurisilva.

Salinas de Fuencaliente, custodiadas por el viejo faro.

cubiertos de vegetación, sobre todo de plataneras. En este recorrido tendreis ocasión de desviaros hacia numerosos lugares de interés, como el **faro de Punta Cumplida,** situado sobre unas rocas volcánicas que se hunden en el mar; o **Espíndola,** con pequeñas playas y un mínimo puerto pesquero. Pero sobre todo no os perdáis el fantástico ***bosque de los Tilos,*** cubierto con **grandes helechos y tupidas zonas de laurisilva,** vegetación típica de la isla, que crece como una selva sacando el máximo partido de la humedad.

■ Otra de las carreteras que salen de Santa Cruz es la que lleva hacia el sur, pasando por la turística villa de ***Mazo,*** donde hay una escuela de artesanía y un taller de cerámica que reproduce las piezas que hacían los guanches. Muy cerca, la **Cueva del Belmaco** guarda unos misteriosos grabados en la roca que, según los estudiosos, **podrían ser una forma de escritura de aquellos primeros pobladores** del archipiélago.

En el extremo sur de la isla, que tiene forma de punta de flecha, está la villa de ***Fuencaliente,*** rodeada de volcanes y cultivos de viñedos. La localidad tiene ese nombre porque, antiguamente, había unos conocidos manantiales de aguas termales y un balneario que **quedaron sepultados tras la erupción del volcán San Antonio.** De hecho, la actividad volcánica en esta zona ha sido muy reciente y hace treinta años todavía estaba en activo el ***cráter del Teneguía.*** Precisamente una de las excursiones más atractivas que se pueden hacer desde el pueblo es la que lleva hasta el faro bordeando este volcán y **rogando al cielo que no le dé un ataque de mal humor.**

■ A partir de Fuencaliente se puede rodear la isla pasando por el **puerto de Naos,** donde veréis playas de arena negra y grandes depósitos de lava. Más al norte está la localidad de los ***Llanos de Aridane,*** rodeada de extensos cultivos de plátanos y bonitas excursiones, como la que lleva al **Mirador de Los Brecitos** por el **barranco de las Angustias,** o al **puerto de Tazacorte,** donde se conserva la casa de los Mártires, así llamada porque hace varios siglos **perteneció a unos jesuitas que fueron asesinados por los piratas.** Cerca también de Los Llanos está el **Mirador del Time,** desde el que tendréis estupendas panorámicas de la **Caldera de Taburiente.**

■ Siguiendo por la costa también vale la pena detenerse en ***Tijarafe,*** con su agradable paisaje de cultivos y caseríos aislados en medio de grandes barrancos o próximos al mar, donde asoman pequeños puertos entre los acantilados. Al lado de una mínima playa hay una impresionante gruta natural, la **Cueva Bonita,** a la que se puede acceder por dos entradas. Y siguiendo hacia Puntagorda pasaréis también por bellos paisajes y podréis acercaros al **bosque del Fayal, con sus pinos centenarios,** o a la fuente de **La Zarza,** que conserva inscripciones prehistóricas.

■ Una última ruta es la que atraviesa el centro de la isla hasta la localidad de ***El Paso,*** donde hay un precioso jardín con aves, El Paraíso, en el que **veréis especies muy raras en medio de una vegetación de orquídeas y helechos gigantes.** Esta población, famosa también porque en ella se sigue elaborando el tabaco y la seda, es además la que sirve de acceso al ***Parque Nacional de la Caldera de Taburiente*** y en ella podréis conseguir información para recorrer este espacio natural. Uno de los primeros lugares en los que vale la pena detenerse es el **Mirador de la Cumbrecita,** a casi 1.300 metros de altitud y con **estupendas vistas del interior del cráter,** cubierto de vegetación y catalogado como uno de los mayores del mundo.

Desde aquí, un corto paseo lleva hasta otro mirador, el del **Lomo de las Choias,** desde el que podréis contemplar varios roques –entre ellos el famoso Idafe– que son **espectaculares formaciones de piedra volcánica.** De todos estos roques, el más alto es el de los **Muchachos,** que se eleva a 2.400 metros de altitud. Además, el paraje que le rodea es muy apropiado para estudiar el cielo, y en él veréis **un observatorio astronómico** hecho con la participación de varios países.

Roque de Idafe, resto de un antiguo volcán divinizado por los aborígenes palmeros.

■ Cuando visitéis el Parque Nacional haceos a la idea de que estáis en un lugar legendario, que **era considerado como sagrado por los primitivos habitantes de la isla,** hasta el punto de que veneraban los roques como a una especie de dioses y les ofrecían sacrificios. No es casualidad que, cuando los conquistadores cristianos invadieron La Palma, **el caudillo guanche y sus tropas buscaran refugio en el cráter del volcán** esperando la protección de sus dioses. Lo cierto es que, ya sea porque era muy difícil llegar a este sitio o porque los dioses guanches no tenían simpatía por el invasor, el ejército cristiano tardó bastante en conquistar la isla.

Observatorio astrofísico del Roque de los Muchachos.

LANZAROTE Y EL PARQUE NACIONAL DE TIMANFAYA

DROMEDARIOS, MONTAÑAS DE FUEGO Y LAGOS ESMERALDA

La isla de Lanzarote, la más cercana al continente africano, llama la atención por su paisaje cubierto de cenizas, campos de lava y volcanes que, hace dos siglos, enterraron pueblos enteros. Bajo este territorio negro y desolado las temperaturas alcanzan los 400 grados, y en la superficie los agricultores han conseguido sus cultivos, milagrosamente, casi sin ayuda de agua.

Para conocer la isla podéis empezar por ***Arrecife,*** su puerto más importante, protegido por dos castillos, el de San Gabriel, que fue levantado para defender la ciudad de los piratas y hoy alberga el Museo Arqueológico y Etnográfico, y el de San José, que también acoge un museo y tiene una cafetería con espectaculares vistas sobre el puerto. Otro curioso lugar es **el charco de San Ginés, un trozo de mar que invade la tierra** en las proximidades del paseo Marítimo, donde se construyó una ermita y surgieron las primeras casas de pescadores que darían origen a la ciudad.

■ Yendo hacia el interior de la isla, se llega al pueblo de ***San Bartolomé,*** donde veréis los *enarenados,* plantaciones de viñas que los campesinos han realizado **escarbando en la lava hasta encontrar tierra fértil.** Un muro

con forma de media luna rodea cada cepa para protegerla del viento y en conjunto el paisaje tiene un aspecto un poco fantástico, con su suelo oscuro salpicado del verde de las viñas. Entre San Bartolomé y Mozaga está el chocante **«Monumento al Campesino», realizado con tanques de agua de barcos,** y un museo habilitado en un precioso caserío, donde se muestran los aperos tradicionales de los agricultores isleños y una cocina popular completa.

■ Estáis en el corazón de Lanzarote, desde donde podréis hacer excursiones de todo tipo. Por ejemplo, yendo hacia la costa del norte se pasa por la montaña de **Tamia,** que aunque mide poco más de 500 metros es una de las más altas de la isla, y por el pueblo de ***Sóo,*** con una bonita arquitectura blanca totalmente africana. En la localidad de ***Tinajo*** son famosas las fiestas del Corpus, en las que la gente alfombra las calles con sal; y cerca podréis visitar la **ermita de la Virgen de los Volcanes, la única capaz de detener los ríos de lava.** En la villa de ***Tiagua*** hay un simpático museo, llamado El Patio, con varios molinos de viento, herramientas y animales dedicados a los trabajos del campo. Y en la costa hay que asomarse al **arrecife de la Isleta** y a la **cueva de doña Ana Viciosa,** que según cuentan **sirvió como guarida a los piratas.**

Otra importante población del interior es ***Teguise,*** que fue capital de la isla y **lleva el nombre de la hija del último rey guanche.** El pueblo conserva algunos elegantes edificios, con balconadas de madera y el castillo de Guanapay, construido en lo alto de un volcán y convertido en museo del Emigrante. A partir de Teguise hay una carretera bastante enrevesada que lleva hasta el Mirador del Río, una fantástica construcción con vistas de pájaro sobre la ***isla Graciosa,*** a la que se puede llegar en barca desde la **playa de Orzola.** Esta isla es la única habitada del llamado **Archipiélago Chinijo,** que también incluye las de **Alegranza** y **Montaña Clara** y ha sido declarado Parque Natural porque **en ellas anidan muchas aves marinas.**

También en este extremo de Lanzarote se encuentra la maravillosa ***Cueva de los Verdes,*** que **servía**

Arriba izquierda, Teguise desde el castillo de Guanapay.

Arriba, dos aspectos del Parque Nacional de Timanfaya.

Abajo, molino de viento.

Jardín de Cactus y auditorio de los Jameos del Agua.

como refugio a los habitantes de la isla cuando eran atacados por los piratas y los cazadores de esclavos. La iluminación de esta cueva es tan espectacular, que tendréis la sensación de que sus paredes están pintadas con todos los colores. Otras cuevas cercanas son los ***Jameos del Agua,*** un conjunto de gigantescas burbujas volcánicas **en cuyo interior hay lagos, piscinas e incluso un auditorio y un bar subterráneos.** Su principal curiosidad es que acogen a unos animalillos únicos en el mundo, una rarísima variedad de cangrejos ciegos y albinos. Desde aquí, yendo hacia el pueblo de ***Guatiza,*** podréis visitar también un precioso **Jardín de Cactus** que tiene variedades procedentes de distintos continentes.

■ En la otra punta de la isla está la agradable población de ***Yaíza,*** con sus casas blanquísimas y apiñadas. Desde Yaíza, una pequeña carretera lleva hasta la **playa del Golfo,** un cráter marino en el que hay **un lago de sorprendente color esmeralda.** Siguiendo por la costa llegaréis a los **Hervideros,** un conjunto de acantilados de origen volcánico, donde el mar golpea con tanta fuerza que **realmente parece que está hirviendo;** y un poco más adelante están las **salinas de Janubio,** que adquieren bonitos reflejos al atardecer.

La excursión más atractiva es la que lleva hasta el **Parque Nacional de Timanfaya, que además se puede contemplar a lomos de uno de los camellos que lo recorren** en disciplinada fila india. Aunque ahora sólo veáis un conjunto de cráteres apagados, como la **Caldera Rajada,** la **Montaña Encantada** o el **Timanfaya,** llamado también **Montaña de Fuego,** todo este paisaje estaba en plena actividad hace dos siglos, cuando entraron en erupción nada menos que venticinco cráteres que, lanzando fuego, cubrieron los campos con lavas, gases y cenizas y sepultaron pueblos enteros. **Imaginaos el espectáculo aterrador, que duró más de dos semanas** y dejó como recuerdo el paisaje lunar de **Timanfaya.**

■ Como es fácil suponer, este Parque Nacional no destaca precisamente por su vegetación, sino por las tonalidades de la tierra y por las figuras creadas por la lava, como **las lenguas que se iban formando al salir de los cráteres** y enfriarse; o las «bombas», que son cuerpos sólidos lanzados a gran altura durante las erupciones. Para que os hagáis una idea de lo temible que puede llegar a ser la actividad volcánica, sólo tenéis que acercaros al sobrecogedor **valle de la Tranquilidad,** con su solitario paisaje cubierto de ceniza. Y si queréis saber la temperatura que alcanza la tierra bajo vuestros pies, alrededor de 400 grados, acercaos al restaurante *El Diablo,* donde **cocinan directamente sobre un volcán** y se han instalado unos tubos en la tierra de los que surgen géiseres artificiales.

OTROS DESTINOS DE INTERÉS

■ ***La Gomera*** es una pequeña isla, muy montañosa y atravesada por grandes barrancos que hacen que resulte muy difícil ir de un lado a otro. Por este motivo sus habitantes **inventaron un sistema para comunicarse mediante silbidos,** que podían ser escuchados a través de los valles. Antes de la llegada del turismo, la mayoría de la población vivía de la agricultura y de la ganadería, y para cultivar el suelo tuvieron que construir terrazas en las laderas de las montañas. Uno de los lugares más representativos de este paisaje es el **Valle de Hermigua,** donde veréis muchas casitas repartidas entre los cultivos y una población, llamada también ***Hermigua,*** en la que hay un curioso museo Etnográfico dedicado a las antiguas costumbres de la isla.

Al norte de La Gomera se encuentra la población de ***Vallehermoso*** que, como su propio nombre indica, también está enclavada en un bonito valle, con palmeras y terrazas de cultivo. El pueblo conserva su antigua plaza, y es **famoso por su miel de palma, sacada de la savia de estos árboles.** Además, muy cerca de Vallehermoso está el famoso **Roque Cano,** una espectacular roca de lava; y en la costa se encuentra el grandioso acantilado de **Los Órganos,** otra formación volcánica que sólo se ve desde el mar y que se llama así por sus impresionantes tubos, que parecen los de un órgano gigantesco.

■ La capital de la isla es ***San Sebastián,*** en cuyo puerto **atracaron las carabelas de Colón para recoger agua,** antes de continuar el viaje que le llevaría al descubrimiento de América. En una de las calles se conserva aún la llamada casa de Colón, donde la tradición cuenta que se alojó el marinero, que oiría su última misa en la iglesia de la Asunción. Otro de los recuerdos de aquel viaje es la casa de la Aduana, donde aún se puede ver el pozo que abastecía de agua a los barcos antes de su travesía.

El principal atractivo de La Gomera es el ***Parque Nacional de Garajonay,*** presidido por este pico que ocupa el centro de la isla y que está unido a una trágica leyenda. Cuentan que, hace mucho tiempo, en la isla gobernaba un hombre que tenía una hermosa hija, llamada Gara. En la cercana Tenerife vivía Jonay, **un muchacho que nada más conocer a Gara se enamoró de ella** y que empezó a visitarla con frecuencia. El padre de la muchacha había hecho planes muy ambiciosos para su hija. Y aunque ella también estaba enamorada de Jonay, prohibió que le viera y ordenó a las embarcaciones que no llevaran al muchacho hasta la isla. El amor de los dos era tan fuerte, que **Jonay se lanzó al mar y llegó nadando a La Gomera,** encontrándose con Gara y huyendo los dos hacia la montaña. Cuando se dieron cuenta de que les perseguían y querían separarles, decidieron matarse allí mismo en la cima, después de **coser sus corazones con una brizna de brezo.** Aquella historia impresionó tanto a la gente de la isla, que bautizaron aquel monte uniendo el nombre de los dos enamorados.

Excursionismo en Fataga, Gran Canaria.

Entrada al Parque Nacional de Garajonay, en la isla de La Gomera.

«Mundo Aborigen», en la isla de Gran Canaria.

■ El Parque Nacional cuenta con varios accesos y con un centro de visitantes en la carretera de Las Rosas, donde podréis obtener información de las rutas y los parajes de este lugar. En cualquier caso, no os perdáis **el recorrido del bosque de laurisilva,** formado por una espesísima vegetación de helechos, árboles, plantas colgantes y trepadoras, que a menudo aparece cubierto por una densa bruma. Entre todas las plantas, muchas de ellas desaparecidas de otros lugares del planeta, se encuentra el curioso *viñátigo,* que tiene la particularidad de que sus hojas son venenosas y **cuando se las comen las ratas negras, abundantes en este bosque, agarran unas tremendas borracheras.**

■ Otra isla que conserva bonitos paisajes y una vegetación muy variada es ***Gran Canaria,*** en la que se han protegido los bosques de laurisilva de **Los Tiles** y **Azuaje,** los restos volcánicos de la **Caldera de Bandama** y las impresionantes **dunas de Maspalomas,** que tienen un pequeño lago, conocido como **La Charca,** donde anidan numerosas aves. Tendréis oportunidad de conocer la exuberante vegetación de la isla en el Jardín Botánico de Tafira y en el llamado Huerto de las Flores, de ***Agaete,*** localidad del norte próxima a una costa muy accidentada en la que **asoma un espectacular monolito,** llamado **El Dedo de Dios.**

La capital de la isla es la ciudad de ***Las Palmas,*** una animada población con un gran puerto al que llegan continuamente barcos de los países más remotos. Cerca del muelle pesquero veréis el castillo de la Luz, levantado para resistir los ataques de la piratería, y si queréis conocer cómo vivían los pueblos aborígenes, no os perdáis el museo Canario, en el otro extremo de la ciudad. **La colección de momias, esqueletos y cráneos que muestra en sus vitrinas pone los pelos de punta.** Este museo está en el barrio de Vegueta, el más típico de la ciudad, donde se encuentra también la catedral y la casa museo de Colón, en la que durmió el navegante cuando estuvo en Las Palmas.

■ Como es una isla con zonas muy turísticas, hay también infinidad de atracciones pensadas para vosotros. Cerca de ***Maspalomas*** está el «**Palmitos Park»,** donde podréis ver **bonitas aves tropicales y mariposas,** así como una colección de plantas que incluye orquídeas y todo tipo de cactus. También en las proximidades de esta población hay parques acuáticos y un parque de atracciones, y entre la **Playa del Inglés** y **Fataga,** está «**Mundo Aborigen»,** donde seguireis aprendiendo cosas nuevas sobre la forma de vida de los primitivos canarios. **Si queréis hacer una excursión al fondo del mar, en el puerto de Mogán organizan salidas en submarino,** y si tenéis una especial debilidad por los reptiles, visitad el zoológico de **Gáldar** o el parque de cocodrilos de la villa de **Agüimes,** con más de trescientos ejemplares de este temible animal.

INFORMACIÓN PRÁCTICA

Parques temáticos y de atracciones

La continua afluencia de turistas a las Islas Canarias ha dado pie a diversiones para todas las edades.

Parque Acuático Aqua Sur. Isla de Gran Canaria, cerca de Maspalomas. Abierto todos los días, ✆ 928 140 525. **Pista de karts.** La mayor de España, situada en la misma isla, cerca de Tarajalillo. Abierta todos los días, ✆ 928 760 090.

Octopus. En Tenerife. Otro parque acuático. ✆ 922 715 266.

Zoológicos, jardines y parques naturales

Loro Parque. Muy cerca de Puerto de la Cruz, en Tenerife. Incluye espectáculos en los que participan loros, delfines o leones marinos, un túnel que se recorre entre tiburones y una reproducción en pequeño de la Antártida, **Planet Penguin,** catalogado como el mayor zoo de pingüinos del mundo, con distintas variedades de este simpático pájaro. Abierto todos los días, ✆ 922 374 081.

Parque Ecológico Las Águilas del Teide. En Tenerife. Espectáculo de aves rapaces. ✆ 922 753 001.

El Paraíso de las Aves. En La Palma. Reúne plantas y pájaros de todo el mundo. Abierto todos los días, ✆ 922 486 160.

Palmitos Park. En Gran Canaria, cerca de Maspalomas. Con palmeras y aves exóticas. Abierto todos los días, ✆ 928 140 276.

También hay dos colecciones de reptiles: el **Parque de Cocodrilos,** en Villa de Agüimes, abierto todos los días, ✆ 928 784 725; y **Reptilandia Park,** en Gáldar, abierto todos los días, ✆ 928 551 269.

Jardín Botánico Viera y Clavijo. Próximo a la capital de Gran Canaria. El clima de las islas favorece la enorme variedad de plantas, y aquí hay una excelente muestra. Abierto todos los días, ✆ 928 219 580.

Cactualdea. Isla de Gran Canaria, cerca de San Nicolás de Tolentino. Se mezclan las diversiones y los cactus más sorprendentes. Abierta todos los días, ✆ 928 891 228.

La Bananera El Guanche. En el bonito valle tinerfeño de La Orotava, ofrece un rocorrido por una finca tropical. Abierta todos los días, ✆ 922 331 853.

Parque Nacional de Garajonay. En La Gomera. El centro de visitantes se encuentra en la villa de Agulo. ✆ 922 870 105.

Parque Nacional del Teide. En el centro de la isla de Tenerife, con un centro de recepción en El Portillo. ✆ 922 290 129.

Parque Nacional de Timanfaya. En Lanzarote. ✆ 928 840 238.

Parque Nacional de la Caldera de Taburiente. En La Palma. Centro de visitantes en El Paso. ✆ 922 497 277.

Monumentos y museos curiosos

Tanto en Gran Canaria, como en La Gomera o en Fuerteventura abundan los restos de las culturas aborígenes de las islas.

En Tenerife se pueden visitar las **Pirámides de Güimar,** que incluyen un museo, ✆ 922 514 510. En la misma isla, concretamente en La Laguna hay un interesante **Museo de la Ciencia** y el cosmos. Abierto todos los días, excepto los lunes. ✆ 922 263 454, «está prohibido no tocar» y que cuenta con un planetario.

La vida rural del archipiélago está recogida en varios museos: **Museo Agrícola El Patio.** En Tiagua, Lanzarote. Abierto todos los días, menos los domingos, ✆ 928 529 106. En el corazón de la isla de Lanzarote se encuentra la **Casa Museo del Campesino,** ✆ 928 811 060. En la localidad de San Mateo, en Gran Canaria, otra de estas colecciones es el **Museo Cho Zacarías,** ✆ 928 661 350.

Excursiones emocionantes

En la isla de Fuerteventura hay una excursión típica a lomos de un **camello,** ✆ 928 161 135. En Gran Canaria, partiendo del puerto de Mogán, se puede hacer un trayecto en **submarino** para descubrir el fondo del mar, ✆ 928 565 108. En La Palma se puede recorrer la costa en **barco,** ✆ 922 462 849; o en un lujoso **catamarán.** ✆ 922 406057; y en Tenerife varias compañías salen de Puerto Colón y hacen trayectos en barco para avistar **ballenas,** ✆ 922 750 085.

Actividades

La presencia del mar y la riqueza de paisajes del archipiélago, ofrecen infinitas posibilidades de aprender la práctica de deportes náuticos, recibir un cursillo de *windsurf,* iniciarse en el buceo o realizar excursiones por los espacios protegidos. Las oficinas de turismo informan sobre las ofertas en este tipo de actividades.

Alojamientos

Al igual que en las zonas más turísticas del resto del país, los hoteles de la costa suelen organizar actividades de animación para los más pequeños.

Los Jameos Playa, en la isla de Lanzarote. Uno de los que tratan con mayor mimo a la clientela menuda. Dispone de piscina infantil y tiene unos preciosos jardines al borde del mar. ✆ 928 511 717.

Hotel Las Salinas. Lanzarote. Organiza paseos a caballo. ✆ 928 830 325.

El Molino del Agua. Isla de Gran Canaria. Para toda la familia, hasta el punto que organiza excursiones en burro y en camello. ✆ 928 172 089

Hacienda de Anzo. Isla de Gran Canaria. Situado en el parque etnológico Cuevas de Anzo. ✆ 928 551 655.

Albergue La Manigua. Isla de Gran Canaria. Cuenta con un aula de naturaleza. ✆ 928 574 711,

Albergue Pozo Negro. En Fuerteventura. Múltiples actividades al aire libre. ✆ 928 878 506.

La asociación de turismo rural de la isla de La Palma organiza el programa «Descubrir Garafía con niños» que incluye estancias en casas rurales, excursiones a yacimientos arqueológicos y visitas al Observatorio Astronómico del Roque de los Muchachos, entre otras actividades. ✆ 922 430 625.

CASTILLA-LA MANCHA

UN JINETE MUY DELGADO SE LANZA, A GALOPE TENDIDO, CONTRA UNOS MOLINOS DE VIENTO. TODAVÍA NO SABE QUE LE ESPERAN MUCHOS OTROS DESAFÍOS IGUALMENTE TERRIBLES: CASAS QUE PARECEN FLOTAR EN EL AIRE, ROCAS DE FORMAS ALUCINANTES Y CIUDADES ENCANTADAS, CONSTRUIDAS SOBRE UN LABERINTO DE TÚNELES Y PASADIZOS.

Toledo.

Valle de Alcudia, Ciudad Real.

Jorquena, Albacete.

GUADALAJARA Y EL ALTO TAJO

GANCHEROS, PUEBLOS LEGENDARIOS Y CASAS HORADADAS EN LA ROCA

Desde su nacimiento, el río Tajo va excavando profundas hoces y formando un espectacular paisaje declarado Parque Natural. Hace tiempo, estas aguas servían para trasladar los troncos que se cortaban en la sierra y que eran guiados, flotando, por hábiles gancheros. Ahora son transportados en camiones, pero es posible imaginar el duro oficio de aquellos hombres que tenían que salvar peligrosos rápidos. Toda la provincia de Guadalajara es rica en espacios naturales y en pueblos con castillos, jardines y curiosas galerías subterráneas.

Para recorrer el ***Parque Natural del Alto Tajo*** hay una bonita pista que bordea el cauce y pasa por algunas de las zonas más espectaculares, como la **cascada de la Escaleruela** o el **monolito de la Peña Horadada.** También vale la pena acercarse al Hundido de Armallones, donde **veréis las grandes rocas que se desprendieron de la pared de una garganta** hace cientos de años.

Otro de los parajes curiosos de este parque natural es la ***Laguna de Taravilla,*** próxima al pueblo de **Peralejos de las Truchas** y asociada a una antigua leyenda. Cuentan que hace muchos años había en esta zona una posada y que, en una ocasión, el posadero asesinó a uno de sus huéspedes para robarle el dinero. **Para que nadie descubriera su crimen**

arrojó el cuerpo al fondo de la laguna, pero cuando volvió a la posada descubrió que se había dejado su cuchillo clavado en la víctima. Al principio se puso muy nervioso, pero luego se dijo que nadie encontraría el cuerpo en aquel lugar. Pero hete aquí que, unos meses más tarde, la tierra tembló y **se abrió una gran grieta vaciando completamente la laguna.** Fue así como la gente de los pueblos de alrededor pudo ver cómo aparecía un cadáver, con el cuchillo del posadero, que fue detenido de inmediato. Desde entonces, dicen que la laguna se vacía cada vez que sus aguas esconden algún secreto y, luego, se vuelve a llenar misteriosamente.

■ A pocos kilómetros del parque natural, se encuentra el pueblo de ***Arbeteta,*** con un castillo que apenas se distingue en las rocas y **una iglesia coronada por la figura del Mambrú,** el famoso personaje de la canción *Mambrú se fue a la guerra.* Desde este pueblo podéis acercaros a los ***embalses de Entrepeñas y Buendía,*** que recogen las aguas del Tajo y el Tajuña y forman una enorme extensión de agua conocida como el «**Mar de Castilla**». En estos pantanos hay lugares donde podréis daros un baño, miradores como el de la **ermita de la Esperanza** y parajes muy bonitos, como el **salto de Bolarque,** donde hay mucha vegetación y senderos para dar un paseo.

■ Si queréis ver uno de esos sitios que parecen el escenario de una película de miedo vale la pena que os acerquéis al solitario ***castillo de Anguix,*** situado en lo alto de un cerro desde el que además se tienen buenas vistas del Tajo. En las inmediaciones del embalse de Entrepeñas, otro de los lugares legendarios son las llamadas ***Tetas de Viana,*** dos cerros gemelos que han sido bautizados con este nombre porque parecen los pechos de una mujer. Durante el día se puede subir sin dificultad, pero al caer la noche no es muy recomendable porque aquí **suelen reunirse las brujas, sobre todo cuando hay luna llena.**

Embalse de Entrepeñas.

Castillo de Anguix.

■ Entre los pueblos que merece la pena visitar se encuentra ***Cifuentes,*** que además de un castillo tiene **el suelo prácticamente perforado por galerías,** utilizadas hasta hace poco como bodegas. En un bar de este pueblo podréis ver un buen número de estas cuevas, que forman una especie de laberinto subterráneo.

Desde Cifuentes también vale la pena hacer una escapada hasta ***Brihuega,*** pueblo medieval que conserva el castillo de la Piedra Bermeja, así llamado porque en una de sus paredes **se puede**

Casa de piedra de Alcolea del Pinar.
Doncel de Sigüenza.
Castillo de Brihuega.

ver una piedra de un extraño color rojo. Según parece, la tonalidad de esa piedra tiene su explicación en algo que sucedió hace mucho tiempo, cuando esta población estaba ocupada por los árabes y el señor del castillo, llamado Abul, se enamoró de una joven cristiana. Como la muchacha no le correspondía, Abul empezó a desesperarse hasta que, un día, **se lanzó sobre ella violentamente clavándole un puñal,** y matándose a continuación. La sangre de la muchacha cayó sobre una piedra, tiñéndola, y en recuerdo de aquel suceso **los vecinos decidieron colocarla en uno de los muros del castillo.** También en Brihuega son dignos de ver el arco del Cozagón y el edificio de la Real Fábrica de Paños, hoy abandonado, que tiene un precioso jardín con una gran pajarera, un reloj de sol que es una mesa y bonitos miradores sobre los tejados de la villa.

■ Si los mayores os llevan a ***Sigüenza*** seguramente visitaréis la Catedral, así que fijaos en el sepulcro del Doncel, **un joven muchacho que está recostado leyendo un libro** y que, según cuentan, se empeñó en ir a la guerra aunque su madre quería que fuera un hombre de letras. Cuando cayó herido en una batalla, antes de morir **pidió que le representaran en su tumba con una estatua** en la que apareciese con un libro abierto para que, al menos así, se vieran cumplidos los deseos de su madre. En Sigüenza también vale la pena acercarse a la plaza Mayor y al castillo, convertido en Parador de Turismo, en una de cuyas torres estuvo prisionera durante varios años Blanca de Borbón, después de que fuera rechazada por el rey con el que iba a casarse. A pocos kilómetros de esta ciudad medieval está ***Alcolea del Pinar,*** con su sorprendente casa de Piedra, que fue hecha por un vecino, pacientemente y durante muchísimo tiempo, **perforando una gran roca** en la que debía vivir con su familia, compuesta nada menos que por 15 hijos.

CUENCA, LA SERRANÍA Y LA CIUDAD ENCANTADA

CASAS COLGADAS, ROCAS FANTÁSTICAS Y LAGUNAS QUE CAMBIAN DE COLOR

Cuenca está llena de historias y leyendas desde que, según dicen, fue construida por una tribu guerrera que para tener más fuerza se alimentaba de leche mezclada con sangre de caballo. Por eso no es raro sorprenderse por la apariencia irreal de su casco antiguo, declarado Patrimonio de la Humanidad y encaramado en lo alto de un gran peñasco. En toda la provincia son frecuentes los precipicios y los caprichos de la naturaleza, como la famosa Ciudad Encantada, con sus rocas de formas alucinantes.

Cuando lleguéis a la ciudad *Cuenca,* veréis que hay una ciudad baja, más o menos moderna, y una ciudad alta, en la que se encuentran los principales monumentos y los rincones más curiosos. En cuanto lleguéis arriba, tendréis que pasar bajo un arco que lleva a la plaza Mayor, en la que está la Catedral, **cuya torre se cayó hace casi cien años matando a muchas personas.** Rodeando la catedral vale la pena acercarse al interesante Museo Arqueológico y al puente de San Pablo, que cuelga a más de sesenta metros de altura y **asusta un poco cuando pasas por él y se mueve en el aire.** Desde este puente tendréis una estupenda vista de las famosas casas colgadas, que se asoman al precipicio como si verdaderamente estuvieran sujetas a la pared.

■ A partir de la plaza, si continuáis subiendo, llegaréis a los restos del castillo, desde el que se contemplan también unas buenas vistas y que tiene muy cerca el curioso museo de Electrografía, donde se enseñan diferentes formas de creación a partir de ordenadores. En un precioso paraje más arriba del castillo se alza la ermita de San Isidro, que **esconde una tétrica colección de momias,** aunque de momento no se pueden ver. A uno y otro lado están las hoces del Júcar y del Huécar, con impresionantes vistas de los abismos en los que **morían despeñados los condenados por la Inquisición.**

En la **hoz del Júcar** se encuentra también el ***Santuario de las Angustias,*** al que se llega bajando por una escalera tallada en la roca. Muy cerca del santuario veréis una cruz en la que **está grabada la marca de una mano** que, según la leyenda, pertenecía a un joven llamado Diego. Cuenta la tradición que este muchacho estaba enamorado de una misteriosa dama, totalmente desconocida en la ciudad. La noche de Todos los Santos, **mientras las campanas dejaban oír sus lúgubres toques,** Diego se citó con la mujer en este lugar, donde pensaba declararle su amor. Pero hete aquí que se desencadenó una tormenta y, como empezó a llover, Diego tomó en brazos a la mujer para llevarla a cubierto. En ese momento, un relámpago iluminó la escena y **el muchacho pudo ver, aterrado, que bajo la falda asomaba una pezuña de cabra.** Inmediatamente se dio cuenta de que estaba enamorado del diablo y, desesperado, se aferró a la cruz **mientras la mujer desaparecía dando un espantoso alarido.** Diego se salvó de milagro, pero como recuerdo del peligro que había corrido, quedó para siempre la marca de su mano sobre la cruz.

■ Más abajo de la plaza Mayor, en la calle Alfonso VIII, hay un sorprendente conjunto de casas colgadas conocidas como los «rascacielos», porque **tienen hasta diez pisos asomados al vacío;** y muy cerca está también la Torre Mangana, uno de los símbolos de la ciudad. En este barrio se encuentra además el magnífico ***Museo de las Ciencias,*** que ocupa un antiguo convento y en el que tendréis oportunidad de disfrutar de la sala de Astronomía, el planetario, la máquina del

tiempo, la *Cronolanzadera,* **una sala dedicada a los tesoros de la Tierra, incluyendo los dinosaurios,** y un recorrido por la vida de una persona desde su nacimiento.

Desde la ciudad se pueden hacer muchas escapadas a la zona de la serranía, que tiene paisajes muy sorprendentes. Uno de los más visitados es la ***Ciudad Encantada,*** un conjunto de formaciones rocosas que realmente **parecen figuras convertidas en piedra por algún hechizo** y que han sido bautizadas con los nombres más chocantes: la *Cara de Hombre,* el *Dinosaurio,* la *Tortuga,* los *Amantes de Teruel,* la *Lucha entre el Elefante y el Cocodrilo,*... Otro paraje fantástico y menos conocido son los ***Callejones,*** que están cerca del pueblo de las **Majadas** y se llaman así porque son como calles hechas con paredes de roca. De vez en cuando, entre las piedras veréis algunas que parecen setas gigantescas, muy habituales en esta región donde el aire y el agua han ido tallando esas figuras durante miles de años. Muy cerca está la ***Reserva de El Hosquillo,*** un pequeño valle cerrado en el que viven protegidos algunos animales, como osos, ciervos, corzos, jabalíes o cabras monteses.

■ Otra de los atractivos de la serranía de Cuenca es la ***Hoz de Beteta,*** un angosto recorrido del río Guadiela en el que hay impresionantes simas y un bonito paseo botánico, donde aprenderéis algo más sobre la vegetación de esta zona. El río Guadiela recorre también otra hoz que se conoce con el terrorífico nombre de

Cuenca. Casas Colgadas y Torre Mangana.

Ciudad Encantada.

Nacimiento del río Cuervo.

Tragavivos y que se une con el ***río Cuervo,*** que nace en uno de los parajes más bonitos de la provincia, **formando espectaculares cascadas sobre oscuras y misteriosas cavernas.**

También desde Cuenca hay una interesante escapada al ***Paraje de las Torcas,*** que son grandes hondonadas del terreno provocadas por el hundimiento del suelo y que **recuerdan el cráter de un volcán cubierto de vegetación.** Algunas de ellas están secas, y otras tienen el fondo lleno de agua, como la de «la Gitana», que además está unida a una bonita leyenda. Cuentan que antiguamente vivían en la zona dos familias gitanas que se llevaban a matar. Como sucede siempre en estos casos, un joven de una familia estaba enamorado de una muchacha de la otra y, aunque mantenían su noviazgo a escondidas, **sus parientes se acabaron enterando y les prohibieron que se volvieran a ver.** Para cortar definitivamente aquella relación, la familia de él decidió irse, pero cuando estaban en camino, la muchacha les siguió –desesperada– y, de repente, **desaparació como si se la hubiera tragado la tierra.** De nada sirvió buscarla, sólo a los pocos días los vecinos descubrieron que las aguas de una laguna habían cambiado de color y pensaron que la muchacha había muerto ahogada. Nunca encontraron su cuerpo, pero desde entonces el lugar está maldito y, al comenzar el verano, **las aguas se ponen verdosas** y tardan varias semanas en volverse limpias y transparentes.

TOLEDO

LA CIUDAD DE LOS ALQUIMISTAS

La capital toledana, una de las más misteriosas de la Península, se alza sobre un islote rodeado por el Tajo y atravesado por cuevas y galerías que han dado lugar a muchas leyendas. En la Antigüedad, judíos, árabes y cristianos vivieron juntos en esta ciudad, y con ellos nació una importante escuela de traductores que también tenían conocimientos de magia. Por eso se dice que todavía hay sótanos que esconden tesoros fabulosos, aunque a veces es muy peligroso encontrarlos. Además de la capital, la provincia de Toledo tiene una zona montañosa, próxima al precioso Parque Nacional de Cabañeros, con varias especies de animales en peligro de extinción.

Cuando se llega a ***Toledo*** lo primero que llama la atención son las murallas, que conservan bonitas puertas, como la de Bisagra, presidida por un enorme escudo. Nada más cruzar el recinto amurallado, las calles se vuelven muy empinadas y suben hasta la plaza de Zocodover, el centro de la ciudad, donde está la animación de las terrazas y **antiguamente se celebraban mercados, corridas de toros e incluso juicios de la Inquisición.** Debéis saber que hubo una época lejana en la que convivían pacíficamente familias de razas y religiones diferentes y, gracias a ello, Toledo llegó a tener mucha importancia en la cultura de la Edad Media. Pero tras la derrota de los árabes y la expulsión de los judíos comenzó una etapa de intolerancia, y todo aquel que no fuera cristiano **podía ser juzgado, torturado e incluso condenado a la hoguera** por los inquisidores.

Azulejo que pregona las excelencias de los productos toledanos.

■ Toda la ciudad conserva recuerdos del paso de los árabes, y sobre todo de los hebreos, como las preciosas sinagogas de Santa María la Blanca y del Tránsito, en la que además hay un Museo Sefardí, que es como se conoce a los judíos que vivían en España y que **todavía en los países más remotos siguen hablando el castellano de aquella época** (ladino). Muy cerca de la sinagoga del Tránsito –y comunicada con ella por un pasadizo subterráneo– se encuentra la casa del Greco, donde veréis cuadros de este genial pintor, entre ellos una colección de apóstoles en la que cuentan que utilizó como modelos a enfermos ingresados en el manicomio de la ciudad. Según parece, los **sótanos de esta casa tienen hasta siete pisos y sirvieron como laboratorio** de algunos famosos alquimistas toledanos.

De entre las galerías más misteriosas y terroríficas que se esconden en el subsuelo, cerca de la plaza de San Ginés, se tienen **las cuevas de Hércules,** así llamadas porque hay quien dice que este personaje fundó la ciudad levantándola sobre dichas cuevas. La tradición asegura que ocultan riquezas incalculables, y que todos los que han querido encontrarlas han sufrido alguna desgracia. Uno de los que lo intentaron fue un joven llamado Pablo, que estaba enamorado de una muchacha, Magdalena, hija de una familia muy rica. El padre de ella se oponía a la boda porque Pablo no tenía dinero, así que el muchacho decidió que **tendría que enriquecerse rápidamente para poder casarse** con Magdalena. Echándole mucho valor, una noche se acercó a las cuevas de Hércules y se internó en ellas con la esperanza de encontrar el tesoro. Ya había recorrido algunas galerías cuando, de repente, **sus piernas flaquearon y sólo fue capaz de lanzar un grito de terror** antes de desaparecer en la oscuridad. Días más tarde, el padre de Magdalena estaba en su casa tan tranquilo cuando recibió la visita de un misterioso encapuchado que le pidió que le acompañara. El hombre, intrigado, le siguió, y cuando se encontraron ante la boca de la cueva el encapuchado se descubrió haciéndole ver que era Pablo y que **había vuelto para castigarle por su avaricia.** Acto seguido empujó al aterrorizado padre a la cueva, y los dos entraron para no salir jamás.

Si paseáis por las calles os daréis cuenta de que a veces son como un auténtico laberinto; y, sobre todo por las noches, se llenan de sombras y rincones en los que parecen esconderse los espectros de la gente que vivió en esta ciudad. Algunas de las calles tienen además nombres muy curiosos, como la de Alfileritos, donde veréis una pequeña capilla en la que **las muchachas echan un alfiler cuando quieren encontrar novio.** Otra calle que os llamará la atención es la de Hombre de Palo, nombre que recuerda al autómata de madera que construyó hace siglos un famoso inventor llamado Juanelo, y que **recorría esta calle haciendo reverencias a la gente.**

■ Como veis, Toledo es una caja de sorpresas para los aficionados a la fantasía, pero también en la provincia hay lugares que merecen una escapada, como los ***Montes de Toledo,*** una comarca en la que, en varias ocasiones, **se refugiaron bandoleros de todo tipo,** que solían atacar a los viajeros que se atrevían a cruzar la zona.
Los últimos en esconderse en esta región fueron los guerrilleros del maquis, que intentaron luchar contra Franco después de la Guerra Civil, sufriendo penalidades y durmiendo en el monte.

Junto a los Montes de Toledo, ya en la provincia de Ciudad Real, se extiende el ***Parque Nacional de Cabañeros,*** así llamado por las antiguas cabañas en las que vivía la gente de la zona, **dedicada a hacer carbón y a sacar el corcho de los alcornoques.** Además de estos hermosos árboles, el parque tiene abundantes encinas, madroños y otras especies, así como una variadísima fauna que incluye ciervos, corzos, jabalíes, gatos monteses, nutrias y algunas raras variedades de galápagos, como el europeo y el leproso. Pero sin duda lo más importante son las aves, entre las que podréis observar **cigüeñas negras, avutardas, buitres negros y leonados e incluso, con un poco de suerte, águilas imperiales.**

Arriba izquierda, Santa María la Blanca.

Arriba derecha, dos vistas del Parque Nacional de Cabañeros.

Abajo, el célebre mazapán toledano.

LA MANCHA, EL CAMPO DE CALATRAVA Y LAS TABLAS DE DAIMIEL

MOLINOS DE VIENTO, CASTILLOS EN RUINAS Y OBSERVATORIOS DE AVES

Como es sabido, La Mancha es la tierra de Don Quijote y de su inseparable Sancho Panza, que corrieron todo tipo de aventuras creadas por la delirante imaginación de Cervantes. Fue aquí donde el famoso caballero se enfrentó a unos molinos de viento, y donde se enamoró de Dulcinea. Además, en la región manchega se pueden ver las ruinas de misteriosas fortalezas, cráteres de volcanes apagados y zonas húmedas, conocidas como «tablas», en las que se observan muchas aves en libertad.

Hay varios lugares donde veréis molinos de viento como los que desafiaron a Don Quijote y le dejaron maltrecho con sus aspas mientras **el buen caballero estaba convencido de que se enfrentaba a unos poderosos gigantes.** Si os acercáis a ***Campo de Criptana,*** por ejemplo, os sorprenderá el conjunto de molinos que se alzan en un cerro junto al mismo pueblo y que, vistos de cerca, cuando los mueve el viento, parece que realmente están vivos. Si queréis aprender algo más sobre estas construcciones que se utilizaban para convertir el cereal en harina, hay un molino que está abierto al público, con la maquinaria intacta, y otro que se ha convertido en oficina de turismo, donde también os contarán curiosidades sobre estos artilugios.

■ Muy cerca de Campo de Criptana está ***El Toboso,*** otro de

los pueblos asociados al «caballero de la triste figura», porque en él había nacido su amada Dulcinea. Según cuentan, esta mujer, que existió en realidad y se llamaba Aldonza, vivía en una casa del pueblo que ahora **se ha convertido en un gracioso museo rural,** con abundantes cacharros, muebles y objetos de los que se usaban habitualmente en las viviendas de la región. Además, en la misma casa hay un museo dedicado al *Quijote,* **con traducciones del libro a más de treinta idiomas,** y en las calles del pueblo, muy bonito, veréis pequeños párrafos sacados de la obra de Cervantes.

Si os interesa saber algo más sobre la vida del genial escritor, acercaos a ***Argamasilla de Alba,*** pueblo en el que cuentan que estuvo encarcelado durante un tiempo. Precisamente en su prisión, en los sótanos de la llamada Casa de Medrano, **Cervantes empezó a escribir la historia de aquel «ingenioso hidalgo»** que quiso vivir las mismas aventuras que había leido en los libros de caballerías. El pueblo está rodeado por uno de los paisajes más fértiles de la región, con abundantes canales de riego diseñados por los árabes y, cosa sorprendente, hace 100 años se hizo famoso porque **era el mejor lugar para observar un eclipse de sol,** hasta el punto de que llegaron científicos y curiosos de todas partes del mundo e incluso se organizaron viajes en trenes de lujo para la ocasión.

■ A pocos kilómetros de Argamasilla está el ***Parque Natural de Ruidera,*** un conjunto de quince lagunas comunicadas entre sí, como si fueran los peldaños de una escalera, formando cascadas cuyo ruido explica precisamente el nombre de este paraje. En las cercanías de la laguna de San Pedro, veréis las ruinas del ***castillo de Rochafrida,*** una fortaleza que, aunque os parezca increíble, tenía **los muros cubiertos de oro y las almenas adornadas con plata y piedras preciosas.**

Si sois aficionados a la naturaleza, vale la pena que hagáis un viaje hasta el ***Parque Nacional de Daimiel,*** formado por una serie de zonas encharcadas, conocidas como «tablas», cubiertas de juncos y plantas que crecen en el agua. Este humedal ha nacido al juntarse dos ríos, el Záncara y el Cigüela, y un inmenso lago subterráneo ha estado a punto de desaparecer varias veces cuando se empezó a usar el agua para regadíos. Por suerte, hubo gente que se dio cuenta de que era un lugar muy importante para que las

Arriba, molinos manchegos y azulejo con un párrafo del «Quijote». Abajo, Cueva de Medrano, prisión de Cervantes en Argamasilla.

Arriba, Tablas de Daimiel.

A la derecha, castillo de Calatrava.

aves encontraran refugio y ahora ha pasado a ser uno de los espacios naturales más visitados de la Península.

■ A la entrada está el Centro de Visitantes, donde podréis comprar recuerdos y conseguir información sobre el parque y las distintas variedades de animales que se pueden ver: galápagos, culebras, ranitas de San Antonio y, sobre todo, gran cantidad de aves. Para recorrer la zona encharcada, se han construido una serie de pasarelas de madera que unen pequeños islotes en los que crecen los *tarayes,* una rara variedad de árbol muy típica de este lugar. De cuando en cuando, **las pasarelas conducen a plataformas y a observatorios donde podréis hacer fotos y disfrutar de la cercanía de algunos pájaros:** garzas, patos, aguiluchos, gaviotas..., eso sí, sin hacer ruido para que no se espanten. Casi en el centro del Parque Nacional hay un mirador desde el que tendréis preciosas vistas de toda la zona y de las bandadas de aves que sobrevuelan el agua, sobre todo al amanecer y al caer la tarde.

■ Al sur de Ciudad Real, existe una comarca que se llama el ***Campo de Calatrava*** porque fue el territorio de unos caballeros medievales que formaban la orden militar de Calatrava. Precisamente cerca de **Carrión,** uno de los pueblos de la zona, está ***Calatrava la Vieja,*** un gran castillo en ruinas que **se alza en medio de una llanura y que os sorprenderá por su aspecto un tanto fantasmagórico.** Durante muchos años, esta fortaleza estuvo en poder de los árabes pero tras una durísima batalla fue conquistada por los cristianos, que cortaron la cabeza al caudillo musulmán y la colocaron en el lugar que se conoce como «Cabeza del Rey». Muy cerca de la fortaleza hay un santuario con un curiosa colección de objetos personales, fotos, mechones de cabello y figuras de cera, como brazos y piernas, que la gente ofrece a la Virgen para darle las gracias por algún milagro. Alrededor de Calatrava la Vieja veréis también **una peligrosa zona de turbas que arden bajo tierra y que recuerdan el pasado volcánico de esta región,** en la que todavía se pueden ver restos de cráteres, algunos ocupados por lagunas.

Nacimiento del río Mundo.

Alcalá de Júcar.

OTROS DESTINOS DE INTERÉS

■ En la provincia de Albacete está la **Sierra de Alcaraz,** una bonita zona montañosa que se une con la sierra de Segura, ya en tierras de Jaén, y que fue el lugar de las andanzas de algunos bandoleros. Precisamente en el pueblo de ***Alcaraz,*** además de algunas interesantes pinturas rupestres vale la pena ver el **Santuario de la Virgen de Cortes,** que ofrece unas excelentes panorámicas de la zona y tiene un cementerio donde está enterrado *El Pernales,* un famoso bandido que murió a comienzos del siglo XX en una emboscada de la Guardia Civil. El Pernales, que llegó a ser muy popular porque se decía que **robaba a los ricos para repartir sus ganancias con los pobres,** se acabó convirtiendo en un personaje de leyenda, protagonizando muchas aventuras, algunas reales y otras inventadas.

Una de las historias que se cuentan del Pernales se refieren a un arriero de Jaén que transportaba aceite en un burro escuálido, cuando se encontró en el camino con un jinete que, al verle, **se rió abiertamente del pobre borriquillo.** El arriero protestó diciendo que por lo menos le servía para ganarse la vida. Entonces el jinete le entregó un saquito de monedas para que fuera a un pueblo cercano y le comprara un mulo a un tal Herrera, añadiendo que si volvían a encontrarse y seguía con aquel raquítico burro se las tendría que ver con El Pernales. **El arriero supo así que acababa de conocer al famoso bandido** y, sin rechistar, se acercó al pueblo y compró el mulo. Esa misma noche, el vendedor del mulo dormía tranquilamente cuando le despertó El Pernales, que le pidió todo el dinero que tenía. El buen hombre gimoteó y dijo que no tenía nada, pero el bandolero le respondió que tenía un saquito de monedas porque ese mismo día había vendido un mulo, así que **no tuvo más remedio que entregarle el dinero** que, de esta forma, volvió a los bolsillos del Pernales.

En la Sierra de Alcaraz hay además algunos paisajes impresionantes, entre los que destacan el recorrido del ***río Mundo,*** que ha trazado profundas hoces entre los pintorescos pueblos de **Ayna** y **Lietor.** De todos los parajes, el más atractivo es el propio nacimiento del río, que **forma una gran catarata de más de 100 metros de altura** con el agua de la lluvia y los deshielos. Para llegar hasta este lugar, merece la pena dar un corto paseo a pie por una senda hasta la charca de la catarata, aunque podéis subir aún más hasta un

Letur.

mirador en el que disfrutaréis del formidable espectáculo del agua y la vegetación. Después de caer, el chorro **se deshace en pequeñas cascadas, que bajan formando escalones** hasta que el río se tranquiliza y empieza a atravesar una zona arbolada en la que hay merenderos y rincones para descansar a la sombra.

■ El agua está presente en toda la región, y si queréis comprobarlo sólo tenéis que acercaros a ***Letur,*** que conserva muchos edificios antiguos, un castillo del tiempo de los árabes y unas fuentes que hacen que sea uno de los pueblos más frescos de la sierra. Además, en su parte vieja, encaramada sobre un cerro, tiene un mirador desde el que se disfrutan estupendas vistas de la zona.

■ También el **río Júcar** hace un recorrido muy sorprendente por la provincia de Albacete, formando estrechas gargantas y barrancos entre los pueblos de ***Jorquera*** y ***Alcalá del Júcar*** y el **embalse del Molinar.** En todo este recorrido veréis cómo el río va serpenteando con vueltas y revueltas, a veces entre paredes verticales. **En algunos de los pueblos de la zona encontraréis curiosas viviendas excavadas en la roca,** y si os gustan los paisajes bien conservados podéis acercaros a **Casas Ibáñez** y tomar la carretera que lleva hasta las **Hoces del Cabriel** y al pueblo de **Tamayo,** donde hay un aula de Naturaleza y es posible hacer excursiones a pie, en bicicleta y en piragua.

■ Otro de los espacios naturales que vale la pena conocer en Castilla-La Mancha es el ***valle de Alcudia,*** que une las poblaciones mineras de **Puertollano** y **Almadén** y, que echándole un poco de imaginación, **tiene el aspecto de una sabana africana.** Aunque os parezca un lugar muy deshabitado, hay muchos animales y hasta hace pocos años abundaban los lobos, que traían de cabeza a los ganaderos de la región. Hasta tal punto de que existían unos personajes, conocidos como «loberos», que eran medio magos y **tenían un poder especial para dominarlos y evitar que atacaran a los rebaños.** Algunos de estos loberos llegaron a ser muy temidos, y se decía que podían comunicarse con los lobos y **que utilizaban amuletos hechos con los colmillos de este animal** para tener su astucia y su misma valentía.

■ Por último, si os gustan a las ruinas y las historias de la Antigüedad, sabed que en Cuenca están los restos de tres ciudades: ***Ercávica, Segóbriga y Valeria,*** que demuestran la larga presencia de los romanos, atraídos por la abundancia de minerales en la zona. En Valeria, que se halla junto a la espectacular **Hoz del río Gritos,** veréis los restos de la monumental fuente del Ninfeo, de la basílica y de algunos comercios, conocidos como *tabernae.* En *Ercávica* se hizo un descubrimiento sorprendente, la casa de un médico, con todo **el instrumental que utilizaba en sus operaciones.** En *Segóbriga,* seguramente la más importante de las tres, se reconocen las ruinas de un teatro construido hace 20 siglos y que, al parecer, tenía un **sistema de toldos para proteger a los espectadores del sol.** Además, esta ciudad conserva un anfiteatro, unas termas, una basílica y restos de unas curiosas casas colgadas que se asoman al río Cigüela. Muy cerca de Segóbriga hay dos escapadas que merecen la pena, la **Laguna del Hito** y el impresionante ***Monasterio de Uclés,*** conocido como «El Escorial de La Mancha» por sus dimensiones.

INFORMACIÓN PRÁCTICA

PARQUES NATURALES

Parque Nacional de las Tablas de Daimiel. Abierto todos los días, ✆ 926 693 118.

Parque Nacional de Cabañeros, también en la provincia de Ciudad Real, con un centro de recepción en Pueblonuevo del Bullaque. Abierto todos los días, ✆ 926 693 118.

Parque Natural de las Lagunas de Ruidera. Ciudad Real. ✆ 926 213 740.

Parque Natural del Hayedo de la Tejera Negra. Guadalajara. ✆ 949 885 300.

MONUMENTOS Y MUSEOS CURIOSOS

Museo de Segóbriga. Reúne piezas de esta espectacular ciudad romana próxima a Saelices, Cuenca. Abierto todos los días, menos los lunes, ✆ 969 132 064.

Museo Etnográfico. En la provincia de Cuenca, en el pueblo de Huete, está este simpático museo. Abierto todos los días, menos los lunes, ✆ 966 372 083.

Para conocer las tradiciones de la Comunidad, hay abundantes museos etnológicos donde se pueden ver piezas de todo tipo, algunos de ellos muy especializados:

Museo del Tambor. En el pueblo albacetense de Tobarra. Abierto en Semana Santa y verano, ✆ 967 325 036.

Museo de los Molinos de Valdepeñas, Ciudad Real. Se muestran maquetas de molinos de varios países. Abierto todos los días, menos los lunes,✆ 926 320 305,

Casa de Dulcinea, en El Toboso. Abierto todos los días, menos los lunes, ✆ 925 197 288.

Museo Nacional de Teatro. En Ciudad Real, en la villa de Almagro. Para los aficionados al arte dramático. Abierto todos los días, menos los lunes, ✆ 926 882 244.

Museo de las Ciencias de Castilla-La Mancha. En Cuenca, para los que disfrutan con los experimentos. Abierto todos los días, menos los lunes, ✆ 969 240 320.

EXCURSIONES EMOCIONANTES

Ciudad Encantada. En la serranía de Cuenca. Abierta todos los días.

Molinos de viento en Ciudad Real, en Campo de Criptana. Se puede ver el interior. Abierto todos los días, menos los lunes, ✆ 926 562 231.

En el precioso pueblo de **Alcalá del Júcar** hay algunos bares en larguísimas cuevas, como la cueva del Diablo y la cueva del Rey Garadén, ésta última de 170 metros de longitud y poco apropiada para los que sufren claustrofobia. ✆ 967 473 102.

ACTIVIDADES

En Ciudad Real, en el **Campo de Calatrava,** se organizan rutas por los volcanes y por las fortalezas de Alarcos y de los caballeros de Calatrava. ✆ 926 210 717.

En Albacete se puede aprender el manejo de una piragua para recorrer los ríos Júcar y Cabriel, ✆ 967 474 134; o descubrir el paisaje de La Manchuela a lomos de un caballo, ✆ 967 215 921.

También se puede disfrutar cabalgando por tierras de Cuenca, ✆ 969 145 001, y de Gaudalajara, ✆ 913 655 375; o hacer una excursión en piragua por el Alto Tajo, ✆ 949 817 061.

ALOJAMIENTOS

La Tiná del Tío Salomé. En plena serranía de Cuenca, en Buenache de la Sierra. Organiza múltiples actividades, incluyendo la observación de aves. ✆ 969 285 005.

El Molino del Marqués. En Cañete. Permite disfrutar una estancia a orillas del río. ✆ 969 346 030.

El Rincón de Monasterio. En Guadalajara, en el pueblo de Monasterio. Organiza talleres de todo tipo. ✆ 949 857 233.

Los Quiñones. En Peralejos de las Truchas. Dispone de juegos infantiles. ✆ 949 837 050.

El Boquerón de Estena. En Ciudad Real. Desde aquí se pueden hacer excursiones al Parque Nacional de Cabañeros. ✆ 609 416 745.

Casa Rural La Blanquilla. Para dar paseos en carro por el entorno de los Montes de Toledo. ✆ 926 695 063.

La Dehesa. Gracioso conjunto de cabañas de madera situado en el pueblo de Riópar. Para conocer de cerca el espectacular nacimiento del río Mundo, en Albacete. ✆ 967 435 029.

León, El Bierzo y La Maragatería.

CASTILLA Y LEÓN

HAY QUIEN SIGUE BUSCANDO ORO ENTRE GRANDES MONTAÑAS DE COLOR FUEGO, AUNQUE LOS TESOROS SE ESCONDAN EN UN LAGO DE AGUAS HELADAS. SOBRE LOS CERROS, CASTILLOS Y FORTALEZAS OCULTAN MUCHOS MISTERIOS, Y LAS TORRES DE LAS IGLESIAS SIRVEN DE ESCONDITE A INQUIETANTES CRIATURAS DE LA NOCHE.

Segovia y las Hoces del Duratón.

La montaña palentina.

La Sierra de Gredos.

Ruta de los dinosaurios en Soria.

Los Arribes del Duero y el Lago de Sanabria.

LEÓN, EL BIERZO Y LA MARAGATERÍA

CIUDADES ROMANAS, MINAS DE ORO Y LAGOS ENCANTADOS

León, con sus dos mil años de antigüedad, es una de las primeras ciudades que se construyeron en la Península sobre un primitivo campamento romano.
Más tarde se convirtió en capital de Reino y en lugar de paso de los peregrinos del Camino de Santiago, adquiriendo una gran importancia que hoy se deja notar en sus iglesias y en sus palacios. Después de cruzar la ciudad, los peregrinos tenían que pasar por Astorga y Ponferrada, capitales de dos grandes comarcas, La Maragatería y El Bierzo, que tienen sus propias tradiciones y leyendas.

Al llegar a ***León*** seguramente visitaréis la Catedral gótica, levantada en el año 1205 en el mismo lugar donde antiguamente había unas termas romanas. A pesar de haberse mantenido en pie durante ocho siglos y aunque os parezca mentira, **este templo ha estado en peligro a causa de la «enfermedad de la piedra»,** un desgaste producido por la contaminación y el paso del tiempo, que ha obligado a tratar muros, gárgolas y esculturas para evitar su deterioro. Vista desde fuera, lo que más llama la atención son sus grandes rosetones y la colección de vidrieras, una de las mejores de Europa, que dejan pasar la luz por cristales de muchas tonalidades. Al entrar en la Catedral, **fijaos en el colorido que producen los rayos de sol al filtrarse a través de estos gigantescos ventanales** que ocupan un total de 1.800 metros cuadrados de superficie.

Arriba, rosetón y vista general de la Catedral de León.

Izquierda, Pantocrátor del Panteón de San Isidoro.

Derecha, márgenes del río Bernesga, adaptados para el ocio y el tiempo libre.

En el interior de la catedral también merece la pena detenerse ante la sillería del coro, donde veréis, debajo de cada asiento, **unas curiosas figuras burlescas que resultan chocantes en un edificio religioso.** Por último, si os acercáis al museo catedralicio, asomaos a la *Sala de la Piedra,* donde se guardan piezas prehistóricas, romanas y árabes, que os permitirán saber algo más de los primitivos pobladores de la región.

■ Cerca de la Catedral quedan restos de la antigua muralla y una puerta, a cuyo lado se encontraba la cárcel, convertida ahora en archivo de la ciudad. Callejeando, os podéis acercar a la basílica de San Isidoro, una de las joyas del románico, donde está el impresionante *Panteón de los Reyes.* Este lugar, con su techo cubierto de pinturas, estaba destinado a ser el lugar de enterramiento de 23 reyes de León, pero sus tumbas fueron saqueadas por las tropas de Napoleón, y la iglesia utilizada para guardar los caballos del ejército francés. Dentro del templo podéis fijaros también en las columnas de la nave principal, cuyos capiteles están llenos de grabados que servían para **enseñar la Biblia mediante imágenes a quienes acudían a la iglesia, en una época en la que la mayoría de la gente no sabía leer.**

■ En las proximidades del río Bernesga, que atraviesa la ciudad, se encuentra otro de los principales edificios leoneses, el Hostal de San Marcos, que ahora es uno de los hoteles más lujosos del mundo pero **antiguamente servía como hospital para albergar a los peregrinos más pobres** y cuidar a los enfermos que hacían el Camino de Santiago. Como recuerdo de aquella época, veréis las conchas que adornan la

Arriba: San Jorge matando al dragón, en el Palacio de Botines en León.

Al lado, izquierda: fiestas «romanas» en Astorga.

Al lado, derecha: los maragatos en el reloj del Ayuntamiento de Astorga.

entrada de la iglesia y el relieve del apóstol Santiago encima de la puerta principal. Muy cerca del río están los jardines de la Condesa y una serie de agradables paseos que bordean la orilla, cubiertos de arbolado y acondicionados para el deporte y el ocio.

■ Antes de despediros de la ciudad no debéis dejar de visitar la Casa Botines, una especie de palacio de cuento construido por Gaudí y que tiene en su fachada a **San Jorge clavándole la lanza a un dragón.** Cerca de este palacio se encuentra el «húmedo», que es como se conoce el popular barrio viejo leonés, muy animado por las noches gracias a sus bares de tapas. En todo el barrio se reparten rincones y plazuelas, con soportales, tiendas de recuerdos, restaurantes y cafés donde podréis probar unos **deliciosos lazos de hojaldre que se deshacen en la boca.**

■ ***Astorga*** es otra de las ciudades leonesas con más de 2.000 años de historia, ya que fue fundada por una legión romana que se estableció en el lugar el siglo I antes de Cristo De aquella época podréis ver parte de la muralla, la «ergástula», que es **una curiosa cárcel con forma de túnel,** y los sucesivos descubrimientos que se han hecho bajo el suelo: una basílica, los restos de unas termas, una mansión con mosaicos... Además de esta ciudad subterránea, de la que cada día se sabe algo nuevo, merece la pena que conozcáis la Catedral, en cuyo interior se guarda una bonita colección de joyas típicas de la comarca, y el vecino palacio episcopal, que alberga un museo dedicado a los Caminos de Santiago. El edificio ha sido construido con una llamativa piedra blanca y con la inconfundible fantasía de su autor, el arquitecto Gaudí. Por último, si os asomáis a la plaza de España, no dejéis de echar un vistazo al campanario del Ayuntamiento, donde veréis una **pareja de maragatos de plomo que dan puntualmente las horas golpeando la campana** con sus enormes mazas.

■ Astorga es la capital de ***La Maragatería,*** una región cuyos pobladores se dedicaban sobre todo al oficio de arrieros, sirviéndose de sus carros para llevar todo tipo de mercancías, por ejemplo el pescado, desde los puertos de mar al interior. Este oficio desapareció con la llegada del ferrocarril, pero La Maragatería ha mantenido muchas de sus costumbres y algunos pintorescos pueblos. Uno de los mejor conservados es ***Castrillo de los Polvazares,*** con las típicas viviendas de los arrieros y sus **patios para guardar los carros y las caballerías.** Cerca de Castrillo hay otro pueblo con hermosos caserones, **Molinaferrera,** desde el que podéis llegar cerca de la cima del mágico **monte Teleno,** a 2.000 metros de altitud, o hasta las **pistas de invierno de Morredero.**

Castillo de Ponferrada.

Siguiendo el Camino de Santiago, desde Castrillo de los Polvazares llegaréis a ***Foncebadón,*** un pueblo abandonado que impresiona por sus casas derrumbadas y llenas de maleza. Muy cerca, en un alto, está la **Cruz de Ferro,** donde todos los peregrinos se detienen desde tiempos inmemoriales para **dejar una piedra y pasar un rato contándose sus aventuras.** Estáis en tierras de El Bierzo, una gran región en la que se mezclan las

Esquema de una antigua ferrería berciana.

Paisaje de Las Médulas.

influencias gallegas, asturianas y leonesas, y que tiene un espectacular paisaje de montañas, valles estrechos y aldeas escondidas. Una de estas aldeas es ***Compludo,*** que esconde **una antiquísima ferrería en un paraje lleno de vegetación.** Gracias a ella sabréis cómo se utilizaba la fuerza del agua para trabajar el hierro y la forja durante la Edad Media. En el mismo Camino de Santiago está ***Molinaseca,*** donde –si el calor aprieta– podréis daros un chapuzón en las frescas aguas del río, bajo un puente romano.

■ La capital de El Bierzo es **Ponferrada,** una gran ciudad que conserva su castillo construido por los templarios, **aquellos caballeros medievales de los que se decía que utilizaban la magia** y que llegaron a tener un enorme poder. La fortaleza se levanta junto a un río, y se puede recorrer por la parte alta de sus murallas. Otro de los lugares que debéis visitar es la cárcel, a la que se llega pasando bajo la torre del Reloj. El edificio todavía **conserva las ventanas con gruesas rejas y los grandes cerrojos de la época en la que sirvió como prisión,** pero ahora se ha convertido en un interesante museo sobre la historia de la región, desde la época de los castros y las explotaciones de los yacimientos de oro hasta hoy. Como curiosidad, no os perdáis la maquinaria del reloj que hubo en la torre a comienzos de siglo, o la higuera centenaria que aún se levanta en el patio.

■ Uno de los principales restos de la presencia romana es el paraje de ***Las Médulas,*** unas antiquísimas minas de oro declaradas Patrimonio de la Humanidad por la Unesco. La zona llegó a ser la mayor explotación de oro del imperio romano, y en ella **trabajaron miles de esclavos canalizando el agua por galerías** hasta que se reblandecía la arcilla. Cuando los montículos se venían abajo, la tierra iba pasando por las zonas de lavado donde se separaba el valioso mineral. Fue así como se formó este **sorprendente paisaje de picos puntiagudos, crestas, túneles y agujas de un intenso color rojizo,** que llaman mucho la atención al caer la tarde, cuando la tierra brilla como si todavía escondiera pepitas de oro.

■ Si queréis tener una panorámica espectacular de Las Médulas, podéis asomaros al **Mirador de Orellán,** desde el que ofrece una impresionante panorámica «a vista de pajaro». Y si queréis verlas de cerca, podéis ir al pueblo de Médulas y hacer un recorrido andando nos llevará hasta el pie de la **cueva de la Encantada,** una de las galerías que se hicieron para extraer el mineral. A partir de este pueblo, otra excursión nos conduce hasta el ***Lago de Carucedo,*** famoso porque en sus profundidades **viven unas misteriosas damas que guardan tesoros de una riqueza incalculable.**

LOS ARRIBES DEL DUERO Y EL LAGO DE SANABRIA

LAS TIERRAS DEL LOBO IBÉRICO

La provincia de Zamora es uno de los últimos refugios del lobo ibérico, animal que sigue sufriendo una dura persecución y que está asociado a las brujas y las noches de luna llena.
La **sierra de la Culebra,** el entorno del **lago de Sanabria** y los estrechos cañones por los que discurre el río Duero, forman parte de ese paisaje misterioso y espectacular en el que además se esconden abundantes ciervos, cuyos potentes berridos se pueden escuchar en las noches de septiembre, durante su época de celo.

Entre las ciudades de la provincia de ***Zamora*** podéis hacer un alto en la capital, que conserva parte de sus murallas, un castillo medieval, la Catedral y un impresionante museo de imágenes de Semana Santa, que son especialmente famosas. Otra población que merece la pena es ***Toro,*** que tuvo gran importancia histórica y conserva bonitos palacios, una esbelta torre del Reloj y una preciosa Colegiata, que se levanta junto a un jardín con estupendas vistas del Duero. Si visitáis la Colegiata, no dejéis de fijaros en una rara imagen de la Virgen embarazada, así como en el órgano, donde hay **dos «papamoscas» que abren la boca durante la misa del domingo.** Tampoco os perdáis el curioso cuadro de la *Virgen de la Mosca* ni el antiguo pórtico, en el que hay algunas figuras espeluznantes que servían para

Arribes del Duero y catamarán para recorrerlos.

Máscaras de Bemposta.

que la gente se imaginase el infierno y los terribles castigos que sufrirían si cometían pecados.

■ Siguiendo el curso del Duero se llega al ***Parque Natural de los Arribes,*** un paisaje muy llamativo en el que veréis el río a su paso entre los cañones que forman la frontera natural entre Portugal y España. Para descubrir toda la espectacularidad de esta región vale la pena llegar hasta la bonita ciudad portuguesa de ***Miranda do Douro,*** situada junto a un tramo muy tranquilo del río, contenido por una enorme presa. Una vez aquí, no dejéis de acercaros al embarcadero, donde comienza **un precioso recorrido en catamarán, aguas arriba, entre paredes impresionantes.** Desde la embarcación, cubierta con un techo de cristal, os irán descubriendo los secretos de los desfiladeros: los nidos de las rapaces y las cigüeñas negras, el pozo de las nutrias y, según la temporada, las cataratas que caen sobre el río.

■ A un lado y a otro de la frontera hay antiguos pueblos desde los que se descubren hermosas vistas del Duero. Uno de los más espectaculares está cerca de ***Fornillos de Fermoselle,*** una aldea que también conserva sus casas de piedra y algunos **ejemplares del simpático asno zamorano** que, aunque os parezca mentira, está en peligro de extinción. Desde la localidad de **Fermoselle** se puede cruzar la frontera hasta Bemposta, a la que se llega por una carretera con estupendas vistas del Duero, que además recibe aquí com afluente al Tormes. En ***Bemposta,*** con un poco de suerte, podréis ver **las máscaras diabólicas que se utilizan en una antiquísima fiesta local.**

Yendo hacia el norte de la provincia se llega a la ***Sierra de la Culebra,*** en la que perdura **una de las últimas colonias de lobos ibéricos** de la Península. La persecución que ha sufrido este animal, que a menudo atacaba a los rebaños y que se acabó convirtiendo en un ser malvado para los ganaderos, hace que ahora corra peligro de extinción y que además, sea el protagonista de infinidad de narraciones. Una de ellas cuenta cómo una noche, cuando volvía de hacer su trabajo, **un molinero se topó con una manada de lobos que le cortaba el paso.** Sin pensarlo dos veces, el pobre hombre se volvió rápidamente al molino y se encerró a cal y canto, dispuesto a esperar la llegada del día para poder regresar a su pueblo. Imaginaros la noche que pasó escuchando cómo los lobos, furiosos, **escarbaban bajo la pared del molino para hacer un túnel y poder darse un festín a su costa.** Por suerte no lo consiguieron, pero el molinero no pegó ojo en toda la noche y, a la mañana siguiente, cuando la manada ya se había ido, descubrió que los lobos habían hecho un profundo socavón y les había faltado muy poco para entrar en su escondite.

■ Para que os hagáis una idea de la importancia que ha tenido este animal en la región, podéis fijaros en alguno de los corrales que se utilizaban para guardar el ganado y, de paso, podían convertirse en una trampa para lobos. Estos cercados de piedra eran más altos por dentro que por fuera, y tenían las paredes inclinadas de forma que, **cuando entraba, el lobo se encontaba atrapado en un foso** y era cazado sin contemplaciones.

Al norte de la sierra de la Culebra está el bonito ***Lago de Sanabria,*** declarado parque natural y considerado como uno de los mayores de la península, con **una profundidad que supera los cincuenta metros.** Para conocer al detalle este espacio protegido podéis acercaros al monasterio de **San Martín de Castañeda,** un impresionante edificio medieval en el que se encuentra el centro de interpretación del parque, con preciosas vistas sobre el lago y toda una serie de maquetas y paneles que describen su origen glaciar, las especies vegetales y animales que se pueden ver en la región, así como las formas de vida tradicional de sus habitantes.

■ En torno al lago hay una retahíla de pueblitos y varios senderos para hacer estupendas excursiones, como las que llevan a pequeñas lagunas: Peces, Carros, Cardena y Sotillo, ésta última, además, con unas espectaculares cascadas. Los más atrevidos, podéis hacer parte de la ruta del ***Cañón del Tera,*** que **lleva hasta el nacimiento de este río a través de otras lagunas** y bellos paisajes llenos de vegetación. Por último, tampoco debéis perderos la visita a la capital de la comarca, ***Puebla de Sanabria,*** un precioso pueblo en el que se alza un castillo medieval que protegía esta zona fronteriza cuando había continuos altercados con Portugal.

Cañón del Tera.

SALAMANCA, LAS BATUECAS Y LA PEÑA DE FRANCIA

ESTUDIANTES, PÍCAROS Y REYES DESPISTADOS

Salamanca es famosa en todo el mundo por su antigua Universidad, que ha dado origen a divertidas costumbres estudiantiles. Además, la ciudad tiene dos catedrales, una preciosa Plaza Mayor y muchos palacios, que le han hecho merecer el título de Patrimonio de la Humanidad. Por si fuera poco, los paisajes salmantinos son muy variados y abarcan desde el Campo Charro, con sus encinares y sus toros bravos, hasta las Batuecas, donde hace siglos se refugiaban los reyes cuando querían olvidar las preocupaciones del trono.

En *Salamanca* debéis ver la monumental Plaza Mayor, rodeada de soportales y adornada con unos medallones que **la hacen parecer el gran salón de un palacio.** Esta plaza siempre ha sido el corazón de la ciudad y, hasta hace pocos años era costumbre que los chicos y las chicas se pasearan formando una especie de «carrusel del amor», es decir, ellas daban la vuelta a la plaza en un sentido y ellos en sentido contrario, de forma que se cruzaban continuamente hasta que iba surgiendo la chispa y, poco a poco, se iban emparejando. Naturalmente esa costumbre se ha perdido, pero la plaza y sus alrededores siguen siendo lugares muy animados y están llenos de bares donde podréis probar deliciosas tapas.

■ Cerca de la Plaza Mayor está **la famosa Casa de las Conchas, así llamada por las 400 vieiras, las**

populares conchas de peregrino, que adornan sus muros. Algo más retirada está la Universidad, formada por varios edificios que se levantan alrededor del patio de las Escuelas. En él veréis la estatua dedicada a Fray Luis de León, uno de los grandes maestros que tuvo esta Universidad, de la que estuvo apartado mientras pasaba cinco años en la cárcel condenado por el tribunal de la Inquisición. Durante los fines de semana, este rincón de la ciudad está más o menos en calma, pero imaginaos el ir y venir de los estudiantes que la han ido cruzando a lo largo de cientos de años y que han dado pie a antiquísimas costumbres.

Una de las supersticiones más curiosas consistía en **localizar la rana que está sobre una calavera,** entre la infinidad de figuras que adornan el edificio principal de la Universidad. La inocente ranita, que en la Edad Media representaba el pecado y la muerte, daba fortuna a quien la descubría y se decía que **le ayudaba a aprobar los exámenes.** Así que ya sabéis, intentad descubrirla... y que haya suerte. No obstante, como los universitarios tenían que enfrentarse a larguísimos exámenes orales, pasaban la noche anterior preparándose mentalmente en la capilla de la Universidad, de donde viene el dicho de «estar en capilla» cuando alguien está a punto de pasar una dura prueba.

■ Otra expresión que habréis oído alguna vez, **«liar los bártulos», tiene también su origen en las antiguas aulas,** ya que entre los autores que se estudiaban en la Edad Media había un experto en leyes italiano, muy famoso, llamado Bártulo. Los universitarios acudían a clase con los pergaminos de este ilustre jurista, y al terminar la lección tenían que volver a enrollarlos y atarlos con cintas, es decir, «liaban los bártulos» antes de salir del aula.

■ Además de la Universidad, podéis acercaros al colegio Anaya, el más antiguo de Salamanca, donde se alojaban los estudiantes más pobres, que vivían de asistir a los ricos. Como sin duda eran más espabilados estos estudiantes fueron los que **impusieron la costumbre de rondar a las muchachas y recibieron el nombre de «tunos»,** de donde proceden las famosas tunas universitarias. Muy cerca del palacio se alzan las dos catedrales, la Vieja y la Nueva, formando un conjunto sobre el que destaca la bonita torre del Gallo, así llamada por su veleta con la forma de este ave. Hasta hace pocos años, era costumbre que **un personaje conocido como «mariquelo» subiera –trepando por el exterior de la torre– para tocar las campanas** y recordar así un lejano día de noviembre de 1755, en que un terrible terremoto destruyó Lisboa y dañó muchos edificios de Salamanca, haciendo que las campanas repicaran solas.

Salamanca. Barca a patines para recorrer el Tormes y detalle de la Casa de las Conchas.

Salamanca. Trenecito turístico.

El «mariquelo» trepa a la torre catedralicia.

Aspecto de la Sierra de Francia.

Abajo, Monumento a Lazarilo.

■ Si tenéis ocasión de pasar más tiempo en la ciudad, no dejéis de acercaros al convento de las Dueñas, donde veréis un precioso claustro adornado con capiteles de figuras fantásticas: **expresiones de dolor, personas con cabezas de animales o con manos y pies convertidos en plantas,** arpías, dragones y las criaturas más fabulosas que podáis imaginar. Desde este convento merece la pena que hagáis una escapada hasta el río Tormes, en cuyas riberas existen bonitas zonas de arbolado y **una estatua dedicada al Lazarillo de Tormes, el pícaro más famoso del mundo** que, según parece, nació en esta ciudad. El personaje, acompañando al ciego, se encuentra junto a un puente romano; cruzadlo y llegaréis al embarcadero en el que los universitarios tenían la costumbre de organizar regatas por el río.

A partir de Salamanca, podéis hacer una excursión a la ***Sierra de Francia,*** pasando por el **Campo Charro,** un paisaje cubierto por hermosos ejemplares de encinas entre los que pastan los toros bravos que, luego, serán sacrificados en las corridas. Al llegar a la Sierra, vale la pena acercarse al ***monasterio de la Peña de Francia,*** que se alza en la cumbre de una montaña con vistas impresionantes a más de 1.700 metros de altitud. En el camino hacia la cima pasaréis por el **puerto de los Lobos, así llamado porque era utilizado por estos animales para pasar de un valle a otro.** Y si os fijáis mucho, también podréis ver cómo cambian las piedras a medida que subís ya que, mientras que en la parte baja de la montaña son de granito, en la parte alta son de pedernal, la roca que empleaban los hombres primitivos para encender el fuego cuando aún no se habían inventado las cerillas.

■ Alrededor de la Peña de Francia hay muchos lugares curiosos, como la **Casa Baja,** un gran monasterio en ruinas que se halla cerca del pueblo del Maillo y que es conocido como el *Escorial de Salamanca.* En él solían pasar el invierno los monjes del santuario, **cuando los fríos hacían casi imposible sobrevivir en lo alto de la montaña.** También muy cerca se encuentra ***La Alberca,*** un precioso pueblo formado por casas con balcones, una plaza Mayor rodeada de soportales y callejones empedrados que se conservan como en la Edad Media. Incluso las costumbres de este pueblo son antiquísimas y entre ellas impresiona un poco la *Moza de Ánimas,* una mujer que recorre las calles al atardecer tocando una campanilla en cada esquina.

■ Paseando por La Alberca, cuyas calles están muy animadas en verano, veréis tiendecillas en las que venden artesanía de la región y **algunas golosinas como obleas, turrón de almendras o el alajú, hecho con miel, higos y nueces.** Y si vuestra visita coincide con la fiesta de la Asunción, podréis disfrutar de una representación teatral en la que participa la gente del pueblo y que se celebra desde la Edad Media. Al comienzo del festejo, de repente, **aparece un diablo montado sobre un dragón de siete cabezas** que intenta impedir la celebración. El arcángel San Miguel se enfrenta al diablo con su espada y, tras un combate a muerte, acompañado de gran alboroto de tracas y pólvora, el bueno sale victorioso y puede comenzar la fiesta.

■ La comarca que rodea La Alberca se conoce como las ***Batuecas*** y en la antigüedad era un lugar muy frecuentado por los reyes cuando querían pasar una temporada lejos de las obligaciones de la corona. **De ahí viene la costumbre de decirle a alguien que «está en las Batuecas», cuando anda un poco despistado** y no se entera de nada. Viendo la belleza de esta región, no os extrañará que los monarcas vinieran a menudo y se dedicaran a la caza entre sus frondosos bosques de roble, castaño y alcornocales, por los que corren aguas limpísimas que a veces forman espectaculares cataratas, como la del Chorro.

■ Además en las Batuecas hay un conjunto de pueblecitos preciosos, como ***Miranda del Castañar,*** que conserva parte de sus murallas y sus puertas medievales, el castillo y la cárcel, o ***San Martín del Castañar,*** que también tiene un castillo, bonitas casas con balcones llenos de flores y una plaza mayor con una fuente de aguas fresquísimas. El pueblo de ***Mogarraz*** está rodeado de cerezos, y resulta impresionante sobre todo en primavera, cuando **los árboles se llenan de flores blancas;** y si vais a ***Sequeros*** no olvidéis acercaros al **Mirador de la Cruz,** donde hay imponentes vistas de toda la Sierra. Desde Sequeros, otra escapada que vale la pena es **Linares de Riofrío,** donde está el espeso bosque de **La Honfría,** con un área recreativa y algunos árboles con troncos verdaderamente impresionantes.

Artesanía de la Sierra de Francia y río Batuecas.

LA SIERRA DE GREDOS

CABRAS MONTESES, LAGUNAS DE AGUA HELADA Y TOROS DE PIEDRA

La Sierra de Gredos es una gran barrera montañosa que ocupa el sur de la provincia de Ávila y en la que sobresale el Almanzor, con más de 2.500 metros de altura. Entre sus picachos hay muchas lagunas de origen glaciar, se oculta la cabra montés, con sus temibles cornamentas y es fácil ver a los escaladores desafiando las paredes verticales. Alrededor de la sierra hay además muchos restos de los primitivos habitantes de la región, como los misteriosos *toros de Guisando,* que tal vez fueron los ídolos de una tribu celta.

Si queréis conocer la Sierra tenéis que equiparos con un buen calzado y estar dispuestos a dar buenas caminatas, para poder contemplar paisajes de alta montaña donde el aire es tan puro que casi hace daño a los pulmones. Las principales rutas salen de la plataforma de **Gredos,** situada a más de 1.700 metros de altura cerca del pueblo de ***Hoyos del Espino.*** A partir de aquí hay un camino que ya utilizaban los pastores en la Edad Media y que sube hasta el **puerto de Candeleda, recorriendo un valle glaciar que llegó a estar cubierto con hielos de hasta 60 metros de espesor.** En el trayecto veréis cabañas de pastores y el refugio que se construyó para Alfonso XIII, un rey muy aficionado a cazar en estas montañas. Cuando lleguéis a la cima del puerto, a más de 2.000 metros de altitud, podréis disfrutar de impresionantes panorámicas que

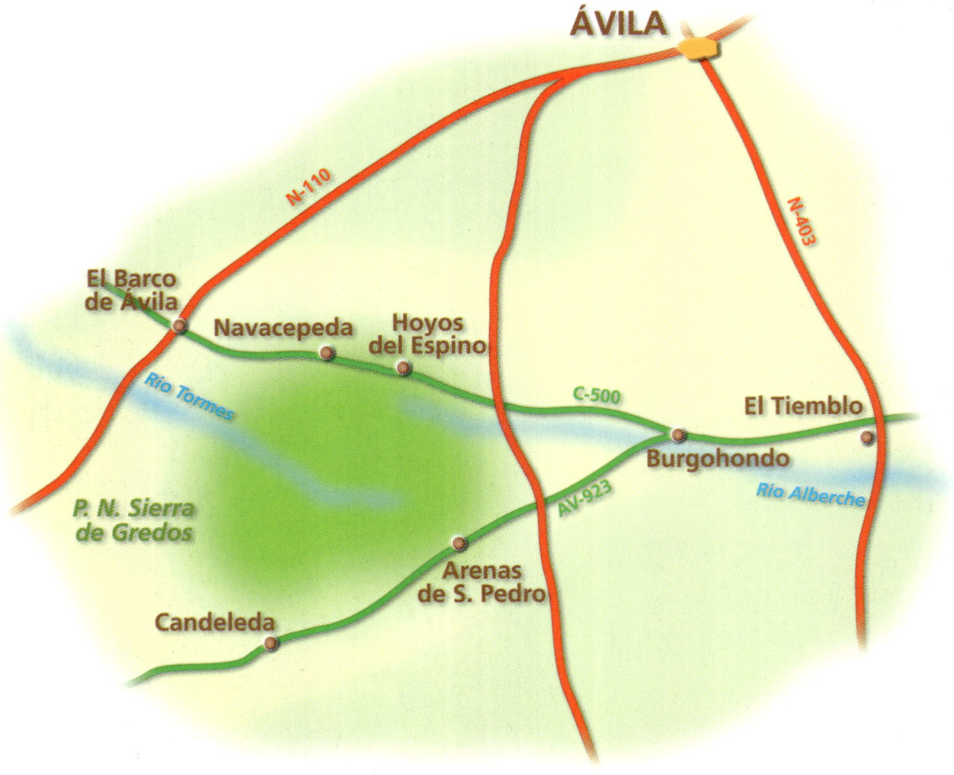

abarcan algunas gargantas, entre ellas la **Lóbrega,** y pueblos como **Candeleda,** al sur de la sierra.

Otras excursiones no recomendadas a perezosos son las que llevan al circo de las Cinco Lagunas y sobre todo a la **Laguna Grande,** que ocupa un valle glaciar en el centro de la sierra. En el camino seguramente **veréis ejemplares de la famosa cabra montés moviéndose con enorme facilidad entre las rocas,** pese a sus impresionantes cuernos, que a veces se acercan al metro de longitud. Al llegar a la Laguna Grande os daréis cuenta de que el esfuerzo ha merecido la pena para poder ver esta laguna, que tiene una profundidad de 30 metros y recoge las aguas del deshielo que llevan numerosos riachuelos. Cuando el agua sale de la laguna forma una preciosa catarata, y alrededor todo son altos picachos y peladas agujas de piedra con nombres como los **Hermanitos,** el **Morezón,** el **Risco Moreno...** enormes moles de roca, como el **Almanzor** y **La Galana,** donde se suele ver a los escaladores desafiando al miedo.

■ Por la cara norte de la Sierra transcurre el río Tormes, pasando junto a pueblos como ***Navacepeda,*** con algunos molinos en ruinas. Esta zona es muy rica en truchas, hasta el punto de que antiguamente se hizo famoso el oficio de «truchero», personaje que capturaba este pescado, que se considerado como un plato de lujo en la corte, y lo llevaba a Madrid en carretas cubiertas de hielo.

■ También al borde del Tormes se encuentra ***Barco de Ávila,*** un pueblo que conserva un bonito puente y parajes muy agradables junto al río. El Barco es muy conocido entre los mayores por sus famosas judías; pero además tiene un animado mercadillo, un hermoso castillo medieval y una entrada de la antigua muralla que se conoce con el nombre de **puerta del Ahorcado.** Este tétrico nombre se debe a una vieja historia que ocurrió siendo señor del castillo el Duque de Alba. En una ocasión tuvo que irse de viaje y dejó en su lugar a **un cruel alcaide que cometió todo tipo de injusticias,** vengándose de sus enemigos, cobrando impuestos exagerados e incluso abusando de las chicas. Cuando regresó el duque, los vecinos estaban tan furiosos que le contaron inmediatamente lo que el alcaide había hecho en su ausencia. El Duque hizo una investigación y, para que sirviera de escarmiento, **el tirano acabó colgado en esa puerta de la ciudad,** que desde entonces pasó a llamarse la «puerta del Ahorcado».

■ Al norte de la Sierra hay otros bonitos pueblos, como ***Piedrahita,*** que tiene una plaza Mayor muy animada, o ***Cebreros,*** en cuyas proximidades está **El Tiemblo** y los famosos **toros de Guisando,** cuatro figuras de gran

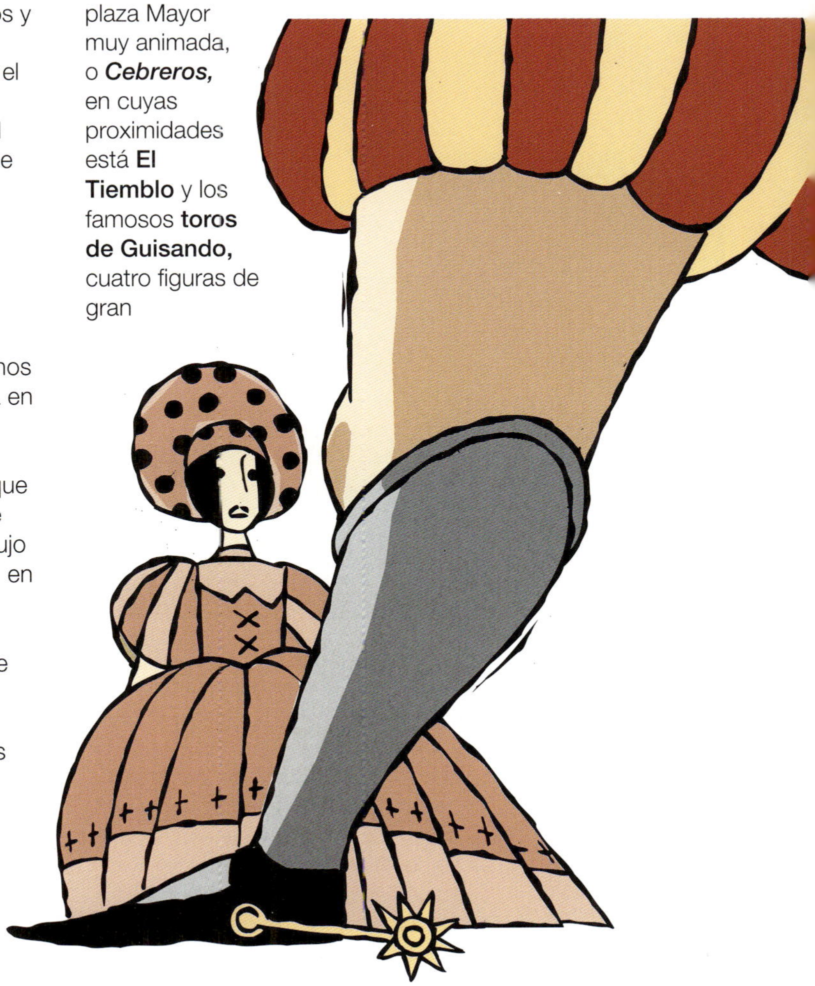

Arriba, Toros de Guisando.

Abajo, paisaje de Gredos.

tamaño, talladas en granito y colocadas en fila mirando en la misma dirección. Estas enigmáticas esculturas parece que fueron hechas por los vetones, una tribu celta que habitaba estas tierras hace más de dos mil años, y nunca se ha sabido con certeza si eran sus dioses o fueron puestos ahí **para asustar a los posibles enemigos de la tribu.**

Cerca de este lugar hay un monte con algunas **cuevas perforadas en la roca, que estuvieron ocupadas por ermitaños** durante la Edad Media. Según cuentan, aquellos hombres solitarios vivían pobremente, rezando y alimentándose como podían. Como daba la impresión de que no hacían nada de provecho, **la gente de los pueblos vecinos pensó que eran unos vagos redomados** y les hicieron la vida imposible para que se marcharan. Así fue, los ermitaños tuvieron que abandonar sus cuevas, pero tras una larga caminata pararon a descansar y se quedaron dormidos. Y hete aquí que todos tuvieron un mismo sueño en el que se les aparecía la Virgen, y, después de llamarles cobardes por huir, les pedía que volvieran y les aseguraba que pronto tendrían un monasterio donde vivir. Los ermitaños regresaron a sus cuevas con otra actitud, **se pusieron a trabajar y a cuidar enfermos** y así fueron aceptados por la gente, hasta el punto de que, gracias a las limosnas que recibieron, pudieron construir el monasterio.

■ El **valle del Tiétar,** que recorre la zona sur de la Sierra, tiene también muchos lugares que merecen una visita, como ***Arenas de San Pedro,*** donde se conserva el **castillo de la Triste Condesa,** así llamado porque en él vivió la viuda de un poderoso caballero medieval después de que éste muriera en el cadalso. Cerca de Arenas de San Pedro está la espectacular **Cueva del Águila,** con **un recorrido de kilómetro y medio entre caprichosas formaciones de piedra: el Nacimiento,** el **Ramo de Azahar,** el **Pórtico de la Gloria...** A pocos kilómetros del pueblo, en ***Poyales del Hoyo,*** también vale la pena que visitéis el **curioso Museo de la Miel,** donde veréis a través de unos cristales cómo se reproducen y cómo trabajan las abejas para elaborar este riquísimo alimento.

LA MONTAÑA PALENTINA

CUEVAS, CAPRICHOS GEOLÓGICOS Y UNA CIUDAD QUE HUELE A GALLETAS

Al norte de Palencia hay una región muy accidentada, con altos picachos, lagunas y riachuelos que llevan sus aguas hasta los ríos Carrión y Pisuerga. Esta zona, que incluye el parque natural de Fuentes Carrionas, es muy rica en caprichos de la naturaleza formados hace miles de años por la actividad de los glaciares, que dio origen a grandes cuevas subterráneas, o por la lenta erosión de la piedra, que formó el laberinto de Las Tuerces.

Hay poblaciones que huelen a tubo de escape, otras que están condenadas al humo pestilente de alguna industria y algunas que, sobre todo en invierno, huelen a chimenea y leña quemada. Pero ***Aguilar de Campoó*** es una ciudad **invadida por el apetitoso aroma dulzón de las galletas que se producen en sus famosas fábricas,** que veréis nada más llegar, sobre todo si subís al cerro del castillo, donde se encuentra la **ermita románica de Santa Cecilia,** con su torre torcida. Aguilar tiene también una agradable plaza Mayor, rodeada de soportales y casas acristaladas y presidida por la preciosa colegiata de San Miguel; además conserva algunas puertas de su antigua muralla y un conjunto de casas que se asoman al río Pisuerga.

Ciclo-rail sobre la vía del antiguo tren minero.

Ermita de San Vicente.

Las Tuerces.

A partir de Aguilar de Campoó hay muchas excursiones que merecen la pena. Hacia el sur, entre Mave y Valoria de Aguilar existe un paraje conocido como ***Las Tuerces,*** un **conjunto de piedras de formas increíbles que, talladas por el paso del tiempo, ha creado este fantástico laberinto.** La gente de los pueblos cercanos ha bautizado las piedras a su capricho: **La Tuta,** la **Peña Mesa,** los **Reyes Católicos...,** pero es mejor dejar volar la imaginación y, por ejemplo, descubrir aquí la garganta de un monstruo, allá un puño gigantesco y en lo alto un mar de piedra. Muy cerca de las Tuerces está el ***Cañón de la Horadada,*** un impresionante precipicio tallado por el río Pisuerga y, también, en las inmediaciones veréis **las fantasmagóricas ruinas del castillo de Gama.**

■ Otro lugar al que debéis acercaros es la ***Cueva de los Franceses,*** a la que se llega atravesando un páramo pelado y que, según parece, se conoce con este nombre porque durante la guerra de la Independencia aquí hubo una gran batalla contra las tropas de Napoleón y **en la cueva sirvió de fosa común para los soldados franceses.** Después de bajar unas escaleras, se entra en otro mundo fantástico, esta vez subterráneo, lleno de bosques de estalactitas y estalagmitas, columnas y pozos, muy bien iluminados. Durante el recorrido de las cuevas, que tiene medio kilómetro, os sorprenderá continuamente **el juego de luces, colores y sombras.** Cerca de la cueva está el **Mirador de Valcabado,** que se asoma a un gran precipicio y ofrece panorámicas impresionantes siempre que no haya un mar de niebla. A poca distancia está también ***Covalagua,*** un pequeño valle escondido, con cascadas y mucha vegetación, donde **quizá veáis a los ciervos cuando bajan a comer junto a un cercado.**

■ De camino hacia Cervera de Pisuerga, vale la pena bordear el gran ***embalse de Aguilar,*** donde se pueden practicar todo tipo de deportes náuticos, incluido el *windsurf,* y pasar por el barrio de Santa María, en el que os llamará la atención todo un **conjunto de árboles secos que sólo parecen servir para sostener decenas de nidos de cigüeñas.** Ya en ***Cervera de Pisuerga,*** merece una visita el **Museo Etnográfico,** en el que se muestra una curiosa colección de antiguos cacharros de cocina, herramientas tradicionales de distintos oficios, juegos y ropas de niños, viejas cámaras fotográficas y objetos de una antigua escuela.

Además, muy cerca de Cervera está la rara ***ermita de San Vicente,*** horadada en una roca

que **vista de lejos parece una calavera o un casco medieval** y que tiene cerca algunas tumbas talladas en la piedra. Y si os animáis a hacer una excursión divertida, no os perdáis el «ciclo-rail», un invento que permite **ir en bicicleta sobre los raíles de una antigua vía del tren minero.** Los paseos salen de la estación de Vado recorriendo trayectos de hasta siete kilómetros sin gran esfuerzo, aunque los más perezosos y los más chicos pueden viajar en un minitren de colores disfrutando del paisaje.

■ Desde Cervera hacia el norte se bordea el **embalse de Requejada,** que sepultó bajo las aguas el antiguo pueblo de **Vañes.** Luego pasaréis por el pequeño pueblo de ***San Salvador de Cantamuda,*** con una hermosa iglesia románica de un extraño color granate para, después, bordear la imponente **Peña Tremaya, donde se alzaba el castillo del legendario Conde Munio.** Cerca de aquí está el bonito pueblo de **Santa María de Redondo,** desde el que sale una agradable excursión a pie, cruzando antiguas minas de carbón hasta llegar a la ***cueva del Cobre,*** un llamativo rincón en el que nace el río Pisuerga entre grandes rocuedos.

También desde Cervera hay una preciosa escapada hasta el ***Parque Natural de Fuentes Carrionas*** por la llamada «ruta de los pantanos», que pasa por los **embalses de Ruesga, Camporredondo** y **Compuerto.** A lo largo del trayecto van apareciendo montes de gran altura, como el **Curavacas,** que mide más de 2.500 metros, así como algunos bosques de robles en los que, según cuentan, a veces **se oculta algún que otro oso.** Toda esta región es muy espectacular y tiene infinidad de posibilidades para hacer excursiones más o menos difíciles, como la que lleva hasta las **lagunas del Pozo de Curavacas** o las de **Fuentes Carrionas** –de un color verde intenso–, donde nace el río Carrión. En el apartado pueblo de ***Cardaño de Arriba*** hay también muchas rutas para quienes quieran subir montañas imitando a las cabras, así como **pistas donde es posible practicar esquí de travesía.**

El paisaje de la ruta de los pantanos.

Deportes acuáticos en Aguilar de Campoó.

BURGOS, LAS MERINDADES Y LA SIERRA DE LA DEMANDA

IGLESIAS EXCAVADAS EN LA ROCA, CABALLEROS MEDIEVALES Y CRIATURAS DE LA NOCHE

La ciudad y la provincia de Burgos están unidas a la figura del Cid, un caballero medieval rodeado por infinidad de leyendas, entre ellas la de que ganó una batalla después de morir, montado en su famoso caballo *Babieca.* Pero las tierras burgalesas ofrecen también la continua sorpresa de sus espacios naturales, como los estrechos cañones trazados por el Ebro, el espectacular salto del Nervión o las galerías que ha perforado el río Guareña, con cerca de 100 kilómetros de recorrido subterráneo.

Burgos es una agradable ciudad atravesada por el río Arlanzón y que tiene un casco antiguo al que se llega por el puente y el arco de Santa María, una puerta de la antigua muralla que más bien parece un pequeño castillo. Nada más cruzarlo veréis la catedral, un precioso y enorme templo con dos monumentales torres que terminan en finas agujas. Antes de entrar, acercaos a la puerta de los Apóstoles, donde hay un gran número de personajes y una escena en la que el arcángel San Miguel **pone en una balanza las almas de los muertos y, según lo que pesen las buenas y las malas obras, serán enviados al cielo o al infierno.** Dentro de la Catedral no debéis perderos la impresionante escalera Dorada, así como el tesoro, donde hay una bella carroza utilizada en las procesiones, y sobre todo **el popular Papamoscas, un extraño**

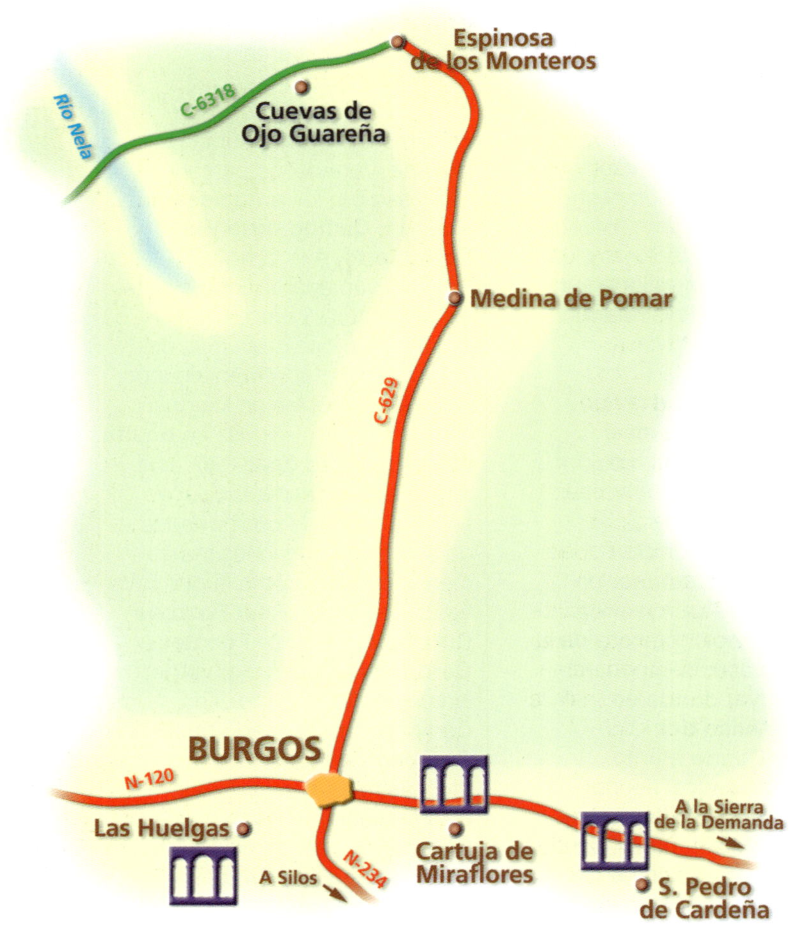

personaje que está vestido con una casaca roja y que, al golpear la campana de un reloj, abre y cierra la boca mientras hace muecas como si realmente intentara cazar alguna mosca que vuele cerca.

■ En las inmediaciones de la Catedral está la **iglesia de Santa Gadea,** donde cuentan que el Cid exigió al mismísimo rey Alfonso VI el juramento de que no había tenido nada que ver con el asesinato de Sancho II, el monarca que ocupaba el trono antes que él. El rey juró, pero **desde ese momento mostró una gran antipatía hacia el Cid y, más tarde, le condenó al destierro.** Después de esto, el famoso caballero se convirtió en una figura de leyenda que fue aumentando gracias a sus victorias contra los árabes, hasta el punto de que **era tenido como una mezcla de mago y superhombre,** capaz de estar en varias batallas a la vez y triunfar en todas ellas.

■ Entre los museos de Burgos, uno de los más interesantes es la colección de Prehistoria que se puede ver en la bonita casa Miranda, y que **incluye restos humanos anteriores al *Homo Sapiens* encontrados en el famosísimo yacimiento de Atapuerca.** Por último, si queréis pasar un rato en alguna de las zonas verdes de la ciudad, podéis acercaros al paseo del Espolón, con fuentes, estatuas y un elegante quiosco de música, al parque de la Isla o a los jardines del cerro del Castillo, con restos de una fortaleza y buenas vistas de la ciudad.

■ Alrededor de Burgos hay dos edificios de gran importancia. Uno es la ***Cartuja de Miraflores,*** donde están las tumbas de algunos reyes y que tiene cerca el frondoso parque de La Quinta. El otro es el ***monasterio de Las Huelgas,*** que debe su nombre a que antiguamente hubo en este lugar un palacio de recreo al que solían ir los reyes a «huelgar» (descansar, en castellano antiguo). Más tarde, cuando se convirtió en monasterio ingresaron en él muchas damas de la nobleza que se hicieron monjas; eso sí, un poco raras porque tenían su pequeña corte y sus criados, recibían visitas y hacían reuniones sociales. Como la corona fue haciendo regalos al monasterio, ahora tiene tesoros muy valiosos que podréis ver en su interior, donde **hay también un raro púlpito giratorio y varias tumbas.**

«Gigantones», en Burgos.

Arriba, Atapuerca.

Abajo, ermita de Ojo Guareña.

A pocos kilómetros de la ciudad está ***San Pedro de Cardeña,*** lugar de nacimiento del Cid, cuya tumba está en el gran **monasterio de San Pedro,** al lado de la de su esposa Jimena. Junto a uno de los árboles que rodean el edificio, también veréis **el lugar en el que fue enterrado *Babieca,* el inseparable caballo del Cid.** Y por si no fueran suficientes los recuerdos dedicados al personaje en este lugar, los monjes del monasterio preparan un licor que han bautizado con el nombre de ***Tizona,*** que era como se llamaba la enorme espada del legendario caballero.

■ Aunque la gente crea que Castilla tiene un paisaje seco y pelado, si os acercáis al norte de la provincia de Burgos os sorprenderá la abundancia de ríos y bosques de esta región que están al sur de la cordillera Cantábrica. La comarca se conoce como las ***Merindades,*** porque antiguamente estaba dividida en territorios y en cada uno de ellos gobernaba un «merino» nombrado por el rey. Por eso hay muchos pueblos, como **Espinosa de los Monteros** o **Medina de Pomar,** que conservan castillos y palacios de aquella época lejana en la que **la región parecía el escenario de un cuento de los caballeros del rey Arturo.**

Cerca de ***Espinosa de los Monteros*** es casi obligatorio visitar las **cuevas de Ojo Guareña,** uno de los complejos kársticos mayores del mundo, formado por una **sucesión continua de lagos, cuevas y ríos subterráneos con un centenar de kilómetros de recorrido.** Aunque a este fantástico mundo escondido sólo pueden llegar los espeleólogos más aventureros, es posible recorrer la monumental **cueva Palomera** en compañía de guías expertos y asomaros al Ojo, **donde el Guareña desaparece como si se lo tragara la tierra.** Además, en este lugar hay unos grandes precipicios, y en uno de ellos está la sorprendente **ermita de San Bernabé,** perforada en la roca, así como una sala en la que se reunían los vecinos de la zona para tomar sus decisiones.

■ A poca distancia de Ojo Guareña se encuentra un misterioso paraje conocido como las ***Canales de Dulla,*** donde hay toda una serie de profundos cañones trazados por el río Nela, que ha excavado un curiosísimo puente de piedra en el pueblo de ***Puentedey.*** Cerca está el barranco de la Mea, cubierto de vegetación y con una bonita cascada. **También veréis espectaculares precipicios en todo el recorrido del Ebro** por el norte de la provincia, que pasa por parajes muy sorprendentes, como el **Pozo Azul,** cerca del pueblo de **Covanera,** los **desfiladeros de las Palancas** y los **Tornos de Tudanca,** la **garganta de los Hocinos** y el **cañón de la**

Horadada, éste último en los escondidos **montes Obarenes.** En esta zona hay algunos pueblecitos que están en sitios preciosos y conservan grandes casas solariegas y **castillos como el de Frías, que se levanta sobre una enorme roca como si aún vigilara toda la comarca.**

■ Aunque está en un rincón muy apartado, junto a la provincia de Álava, debéis convencer a los mayores de que hay que ir al **monte de Santiago,** un paisaje cubierto de frondosos hayedos donde está el altísimo ***salto del Nervión.*** La cascada, verdederamente espectacular, tiene forma de cola de caballo y **una caída de 300 metros que puede ser contemplada desde un mirador de vértigo.** En el bosque de hayas, podéis ver también restos de una antiquísima trampa para cazar lobos, que consistía en unas largas paredes de piedra por las que, una vez entraba el animal, era conducido hasta un gran foso donde se le mataba.

Por si no hubiera suficientes zonas montañosas en la provincia de Burgos, todavía está la gran ***Sierra de la Demanda,*** que comparte con Soria y en la que **abundan las lagunas de origen glaciar,** sobre todo alrededor del pueblo de **Neila.** Buena parte de la Sierra está cubierta por auténticas selvas de pinares, robles y hayas, donde se esconden numerosos animales: ciervos, gatos monteses, corzos y algún que otro lobo. De todos ellos, sin duda el más misterioso es la *paparrasolla,* sobre la que quizás os cuenten alguna historia en los pueblos de la zona. Para que os hagáis una idea, **la paparrasolla es una mezcla de ave y mujer que suele ocultarse en los campanarios de las iglesias** y que sale por la noche a capturar niños caprichosos, por cuya carne siente especial debilidad. Si pasáis junto a alguna iglesia, fijaos bien si hay un ventanuco en la torre, porque por ahí sale la paparrasolla para empezar su caza nocturna, mientras **lanza unos gritos que ponen la piel de gallina.**

■ Como seguramente visitaréis el bonito **monasterio de Santo Domingo de Silos,** mundialmente famoso por los discos de música gregoriana que han grabado sus monjes, aprovechad la ocasión para que os lleven al ***desfiladero de la Yecla,*** una **estrechísima garganta en la que apenas se filtra la luz del sol** y que puede ser recorrida a pie gracias a una serie de puentes y pasarelas. ¡Veréis que merece la pena!

SEGOVIA Y LAS HOCES DEL DURATÓN

MARIONETAS, JARDINES FANTÁSTICOS Y BUITRES LEONADOS

Segovia es famosa por su antiquísimo acueducto, construido por los romanos, aunque muchos aseguran que es obra del diablo. Además, hay muchos otros edificios de leyenda, y antes de la llegada del verano, sus calles y plazas se animan año tras año con espectáculos de títeres de todo el mundo. Cerca de Segovia hay hermosos palacios con jardines y ciervos en libertad, así como ciudades medievales y un parque natural, el de las Hoces del Duratón, en el que sobrevuelan continuamente grandes bandadas de buitres.

El acueducto es el principal símbolo de ***Segovia,*** y fue construido por los romanos hace dos mil años para llevar el agua desde la cercana sierra hasta el centro de la ciudad. Teniendo en cuenta que entonces no había grúas ni las máquinas que se utilizan ahora para construir edificios, es una obra sorprendente ya que supera los treinta metros de altura; además, **está hecha sin ningún tipo de argamasa que una sus enormes bloques de piedra.**

Por eso cuenta la leyenda que no pudo ser realizada por el hombre, sino por el mismísimo diablo, que en una ocasión se presentó a una muchacha que se quejaba amargamente porque no podía ir al baile hasta que no llenara sus cántaros en la fuente. El diablo, en plan zalamero, **le prometió llevar**

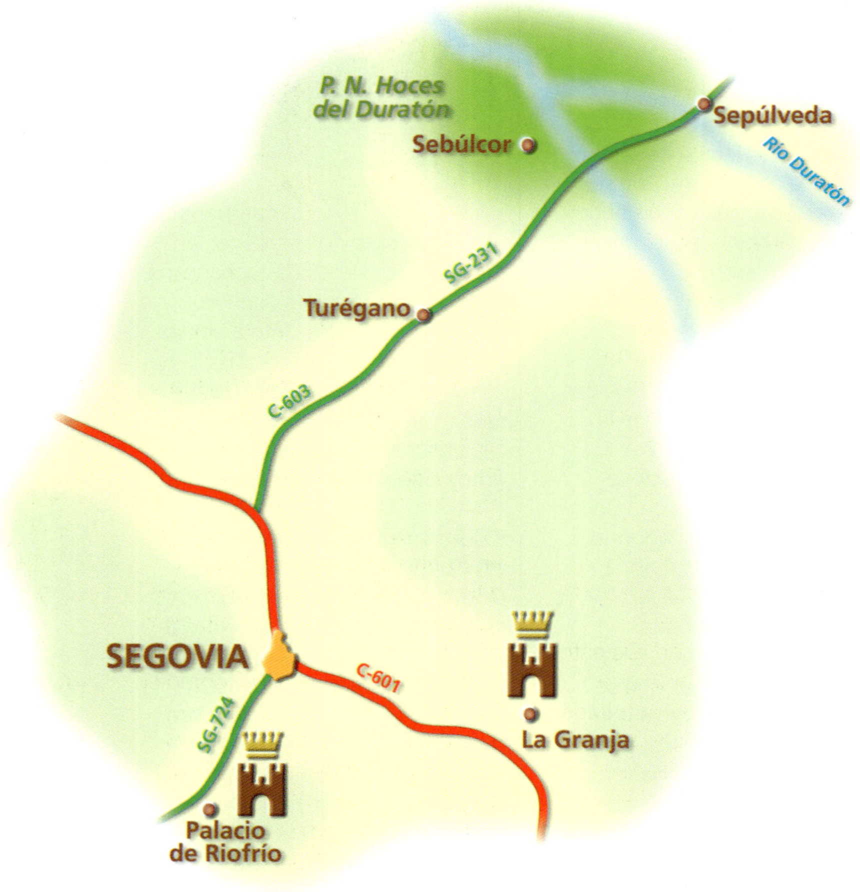

el agua antes de la mañana siguiente si ella le entregaba su alma. La chica aceptó, pero cuando estaba en el baile se arrepintió y se puso a llorar desconsoladamente. Mientras, el diablo fue construyendo a toda prisa el acueducto, pero **cuando sólo le faltaba una piedra por poner salió el primer rayo de sol** y, muy enfadado, tuvo que irse sin conseguir el alma de la muchacha. En el lugar que debió ocupar aquella última piedra, ahora podéis ver una imagen de la Virgen en lo alto de los arcos centrales.

■ Bajo el acueducto se encuentra la plaza del Azoguejo, una de las más simpáticas de Segovia, que conduce **al barrio de San Millán, conocido antiguamente como el «barrio de las brujas»,** y también a la plaza Mayor, pasando junto a la curiosa «casa de los picos», así llamada por su fachada llena de puntas. La plaza Mayor, rodeada de soportales, con animadas terrazas, buenas pastelerías y un quiosco de música, es también **uno de los principales escenarios del «Festival Titirimundi»,** que se celebra todos los años entre mayo y junio, y permite ver en plena calle actuaciones de marionetas llegadas de los países más remotos.

■ Junto a la plaza se levanta la Catedral, conocida como «la dama rosa» porque al amanecer su piedra tiene esa tonalidad. De este precioso templo se cuenta que **está unido –mediante pasadizos subterráneos– al alcázar,** situado en uno de los extremos de la ciudad. Dentro de la Catedral seguramente os llamarán la atención los reflejos de distintos colores que producen sus vidrieras; y también debéis fijaros en su enorme torre, con un campanario al que sólo se llega con un permiso especial y después de subir más de 400 escalones. Hasta hace pocos años las campanas se tocaban a mano, y **el campanero vivía allá en lo alto con toda su familia e incluso con algunos animales de granja,** como gallinas y cerdos, para no tener que subir y bajar todos los días. Más tarde, como el toque de las campanas se hizo mediante máquinas, la torre quedó deshabitada y hoy sólo la utilizan los pájaros y cigüeñas, que se suelen posar a cientos sobre los pináculos y se quedan ahí, como estatuas.

«El diablo comenzó el acueducto, pero no pudo terminarlo.»

Arriba izquierda, Sepultura de un caballero templario, en la Vera Cruz.

Arriba derecha, Fuente de La Granja

Enrique II «el Doliente», en el Alcázar.

■ Desde la Catedral se llega al Alcázar, precedido por unos bonitos jardines con estupendas vistas y, también, **una alta torre a la que se sube por una escalera de caracol** que, sobre todo al bajar, produce cierto mareo. A simple vista, el Alcázar parece un palacio de cuento, y de hecho fue el escenario de algunas historias trágicas como la de aquel infante que se escapó de los brazos de su nodriza y **cayó al vacío por una de las ventanas que dan al precipicio.** Además, la construcción sufrió varios incendios y la visita del fantasma de un caballero medieval, Álvaro de Luna, que después de que fuera decapitado por orden del rey, se presentó ante el monarca en una de la salas de este palacio. ¡Imaginaos el susto!

Otro de los lugares mágicos de Segovia es la ***iglesia de la Vera Cruz,*** que está a las afueras y se ve perfectamente desde los jardines del Alcázar. Fue levantada por los enigmáticos caballeros templarios, que le dieron su curiosa forma, casi circular, y construyeron en su interior un templete que reproduce el Santo Sepulcro donde enterraron a Jesucristo. Si os animáis a entrar, poneos bajo ese templete y comprobaréis que se producen raros fenómenos acústicos. Justo a la entrada de la iglesia **hay una piedra con una cruz tallada, que indica la sepultura de un caballero templario.** La leyenda cuenta que, en tiempos de guerra, le mataron ahí mismo cuando intentaba refugiarse en la iglesia. Como no fue posible enterrarlo, se lo comieron los grajos, y **desde entonces cayó una extraña maldición sobre esos pájaros,** que nunca pudieron volver a acercarse al templo.

■ Muy cerca de Segovia está el palacio y los jardines de ***La Granja,*** que fueron construidos como lugar de recreo de los reyes y que os llamarán la atención por sus árboles centenarios, entre ellos algunas secuoyas gigantescas que se alzan a la entrada del palacio. Pero, además, los jardines son famosos por **sus vistosas fuentes, adornadas con ninfas, monstruos y unas extrañas criaturas, mitad personas y mitad ranas.** Ver estas fuentes en funcionamiento es un verdadero espectáculo, sobre todo en pleno mes de agosto, durante las fiestas de San Luis, cuando los chicos y chicas del pueblo se lanzan al agua en medio de un gran alboroto. En el crudo invierno, si ha nevado o hace mucho frío, también vale la pena visitar estos jardines porque entonces **las fuentes se quedan congeladas y se llenan de cascadas y carámbanos de hielo.**

Además, en La Granja está la famosa Real Fábrica de Cristales, donde podréis ver un interesante museo y conocer en directo el proceso de elaboración del vidrio.

■ También en las inmediaciones de Segovia está el ***Palacio de Riofrío,*** que se construyó como refugio de caza para los reyes y conserva algunos animales disecados. Afortunadamente, en la preciosa finca que rodea el palacio y que se puede cruzar en coche, ahora **da gusto ver a los ciervos y los gamos corriendo libremente.**

Uno de los paisajes más sorprendentes de la provincia es el ***Parque Natural de las Hoces del Duratón,*** al que se llega desde la villa medieval de ***Sepúlveda.*** A partir de esta bonita ciudad se puede hacer un recorrido a pie desde una antigua fábrica de luz cubierta de vegetación, yendo por **un camino que bordea el río entre grandes paredes verticales.** En este paseo veréis continuamente a los buitres que sobrevuelan los precipicios, como si vigilaran su territorio cada vez que aparece un intruso.

■ Aunque parezca increíble, este paisaje tan inhóspito, formado por profundos cañones y por el cauce del río –que discurre lentamente–, fue considerado como un sitio sagrado en la antigüedad. Por eso abundan las cuevas con pinturas rupestres, generalmente abiertas en los precipicios y en lugares a los que no se puede llegar. Incluso en la Edad Media siguió siendo un lugar un poco mágico en el que vivían retirados muchos ermitaños dedicados a la oración, sobre todo **cuando se acercaba el año 1000 y la gente estaba convencida de que se iba a acabar el mundo.** Si recorréis con detenimiento el parque natural, veréis los restos de varias ermitas, como la de San Julián, la Cueva de los Siete Altares o el convento de San Frutos, que además está en uno de los rincones más visitados y espectaculares, con precipicios de 100 metros de altura.

■ La excursión más emocionante es la que lleva a las misteriosas ruinas del ***convento de la Hoz,*** cerca del pueblo de ***Sebúlcor.*** Sólo se pueden visitar cuando se acerca el verano y baja el nivel del río, porque entonces **queda al descubierto un pequeño sendero al borde del agua y se puede llegar hasta el mismo convento.** Pero incluso visto desde lo alto, impresiona bastante su aspecto un poco fantasmagórico y la soledad del paraje, formado por una de las zonas más angostas y profundas del río. Imaginaos además cómo era este lugar cuando no había embalses que frenaran la fuerza del agua y ésta corría con tanta bravura que el ruido no permitía dormir a los monjes del convento. Ahora el río fluye con calma, hasta el punto de que **es posible recorrerlo en piragua tranquilamente.**

Hoz del río Duratón.

LOS PICOS DE URBIÓN Y EL CAÑÓN DEL RÍO LOBOS

LAGOS SIN FONDO, BOSQUES IMPENETRABLES Y ERMITAS MÁGICAS

En la provincia de Soria hay zonas casi desérticas, con muchos pueblos abandonados. Pero también hay regiones de una vegetación exuberante, bosques de sabinas y pinares como los de los Picos de Urbión. En el interior de estos picos se esconde la Laguna Negra, una especie de pozo oscuro y sin fondo. El agua abunda en esta zona montañosa, donde nace el Duero y muchos riachuelos, que luego formarán angostos cañones como el del río Lobos, un misterioso paraje declarado Parque Natural.

La ciudad de ***Soria*** es famosa por sus bonitas iglesias románicas y por sus agradables paseos a orillas del Duero, donde se alza la ermita de San Saturio, que inspiró algunos poemas de Antonio Machado. No lejos del río, sobre un cerro, está la ermita del Mirón, con espectaculares vistas de la ciudad, incluyendo los **restos de la muralla medieval** y el cerro sobre el que se alzaba el castillo, del que sólo se conserva la torre del homenaje y el enorme aljibe, convertido en piscina.

Para haceros una idea de cómo vivían los antiguos pobladores de la provincia, podéis acercaros al Museo Numantino, donde también se exhiben algunos de los restos encontrados en ***Numancia.*** Esta antigua ciudad, que está a unos siete kilómetros de Soria, fue la **protagonista de un terrible**

asedio por parte del ejército romano de Escipión. Después de resistir más de un año rodeados por 50.000 soldados, cuando Numancia ya estaba perdida, los últimos vecinos que habían sobrevivido al hambre y a las enfermedades decidieron, antes de entregarse al enemigo, **quemar la ciudad con ellos dentro.** Merece la pena que visitéis las ruinas, donde se distinguen las calles y la llamada casa de las Columnas, y que imagineis el durísimo asedio que sufrió esta ciudad y la rebeldía de sus habitantes frente a un ejército muy superior.

■ A pocos kilómetros de Soria, una carretera lleva hasta el pueblo de **Cidones,** bordeando los espectaculares precipicios de la Sierra de Cabrejas. Muy cerca está el ***pantano de la Cuerda del Pozo,*** un enorme embalse en el que se pueden practicar deportes náuticos y que cuenta también con zonas de baño. Si pasáis cerca del pantano en una época en la que esté un poco bajo de nivel, **os sorprenderá ver asomar el campanario de una iglesia.** No os asustéis porque no es un espejismo, son los restos de un pueblo llamado **Muedra** que quedó sepultado bajo las aguas.

A partir del pueblo de **Vinuesa,** también muy próximo al pantano, se puede realizar una bonita excursión por las laderas de los **Picos de Urbión,** atravesando grandes bosques de pinar, hasta llegar a los 1.700 metros de altitud. Desde lo alto veréis la famosa ***Laguna Negra,*** una especie de **cráter de volcán con paredes verticales de roca oscura.** La tonalidad de la piedra y los pinos negros que rodean el cráter han dado su nombre a la laguna que, según cuentan, **no tiene fondo y engulle para siempre todo lo que cae en ella.** Antonio Machado conocía bien esta laguna y contó la historia de unos asesinos que arrojaron en ella el cuerpo de su víctima para que nunca fuera encontrado y no pudieran ser culpados por su crimen.

Ermita de San Saturio, a orillas del río Duero, Soria.

■ Otra curiosa ruta es la que bordea las gargantas del Duero hasta llegar a **Covaleda,** y más tarde a ***Duruelo de la Sierra,*** que tiene una **iglesia con sarcófagos excavados en la roca.** En Covaleda y

Arriba izquierda, ermita de San Bartolomé.

Arriba derecha, Laguna Negra.

Abajo, detalle de Calatañazor.

Duruelo hay pistas forestales que llevan hasta el **nacimiento del Duero,** cerca de la laguna Larga y en una zona cubierta de bosques en los que se esconden lobos, jabalíes, ciervos y muchas aves rapaces.

■ Al sur del embalse de la Cuerda del Pozo está ***Calatañazor,*** encaramado en un monte que cae en picado sobre el río Abión. En la Edad Media, las tierras que rodean este pueblo fueron **el escenario de la última batalla del sultán árabe Almanzor contra las tropas cristianas.** Almanzor fue derrotado en aquel encontronazo y murió al día siguiente, cerca de Medinaceli, dando origen a la expresión popular: «En Calatañazor, donde Almanzor perdió su tambor».

■ Si os acercáis al pueblo veréis pintorescas calles con suelo de empedrado, caserones de paredes inclinadas que parecen mantenerse en pie a duras penas y una **plaza en la que está el rollo de justicia, donde los reos permanecían atados, como escarmiento, para que los viera todo el mundo.** También merece la pena acercarse al castillo, cuyas ruinas se levantan al mismo borde de un precipicio, y que conserva en sus alrededores sepulturas excavadas en la roca con forma de cuerpo humano. Muy cerca del pueblo podéis hacer una escapada hasta un extenso **bosque de sabinas,** o llegar al pueblo de ***Muriel de la Fuente,*** donde nace el río Abión en un **precioso paraje conocido como «La Fuentona».**

No os vayáis de Soria sin visitar el ***Cañón del río Lobos,*** una profunda garganta horadada por este río que **serpentea a lo largo de veinte kilómetros formando cuevas, barrancos y fuentes.** A la entrada del cañón está el pueblo de **Ucero,** pesidido por su castillo medieval. Otro estupendo mirador es el de **La Galiana,** que se encuentra en lo alto de las hoces.

■ Muy cerca está el Centro de Interpretación del Parque Natural, donde podréis conocer su fauna, su vegetación y los recorridos que se pueden hacer. Uno de los más sencillos lleva a la ermita de San Bartolomé, misteriosa construcción de los templarios, erigida aquí por considerarlo un lugar mágico. Muy cerca, en una de las paredes de la garganta, se abre una gran cueva, y **alrededor de la ermita veréis los troncos secos de unos olmos centenarios, que murieron atacados por una terrible enfermedad.** El lugar impresiona bastante y, aunque durante el día está muy animado, os lo podéis imaginar de noche, cuando el silencio es casi absoluto y de repente se oye el tañido de las campanas que, según dicen, suenan aunque no corra ni una brizna de aire.

OTROS DESTINOS DE INTERÉS

■ La provincia de Valladolid, la más llana de Castilla, es famosa por sus grandes extensiones de cereal que, a veces, cuando sopla el aire, hace que las espigas se muevan como si fueran un mar de oro. Este paisaje ha dado nombre a la ***Tierra de Campos,*** donde veréis **muchas construcciones típicas, como palomares,** bodegas excavadas en el suelo o pueblos construidos con adobe, una mezcla de barro y paja. Uno de estos pueblos es ***Tordehumos,*** que tiene un ecomuseo instalado en una antigua casa de labranza, con su cocina, sus utensilios para el campo o para el uso doméstico y numerosos objetos empleados en los distintos oficios: carpintero, herrero, albañil… Incluso **podréis ver cómo trabajaban los curanderos, aquellos hombres y mujeres, mitad médicos, mitad brujos,** que utilizaban plantas y ungüentos para sanar a la gente.

■ Cerca de Tordehumos está ***Urueña,*** encaramado en un cerro y rodeado de una muralla que se puede recorrer por el paseo de ronda y os permitirá haceros una idea del paisaje de estas tierras, con infinidad de tonalidades. El recinto de las murallas también conserva varias puertas y torreones, y en su interior hay muchas casonas nobles, un aula de arqueología con maquetas de la zona, **un museo de las Campanas** y un museo etnográfico creado por el cantante Joaquín Díaz, que ha recogido trajes, instrumentos musicales y muchas curiosidades de la región.

Cerca de Valladolid capital, en ***Matapozuelos,*** se ha creado un sorprendente parque de la Naturaleza aprovechando **una gran extensión con lagos, cascadas, praderas y arbolado, que reúne animales de los cinco continentes.** A lo largo de los cuatro kilómetros de caminos, podréis pasear entre aves exóticas, búfalos, hipopótamos, tigres, gacelas, elefantes, jirafas y muchos otros animales, cada uno con su propio territorio y sin jaulas. Como es un lugar pensado para que paséis el día, tampoco falta un restaurante y una Escuela de la Naturaleza en la que podréis aprender algo más sobre las especies de este bonito parque.

■ Para observar aves en total libertad, merece la pena que os acerquéis a las ***lagunas de Villafáfila,*** en Zamora, que reúne la mayor población de avutardas de todo el mundo. Además de estas hermosas aves de gran tamaño, también se pueden ver abundantes patos y otros pájaros, como grullas, cigüeñas negras o alcaravanes, que utilizan estas lagunas como refugio. **Conviene que llevéis prismáticos y que os acerquéis a las lagunas al atardecer,** cuando se pueden ver las bandadas que regresan a sus nidos.

■ Si sois aficionados a aventuraros en el mundo subterráneo, debéis saber que en los **Montes de León**

Avutarda en Villafáfila.

Práctica del «parapente» en tierras castellanas.

Abajo, palomar en Tierra de Campos.

Arriba, cuevas de Valporquero, León.

Abajo, reproducción de un dinosaurio en Villar del Río, Soria.

se encuentran las famosas ***cuevas de Valporquero,*** con cámaras o salas de varios kilómetros de recorrido con galerías, riachuelos, cañones, chimeneas, pozos y cascadas, así como peligrosos desfiladeros y fantásticas formaciones de estalactitas y estalagmitas. Además, no lejos de las cuevas están las ***hoces de Vegacervera,*** un profundo cañón tallado por el cauce del Torío, así como la **ermita de San Froilán,** a la que **se llega tras subir 180 peldaños excavados en la roca.**

■ Otras cuevas famosas en la comunidad castellano-leonesa son las de los ***Enebralejos,*** cerca del pueblo segoviano de **Prádena.** En su interior, podréis daros un paseo de casi un kilómetro, donde también iréis descubriendo muchas formas curiosas con tonos sorprendentes que han ido creando distintos minerales al mezclarse. Si la visita se hace **durante la primavera, también se puede ver un río subterráneo** que baja desde la sierra con agua de deshielo y forma una llamativa cascada, con una variada gama de colores que van desde el naranja al marrón, pasando por el azul y el verde.

En tierras de Soria y en medio de un paisaje de lo más solitario, están las sorprendentes ***ruinas de Tiermes,*** villa prehistórica que ya existía en tiempos de los arévacos, **un belicoso pueblo celta que –al igual que la aldea de Astérix– trajo de cabeza a los romanos,** que sólo pudieron conquistar este lugar aprovechando un descuido de sus habitantes. Entre los restos aún se pueden ver un acueducto, parte de las torres y las murallas y varias casas medio excavadas en la roca a las que sus habitantes entraban descolgándose por cuerdas.

■ También en la provincia de Soria **hay un rincón destinado a los aficionados a los dinosaurios** en los pueblos de ***Villar del Río, Bretún*** y ***Santa Cruz de Yanguas,*** donde hay grandes reproducciones de estos animales de la antigüedad. Desde el pueblo de Bretún, podréis seguir algunas rutas donde están indicadas las huellas, que se ven con claridad en el camino que sube hasta **Santa Cruz de Yanguas,** sobre todo en los **barrancos de las Cuestas y de Prado Caído.**

Antiguamente, cuando los habitantes de esta zona no sabían nada de dinosaurios, se divulgó una leyenda que explicaba la presencia de esas enormes huellas. Como la mayoría de ellas tenían tres dedos acabados en punta, sin duda debieron pertenecer a **unas gallinas que habían alcanzado un tamaño descomunal porque eran alimentadas por las brujas.** Al ser tan grandes, las gallinas picoteaban los sembrados y acababan con las cosechas, así que los vecinos decidieron matarlas y, después de adobar su carne para que no se estropeara, cuentan que tuvieron comida para muchos años.

INFORMACIÓN PRÁCTICA

PARQUES TEMÁTICOS

Arquitectura mudéjar. En Olmedo, Valladolid. Brinda un recorrido al aire libre entre maquetas a escala de edificios de este estilo. Abierto todos los días, excepto los lunes, ✆ 983 623 222.

Parque Medieval. En la villa segoviana de Cuéllar. Se reproduce un nevero y otros elementos de la vida cotidiana de la época. ✆ 921 142 203.

ZOOLÓGICOS, JARDINES Y PARQUES NATURALES

Parque de la naturaleza de Matapozuelos. En Valladolid. Es el gran zoo de Castilla y León. Abierto todos los días, ✆ 983 832 759.

Jardines del palacio de la Granja. En Segovia. Abierto todos los días, ✆ 921 470 019.

Jardín botánico de La Victoria. Cerca de Valladolid. Recoge variedades muy representativas de la Comunidad. ✆ 983 344 013.

Parque Histórico de El Bosque. En la villa salmantina de Béjar. ✆ 923 400 115.

En cuanto a los espacios protegidos, en su mayoría disponen de centros de recepción para informarse al detalle sobre los posibles recorridos y los animales y plantas más característicos.

Parque Natural de las Hoces del Duratón. Cerca de la localidad segoviana de Sepúlveda. ✆ 921 540 586.

Cañón del Río Lobos. Próximo al pueblo soriano de Ucero. ✆ 975 363 564.

Parque Natural del Lago de Sanabria. En Zamora, cuyo centro de visitantes está en San Martín de Castañeda. ✆ 980 622 063.

Laguna de Villafáfila. Zamora. ✆ 980 586 046.

Las Médulas. En la comarca leonesa de El Bierzo. ✆ 987 423 551.

MONUMENTOS Y MUSEOS CURIOSOS

Yacimiento arqueológico de Tiermes. En Soria. Abierto todos los días, excepto los lunes, ✆ 975 221 397. Ofrece una atractivo viaje a la prehistoria.

Castillo de Cuéllar. En Segovia. ✆ 921 142 315. Para descubrir cómo se vivía en la Edad Media: organiza visitas teatralizadas.

Museo del Bierzo. En Ponferrada Abierto todos los días, excepto los lunes, ✆ 987 414 141.

Casa de la Ribera. En la localidad vallisoletana de Peñafiel. ✆ 983 881 526.

Las viejas tradiciones rurales se recuerdan en algunas pequeñas colecciones:

Museo Etnográfico Piedad Isla. En el pueblo palentino de Cervera de Pisuerga. Abierto en Semana Santa y verano, ✆ 979 870 759.

Ecomuseo de Tordehumos. En este pueblo de la provincia de Valladolid. ✆ 983 714 586.

Centro de la Naturaleza de Matallana. En la provincia de Valladolid. ✆ 983 427 100.

Museo de la Miel. En la localidad abulense de Poyales del Hoyo. Abierto todos los días, ✆ 920 390 213.

Tampoco está de más evocar la importancia de la minería en el norte de Castilla y León, donde hay dos interesantes exposiciones:

Centro de Interpretación de la Minería de Barruelo de Santullán, Palencia. Abierto todos los días, excepto los lunes, ✆ 979 607 294.

Ferrería de San Blas. En el pueblo leonés de Sabero. Abierto todos los días en verano y de lunes a viernes el resto del año, ✆ 987 703 122.

Museo de tallas y maquetas móviles. En la villa palentina de Aguilar de Campoo. Reproduce antiguas construcciones como un molino harinero, una ferrería o una esclusa del Canal de Castilla. Abierto todos los días en verano, ✆ 979 122 831.

EXCURSIONES EMOCIONANTES

Hay **cuevas** para todos los gustos, repartidas por las diferentes provincias.

Cueva de Valporquero, en León. Abierto en verano y los fines de semana el resto del año, ✆ 987 292 243.

Cueva de Los Franceses, en el pueblo palentino de Revilla de Pomar. Abierta todos los días, excepto los lunes y en invierno.

Cueva de Los Enebralejos en Prádena, Segovia. Abierta todos los días, excepto los lunes, ✆ 921 127 142.

Cueva del Águila en Arenas de San Pedro, Ávila. Abierta todos los días, ✆ 920 377 107.

ACTIVIDADES

Trayectos en un **barco acristalado** por Los Arribes, aprovechando que el Duero está muy tranquilo en esta comarca zamorana. ✆ 980 511 053.

Recorridos en **canoa** por las mansas aguas del Duratón. Segovia. ✆ 921 522 150 y 921 521 727.

También en Segovia, clases de **equitación y rutas a caballo:** ✆ 921 125 114 y 921 557 793.

Otra actividad divertida es el **ciclo-rail,** con salidas de Cervera de Pisuerga, Palencia. ✆ 979 870 771.

ALOJAMIENTOS

Centro de turismo rural La Casa Grande. Provincia de Burgos, en el precioso valle de Valdivielso. Ofrece abundantes actividades en la zona, incluyendo un *rocódromo* para aprender escalada. ✆ 947 303 096.

Posada Molino del Canto. Provincia de Burgos. Instalaciones de un molino harinero. ✆ 947 571 368.

Casa de las Campanas. Palencia. Centro de turismo rural que organiza rutas y tiene una excelente colección de *tebeos.* ✆ 979 120 118.

Albergue de Serrilla. León. Ofrece talleres de teatro y cursos de todo tipo. ✆ 987 578 384.

Hostería Cuca la Vaina **. Organiza rutas a caballo por La Maragatería. ✆ 987 691 078.

La Alquería de Mámoles. En la comarca zamorana de Los Arribes. Paseos en burro. ✆ 980 564 391.

Centro de turismo rural de Aliste y Sayago. Enseña piragüismo. ✆ 980 554 696.

El Agapio. En el pueblo vallisoletano de Olivares del Duero. Ofrece paseos en carro. ✆ 983 680 495.

El Rincón de Urbano. En Segovia. Tiene actividades destinadas a huéspedes infantiles. También paseos en carro. ✆ 921 504 090.

CATALUÑA

EN TIERRA, CIUDADES CON CASAS DE COLORES, BOSQUES QUE CUBREN UN CRÁTER VOLCÁNICO, FANTÁSTICOS PARQUES DE ATRACCIONES Y ALGÚN PERSONAJE SINIESTRO QUE DISFRUTA ROBANDO LOS SUEÑOS. EN EL MAR, ISLOTES DE GAVIOTAS Y PALACIOS SUMERGIDOS DE CORAL.

Girona y la Costa Brava.

Tarragona y el Delta del Ebro.

VALLE DE ARÁN

EL REINO DE LAS NIEVES

El valle de Arán, al que se llega atravesando un larguísimo túnel y que se esconde en lo más profundo del Pirineo leridano, hoy es famoso por sus pistas de esquí y por sus excelentes instalaciones deportivas, conocidas en toda Europa. Pero durante muchos siglos fue una especie de islote, un país incomunicado que tenía sus propias costumbres y su lengua, el aranés, que aún se habla en los pueblos de la zona. Todo el valle, recorrido por el río Garona, está salpicado de pequeños pueblos con tejados de pizarra y bonitas iglesias de torres afiladas, que hacen pensar en un cuento navideño.

La capital del valle se llama ***Vielha,*** y es una ciudad llena de bullicio, con muchas tiendas, algunas de ellas curiosas. La parte más antigua la atraviesa el río Nere, que se puede cruzar por varios puentes, y conserva viejos caserones de piedra entre los que merece la pena que os acerquéis a la **Tor deth Generau Martinhon,** un torreón medieval en el que se encuentra el **Museo del Valle de Arán.** En su interior podréis ver una preciosa colección, que incluye **una maqueta del valle** y numerosos paneles sobre su paisaje, su historia y el nacimiento de su lengua, además de objetos y prendas de vestir que os permitirán haceros una idea de cómo vivía la gente, incluyendo **la reconstrucción de una cocina, con sus utensilios para hacer mantequilla, chocolate y otros alimentos** que antes se preparaban artesanalmente en las casas.

■ A las afueras de Vielha otro de los lugares en los que podréis pasar un buen rato es el **Palai de Gèu** (palacio de hielo), un moderno edificio con piscinas climatizadas, tiendas y **una gigantesca pista de patinaje,** donde se pueden alquilar patines de cuchilla o recibir cursos para aprender a deslizarse sobre el hielo. También a las afueras, en la carretera que lleva a Francia y poco después de cruzar el río Garona, podréis ver a mano derecha la **Pèira de Mijaran,** un menhir de más de dos metros de altura que marca el centro exacto del valle y en el que, según la tradición, se reunían las autoridades del valle cuando tenían que tomar decisiones importantes.

A partir de Vielha, una excursión muy agradable es la que lleva hasta la **Bassa d´Oles,** un lago de alta montaña al que se accede por una pista que al principio está asfaltada, pero que luego es de tierra y algo difícil. El camino puede que se os haga un poco largo pero merece la pena porque se pueden ir viendo muchos pueblecitos: ***Vilac, Mont, Betlan, Montcorbau, Vila...,*** que se asoman desde las alturas, al otro lado del valle. Cuando lleguéis a la Bassa, os encontraréis con un **encantador lago rodeado de arbolado,** donde también hay paseos y sitios para hacer un pic-nic o para pasar el rato a la orilla misma del agua. No muy lejos, es muy recomendable que hagáis una escapada al precioso bosque de abetos de **Baricauba,** donde también hay zonas recreativas.

■ La carretera que lleva a la frontera francesa pasa por algunos pueblos muy simpáticos, como ***Bossòst,*** que está a orillas del Garona y comunica a través de una carretera de montaña con la elegante ciudad francesa de **Bagnères de Luchon,** famosa por sus balnearios. En Bossòst, igual que en el cercano pueblo de ***Lès,*** se pueden ver las ruinas de algunos castillos que se alzan sobre grandes rocas y que fueron construidos durante la Edad Media, cuando eran frecuentes las guerras fronterizas para conquistar el valle. Otro de los atractivos de Lès son sus fiestas de San Juan, que se celebran **quemando un gran tronco de abeto delante de la iglesia.**

Diferentes aspectos del Valle de Arán.

Dos aspectos de Vielha.

Baqueira Beret.

■ Un desvío de la carretera principal lleva hasta ***Vilamòs,*** uno de los pueblos mejor conservados del valle, en el que veréis la casa Joanchiquet, una típica edificación de la zona levantada en el siglo XVIII alrededor de un gran patio cerrado. Esta casa también forma parte del Museo del Valle de Arán y reúne mobiliario y utensilios antiguos. Otra escapada divertida es la que lleva hasta la **Artiga de Lin** desde el pueblo de **Es Bòrdes,** siguiendo el llamado Camino del Aneto y **bordeando el pequeño río Joèu** hasta su nacimiento en el lugar que se conoce como **Uelhs deth Joèu.**

Desde Vielha, la carretera más conocida es la que lleva hasta las famosísimas pistas de esquí de ***Baqueira-Beret,*** con instalaciones deportivas de primera categoría para los aficionados a los deportes blancos: pistas de todo tipo, desde las más fáciles a las más arriesgadas, telesquís, cañones de nieve, parques infantiles, restaurantes y hoteles que se ponen a rebosar en la temporada de invierno. Pero **incluso si viajáis en verano tendréis ocasión de hacer un divertido trayecto en telesilla,** y subir a algunos lugares que ofrecen espectaculares vistas del valle.

Desde Baqueira, una carretera conduce hasta la ***explanada de Beret,*** **lugar en el que las brujas de la comarca celebraban sus aquelarres,** cerca de los **«Ojos del Garona».** Aunque os parezca mentira, uno de los juicios que celebró el macabro Tribunal de la Inquisición en la comarca fue precisamente **contra una mujer que había sido vista volando sobre un caballo blanco** en esta explanada.

GIRONA Y LA COSTA BRAVA

CASAS DE COLORES, SIRENAS Y JARDINES MARINOS

La primera sorpresa que os llevareis en la ciudad de Girona son las fachadas coloreadas de sus casas, reflejándose en el río Onyar. Pero tras esa impresión inicial se esconde una zona vieja, llena de rincones misteriosos. No muy lejos está Figueres, localidad en la que nació el pintor Salvador Dalí, famoso en todo el mundo por su genial fantasía. Figueres es la capital del Empordà, una de las comarcas más bonitas de Cataluña, asomada al mar en la Costa Brava, lugar de refugio habitual de las sirenas, que suelen esconderse en los islotes más inaccesibles.

Cuando lleguéis a ***Girona*** y crucéis el río Onyar por alguno de sus puentes, veréis el precioso conjunto de fachadas de colores que le dan la apariencia de una ciudad italiana. Pero al entrar en el casco viejo es como si viajarais en el tiempo hasta la Edad Media, cuando vivía aquí una de las poblaciones judías más importantes de Europa. De hecho, paseando por la calle de la Força, se descubren **estrechos callejones, escaleras y oscuros pasadizos** donde aún se pueden ver los goznes de las puertas que mantenían encerrados a los hebreos dentro de la judería, cuando empezaron a ser perseguidos. Debéis saber que el *call* o barrio judío de Girona, como muchos otros de la Península, fue objeto de violentos ataques por parte de los cristianos, hasta el punto de que por esas estrechas calles corrió la sangre en varias

Girona. Casas de colores junto al Onyar, barrio judío y capitel de la Sirena.

ocasiones, y **los hebreos fueron obligados a vestir de una forma humillante para que todo el mundo los reconociera al salir de su barrio.**

Mientras vivieron en Girona, los judíos tuvieron una escuela en la que se estudiaba la Cábala, **una misteriosa forma de interpretar los números y los símbolos, que servía para adivinar el futuro.** Algunos de los principales maestros de este saber fueron Isaac el Cec (el ciego) y Bonastruc de Porta, que actualmente da nombre a un curioso museo habilitado en un antiguo edificio y dedicado a la presencia hebrea en la ciudad. El caserón es muy representativo de las viviendas del *call,* muy sencillas por fuera, pero llenas de jardines, terrazas y bonitos rincones con fuentes y arbolado por dentro.

Durante todos los siglos que los judíos vivieron en Girona, se contaron numerosas leyendas sobre sus tesoros. Una de ellas se refiere justamente al momento en el que fueron expulsados del país por orden de los Reyes Católicos y tuvieron que abandonar la ciudad sin tener apenas tiempo para recoger sus pertenencias. La tradición asegura que antes de irse, **al pasar por el cercano monte de Montjuïc dejaron enterradas parte de sus riquezas,** entre las que aún se encuentra un enorme toro de oro macizo. Hasta la fecha, son muchos los que han intentado encontrarlo, pero **siempre que alguien se acerca a este lugar se oye un espantoso bramido,** que hace temblar la tierra y provoca la huida inmediata del intruso.

■ Toda la ciudad es muy rica en leyendas, como las que rodean a la Catedral, un hermoso edificio al que se llega por unas impresionantes escaleras y que, según cuentan, **fue construido sobre un lugar que hace mucho tiempo estuvo habitado por un dragón.** Entre las figuras de su fachada, veréis una cara que tiene un parecido sorprendente con la de Dalí, y ya en el interior, debéis acercaros a la silla de Carlomagno, de la que cuentan que si te sientas en ella conseguirás un gran poder, pero no te casarás nunca.

Por último, en la parte trasera del templo **hay una terrorífica gárgola, que representa a una mujer con la boca abierta** y que, según parece, es en realidad una bruja convertida en piedra. La leyenda asegura que esta mujer solía apedrear las procesiones y maldecir todo lo sagrado, hasta que colmó la paciencia de Dios que la castigó transformándola en una gárgola, **de forma que nunca pudiera mirar al cielo** y por su boca sólo saliera el agua limpia de la lluvia.

Muy cerca de la Catedral se encuentran las antiguas murallas, a las que podréis subir dando un divertido paseo que permite ver la ciudad desde lo alto. Entre sus torres es especialmente famosa la Gironella, donde se tuvieron que refugiar varias familias judías durante una persecución y en la que apareció decapitada una mujer hebrea, llamada Tolrana, que no quiso renunciar a su religión. Desde entonces, dicen que **su fantasma se pasea durante las noches por el Paseo Arqueológico,** entre la Catedral y la torre Gironella, y que sus tristes lamentos se pueden escuchar en los rincones del *call,* cuando las calles se quedan vacías y solitarias.

■ Volviendo a la parte baja de la ciudad, no debéis olvidaros de pasear por la rambla de la Llibertat, una animada calle con terracillas y soportales, en la que se celebra un entretenido mercado semanal de flores, artesanía y puestos de todo tipo. Muy cerca, en la plaza del Ví encontraréis una chocolatería en la que **sirven unas meriendas para chuparse los dedos.** Y ya a las afueras, tendréis ocasión de pasar un rato al aire libre en el precioso parque de la Devesa, el más grande de Cataluña.

■ Al norte de Girona hay otra ciudad, ***Figueres,*** donde merece la pena detenerse para dar un tranquilo paseo por su rambla, cubierta de árboles, acercarse al gracioso museo de Juguetes, donde **podéis ver las muñecas y objetos con los que jugaban vuestros abuelos,** y hacer una escapada al museo de Arte Naïf, en el que descubrireis cuadros ingenuos y llenos de colorido que parecen haber sido pintados por niños. Pero sobre todo en Figueres hay que asomarse al Teatro-Museo Dalí, dedicado a este imaginativo artista. El recorrido por este museo es una continua sorpresa, desde **el taxi lluvioso,** hasta el rostro de la actriz Mae West hecho a partir de muebles, pasando por objetos y cuadros de lo más chocantes y que os darán una idea aproximada de la divertida personalidad de Dalí, que parecía tomarse sus pinturas y esculturas como un juego. Junto al museo veréis la Torre Galatea, con su fachada **completamente cubierta con panes de payés.**

En la Costa Brava, cerca de Figueres, está otro de los lugares asociados al pintor, ***Port Lligat,*** mínima cala en la que tenía una **casa adornada con gigantescos huevos.** Antes de llegar a este rincón, pasaréis por ***Cadaqués,*** uno de los pueblos más encantadores de toda la costa; y a partir de aquí, hacia el sur, podéis hacer un recorrido bordeando el Mediterráneo, cruzando el **golfo de Roses** y los **Aiguamolls, un parque natural formado por humedales en los que anidan aves de todo tipo.** Las impresionantes **ruinas de Empúries** y las **islas Medes,** otro espacio protegido al que se puede llegar en barco, merecen también una visita.

■ Todo el litoral está salpicado de restos de fortalezas y torres de vigilancia, que permitían dar la voz de alarma cuando se iban a producir ataques de los piratas. Durante muchos siglos, **piratas y corsarios venidos de lugares remotos hicieron barrabasadas en los pueblos costeros,** y se dice que el mismo Barbarroja se acercó por aquí. Una de las localidades que conservan su viejo barrio fortificado es ***Tossa de Mar,*** un antiguo pueblo de pescadores que fue levantado

Parque de Aiguamolls.

Teatro-Museo Dalí en Figueres.

Tossa de Mar. Casco antiguo.

por los romanos y que aún tiene vestigios de aquella época, como los mosaicos que se muestran en el museo municipal. Entre sus viejos edificios veréis algunas torres medievales, y a su alrededor buenas playas como la de **Bauma** y **Ses Illetes,** así como la **cueva marina de Cala Falzies, donde seguramente se esconden las sirenas cuando no quieren que nadie las descubra.** Hace mucho tiempo, en esta región mediterránea eran muy abundantes, pero la contaminación del mar casi terminó con ellas y la invasión del turismo las ha hecho asustadizas y desconfiadas, por lo que resulta muy difícil verlas. Uno de sus refugios está precisamente en esta zona, donde tienen un **palacio submarino construido con corales de todas las tonalidades.**

■ Desde Tossa de Mar se puede hacer un bonito trayecto en barco hasta ***Blanes,*** otra población que también estuvo amurallada para defenderse de los piratas. Tiene un puerto muy animado, y una lonja en la que podréis ver todo tipo de pescados; pero sobre todo **merece la pena acercarse al jardín botánico Marimurtra,** que ocupa un cerro cercano al pueblo. Su colección de plantas es verdaderamente preciosa, y reúne especies procedentes de todos los lugares del mundo, entre ellas **una gran cantidad de cactus y variedades llegadas de África y América del Sur.** Entre los árboles, llama la atención el pino del Himalaya y el curioso Padrenuestro, con cuyas semillas se hacían antiguamente los rosarios. Además de plantas, el jardín tiene rincones deliciosos, como una pérgola y un templete dedicado al naturalista Linneo, desde donde tendréis unas espectaculares vistas del mar.

El accidentado perfil de la Costa Brava.

LA GARROTXA

HAYEDOS, VOLCANES Y MONSTRUOS QUE QUITAN EL SUEÑO

El parque natural de la Garrotxa está cubierto por una espesa mata de bosques de hayas entre los que, de cuando en cuando, se distinguen volcanes que estuvieron en erupción hace miles de años y que hoy parecen dormidos, como si esperaran entrar en actividad en cualquier momento. Todo el relieve de la zona está integrado por grandes piedras formadas a partir de lava volcánica y por pequeños valles, en alguno de los cuales se esconde la «pesanta», fantasmagórica mezcla de gato y perro, aficionada a colocarse sobre la gente que duerme hasta provocarle pesadillas.

La Garrotxa es una de las zonas volcánicas más importantes de la península y, según los científicos, estuvo en actividad hasta hace unos 11.000 años, en que se produjo la erupción del volcán **Croscat.** Para que os hagáis una idea, **bajo tierra sigue habiendo temperaturas altísimas, que alcanzan los 1.100 grados** a 30 kilómetros de profundidad. Sin embargo, la superficie está cubierta de bosques muy frondosos, como la Fageda d'en Jorda, un espeso hayedo que se puede recorrer andando y que tiene unas tonalidades increíbles, sobre todo en primavera y en otoño.

Dentro del parque natural hay muchos bonitos recorridos, que **se pueden hacer andando o en el «carrilet», un trenecito sin raíles** que llega hasta el encantador pueblo medieval de ***Santa Pau,***

Besalú (arriba) y Castellfollit (abajo).

con su castillo y su plaza rodeada de soportales. Entre estos paseos merece la pena que os acerquéis hasta el **volcán de Santa Margarida,** donde se distingue perfectamente el cráter, con casi medio kilómetro de diámetro y 75 metros de profundidad. **Podréis bajar hasta el fondo del volcán,** que está cubierto de vegetación y tiene en el centro una graciosa ermita románica. Otro de los volcanes curiosos es el Croscat, que fue utilizado como cantera para sacar piedras y ahora **se pueden ver las capas rojas y negras que se formaron a partir de las lavas y las cenizas** de distintas erupciones.

■ Para haceros una idea más exacta del funcionamiento de los volcanes y la importancia que han tenido en este paisaje, podéis acercaros a la ciudad de ***Olot,*** capital de la comarca, que conserva pocas construcciones antiguas porque fue destruida por **un terremoto en el siglo XV.** Entre sus edificios destaca la torre d'en Castanys, donde se ha habilitado el **Casal-Museu dels Volcans,** muy útil **para comprender cómo entró en actividad la tierra con sus temibles estallidos de fuego y lava.** Detrás del museo hay rincones que merecen una visita, como la **fuente de la Moixina** o los *aiguamoixos* **de La Deu Vella,** que son zonas encharcadas cubiertas de rica vegetación.

■ A partir de Olot, siguiendo el curso del río Fluvià, se llega a ***Sant Joan les Fonts,*** con **un puente medieval construido con rocas volcánicas.** Al cruzarlo, encontraréis las coladas de lava de la **Fonfreda** y las **cascadas del Molí Fondo,** que se formaron también durante una erupción. Muy cerca de este pueblo veréis el de ***Castellfollit de la Roca,*** levantado sobre una roca basáltica que forma un precipicio de sesenta metros de altura, al que se asoman las casas y la iglesia. A la vista de esta impresionante mole de piedra volcánica, podéis **imaginaros la época en la que la Tierra temblaba y había continuos ríos de lava incandescente** que recorrían los valles hasta solidificarse.

■ Una de las poblaciones más simpáticas de la región es ***Besalú,*** un **pueblo medieval que conserva un precioso puente** en el que aún se puede ver la garita que servía para que los mercaderes pagaran el «pontaje», una especie de impuesto que debían abonar si utilizaban este puente para pasar sus mercancías. Dentro del pueblo, también veréis muchos edificios antiguos, una plaza porticada y un pequeño barrio judío.

A partir de Olot, otro de los lugares a los que vale la pena acercarse es ***Camprodón,*** pueblo situado en una espectacular zona de alta montaña, cubierta de bosques en los que se esconden rebecos, urogallos y algún que otro personaje fantástico. Uno de los más terroríficos es la llamada **«pesanta»,** que suele frecuentar los pueblos del **valle de Bianya** y **recuerda vagamente a una especie de perro negro y peludo, con manos agujereadas y casi humanas.** Esta criatura tiene una afición muy desagradable, colarse en las casas por la noche y **sentarse sobre la gente mientras duerme,** provocándole sueños espantosos. Si alguna vez pasáis por el valle y os asusta su visita, sabed que hay una forma fácil de librarse de ella. La pesanta es exageradamente ordenada y no soporta encontrar nada en el suelo, así que **basta poner un montoncito de arroz junto a la puerta.** Cuando llegue intentará recogerlo, y como tiene las manos agujereadas se le caerá continuamente, por lo que **estará toda la noche sin terminar su faena** y se acabará yendo al amanecer, cerrotada y humillada.

Hayedo de La Garrotxa.

BARCELONA Y MONTSERRAT

CONSTRUCCIONES DE FANTASÍA, ESPECTÁCULOS VIRTUALES Y GIGANTES ENCANTADOS

Barcelona ha pasado a ser una de las ciudades más vivas y coloristas del Mediterráneo, desde que se vistió de gala para celebrar los Juegos Olímpicos de 1992. El puerto, que antes estaba abandonado, se ha convertido en un lugar lleno de sorpresas y algunas de las principales construcciones de Gaudí, aquel arquitecto que convertía sus sueños en edificios, han recuperado todo su colorido. Por si fuera poco, no muy lejos está Montserrat, con sus enormes rocas que, a veces, son personajes convertidos en piedra por alguna maldición.

En ***Barcelona,*** lo primero que hay que hacer es dar un paseo por las Ramblas, una de sus calles más animadas y divertidas, que ocupa el lugar de un antiguo río que en tiempos de los romanos pasaba a las afueras de la ciudad, cuando estaba amurallada. En el centro de este bulevar cubierto de árboles veréis muchos tenderetes de flores, unos gigantescos quioscos de prensa y recuerdos, e incluso **algunos puestos en los que venden pajarillos, loros y hasta monos y reptiles.** A ambos lados del bulevar hay también tiendas de recuerdos, bares, cafeterías y un Museo de Cera en el que, además de los personajes, hay un Expomuseo que **tiene como finalidad meter un poco de miedo a los visitantes.**

■ En el recorrido de las Ramblas a lo mejor tenéis ocasión de encontraros con echadores de

cartas que adivinan el porvenir, ver un grupo de músicos en plena actuación o curiosear en los puestos de los artesanos. Al llegar a la plaza de la Boquería, no olvidéis acercaros al mercado cubierto, donde **los vendedores han creado un verdadero espectáculo con los alimentos más corrientes.** Los pescados adornados con hojas verdes para que destaquen aún más sus tonos plateados, o las frutas y verduras perfectamente colocadas, combinando formas y colores, hacen que nada más entrar en este mercado a cualquiera se le vayan los ojos y se le abra el apetito. A poca distancia del mercado se encuentra el Teatro del Liceo, que es uno de los más importantes de la ciudad y ha sido recientemente restaurado **después de que sufriera un terrible incendio hace pocos años.**

Las Ramblas terminan junto al mar, en la plaza de Colón, con su monumento de 60 metros de altura dedicado al descubridor de América, **coronado por un mirador al que se puede llegar en ascensor.** Muy cerca de esta plaza están las Reales Atarazanas, un hermoso edificio gótico donde antiguamente se construían los barcos y que se ha convertido en un interesante Museo Marítimo. En él podréis conocer muchos detalles sobre la historia de la navegación, desde las primeras embarcaciones hasta los buques de vapor; también veréis bonitas maquetas y **una gigantesca galera que participó en la batalla de Lepanto.** Todo ello está representado en forma de un espectáculo llamado «La gran aventura del mar», en el que se mezclan objetos, olores, imágenes virtuales, música y efectos especiales para que **viváis una tormenta en el Caribe,** acompañéis a los emigrantes que viajaban a América en busca de fortuna, **o bajéis al fondo del mar en el *Ictíneo,* el primer submarino de la historia.**

Rambla de las Flores.

Mimo en la Rambla.

■ El viejo puerto se ha convertido en **una especie de centro de ocio, con pasarelas sobre el agua,** muelles para embarcaciones deportivas, un gigantesco centro comercial conocido como «Maremàgnum», con tiendas de todo tipo, heladerías y restaurantes y los famosos cines Imax, en los que ofrecen películas en grandes pantallas y en tres dimensiones. Si vais al Maremàgnum, no dejéis de asomaros a *Dive!,* un **restaurante con forma de submarino que haría las delicias de Spielberg.**

■ Entre todas las instalaciones del puerto también llama mucho la atención el Acuario, uno de los mayores de Europa, con veinte grandes peceras y un descomunal oceanario, en donde podréis ver especies de todos los mares, **desde los temibles tiburones,**

Laberinto en el Jardín de Horta.

Observando el Puerto Olímpico desde el teleférico.

hasta los simpáticos caballitos de mar o peces exóticos de colores sorpendentes. Además, tiene una zona llamada Explora, en la que **os dejarán tocar una estrella de mar** y os sentiréis como si estuvierais dentro del agua. Entre las instalaciones del acuario hay una gran tienda de recuerdos que representa un barco hundido, una cafetería con vistas al puerto y una sala en la que se pueden ver documentales sobre la vida submarina.

■ Además, el puerto tiene otros atractivos, como el muelle de la Fusta, con sus palmeras y sus terracillas al borde del agua, o **la réplica de una de las carabelas que llevaron a Colón a descubrir América,** que os permitirá formaros una idea del gran esfuerzo que supuso aquel viaje. Por último, si queréis hacer un recorrido divertido hay dos posibilidades, las populares «golondrinas», pequeñas embarcaciones que **hacen el trayecto desde el puerto hasta el rompeolas,** en mar abierto, o el transbordador aéreo, que llega hasta la cercana ladera del Montjuic y ofrece una buena panorámica de toda la zona.

Acuario del Puerto Olímpico.

■ Para subir a lo alto del Montjuïc, podéis utilizar también un funicular que conduce hasta los jardines de Mossèn Cinto Verdaguer y desde aquí **tomar el teleférico que llega hasta la cima,** donde está el castillo y se puede disfrutar de unas impresionantes vistas de toda la ciudad y del puerto. Alrededor de Montjuïc se alzan **algunas de las instalaciones más importantes de los Juegos Olímpicos del 92,** como el palacio de los deportes de Sant Jordi, las piscinas Picornell y el estadio olímpico. También en Montjuïc está el curioso Pueblo Español, construido para la Exposición Universal de Barcelona de 1888. En él podréis ver la réplica de una entrada a las murallas de Ávila, **los típicos gigantes que acompañan las fiestas de muchos pueblos,** un pequeño barrio andaluz y una Plaza Mayor en la que están representadas las viviendas de distintas ciudades. Muy cerca del Pueblo Español está la plaza d'Espanya, donde se alza la

Fuente Mágica, que ofrece preciosos **espectáculos de luz y color** en las noches de fiesta.

En las inmediaciones del puerto está el parque de la Ciutadella, uno de los más antiguos de la ciudad, con hermosos árboles, cascadas artificiales y rincones como el que preside **la famosa Dama del Paraguas,** uno de los símbolos de Barcelona. En el interior de este parque se encuentra el Zoo, donde veréis animales procedentes de todo el mundo, entre ellos el popular «Copito de Nieve», un **gorila albino que es la estrella indiscutible de la casa.** Buena parte de los animales están en fosos al aire libre, y otros están agrupados, como las serpientes y anfibios del Terrario, o los pájaros de todo tipo que ocupan el Aviario. Además, hay un estupendo Aquarama en el que **los delfines ofrecen el espectáculo de sus impresionantes saltos,** y un zoo infantil dedicado a los más pequeños, para que conozcan de cerca algunos animales de granja. Si se os ha abierto el apetito podéis comer en el mismo Zoo o hacer una escapada al Puerto Olímpico, donde está el famoso «Planet Hollywood», un restaurante completamente americano **decorado con objetos de películas muy taquilleras.**

■ Como es lógico, en la parte más antigua de Barcelona tendréis que visitar el barrio gótico, muy bien conservado y con muchas calles en las que no se permite el paso de los coches. Recorriendo este barrio descubriréis infinidad de tiendas graciosas, como «El Ingenio», con sus **piñatas, chucherías, máscaras y objetos de broma,** y mientras callejeáis, no dejéis de asomaros a alguno de los patios interiores, en los que a veces hay una fuente con un chorrito de agua. Con un poco de suerte, si estáis en Barcelona durante el día del Corpus, **veréis sobre el chorrito un huevo que salta por el impulso del agua** y que, aunque parezca mentira, no suele caerse.

■ El paseo por el barrio gótico os llevará a algunos lugares encantadores, como la plaza del Rey, donde está el Museo de Historia de la Ciudad, que muestra cómo han vivido y trabajado sus habitantes y cómo se ha ido transformando Barcelona desde la época en la que era una colonia romana. El museo ofrece también **un espectáculo virtual para revivir el pasado de forma divertida,** y tiene talleres infantiles y juegos sobre la historia de la ciudad. Otro de los lugares que tendréis que visitar es la Catedral, un edificio gótico a cuyo alrededor, en Navidad, se instala un **bullicioso mercadillo con los tradicionales árboles y las figuras de Belén.** A poca distancia de la Catedral está la famosa plaza de Sant Jaume, en la que, frente a frente, hay dos hermosos palacios, el de la Generalitat y el del Ayuntamiento.

«Copito de Nieve».

Fuentes de Montjuïc.

Estatua de Miró.

Parque Güell.

Sant Jordi, en el Palau de la Generalitat.

■ Antes de terminar el recorrido del barrio gótico, tenéis dos visitas obligatorias, la pequeña plaza del Pí, con algunas curiosas tiendas y una iglesia adornada con un precioso rosetón, y la callecita de Petritxol, que conserva algunas de sus famosas «granjas», una especie de cafés mínimos, forrados de baldosines y llenos de luz, donde **sirven chocolate o fresas con nata, crema catalana y otros postres y dulces deliciosos.**

■ Si queréis conocer un parque de atracciones de los de antes, donde han soñado y se han divertido los niños de muchas generaciones, no dejéis de acercaros al monte Tibidabo. Para llegar hasta la cima, tomad primero el simpático «Tranvía Azul», que sube por la avenida del Tibidabo y pasa junto al Museo de la Ciencia, un **espacio lleno de imaginación y pensado para que aprendáis manejando equipos y aparatos** con vuestras propias manos. Al final del trayecto del Tranvía Azul, se inicia un recorrido en funicular que llega hasta el Parque de Atracciones, muy modernizado, aunque conserva **un viejo aeroplano que gira y permite ver la ciudad como si volarais sobre ella.** En el mismo parque hay un encantador Museo de Autómatas, lleno de curiosos personajes que se mueven apretando un simple botón.

Nadie debe despedirse de Barcelona sin haber visto antes alguna construcción de Gaudí, un arquitecto que levantó edificios llenos de color y de fantasía. Una de sus obras más famosas es el templo de la Sagrada Familia, **una originalísima iglesia que quedó inacabada cuando su creador murió atropellado por un tranvía.** Si tenéis ánimos y no sentís mucho vértigo, subid a una de las torres y descubriréis muchos detalles de este genial edificio y unas estupendas vistas de Barcelona. A las afueras de la ciudad merece una visita el parque Güell, diseñado también por Gaudí y en el que se pueden ver **bancos con forma de dragones de colores, salas de columnas, oscuras grutas, torreones y miradores,** que convierten el recorrido de este parque en una continua sorpresa.

■ A poca distancia de Barcelona se encuentra el ***Macizo de Montserrat,*** un conjunto de enormes piedras de las formas más caprichosas que, aunque parezca mentira, **hace millones de años estuvieron cubiertas por un mar poco profundo,** como demuestran los numerosos restos de moluscos que se han encontrado en la zona. Toda esta fantástica sierra **está agujereada por cuevas y galerías subterráneas,** que la convierten en uno de esos lugares cargados de magia y misterio. Por eso antiguamente atrajo a muchos ermitaños, que vivían retirados buscando refugio entre las rocas y que, según la leyenda, un día **descubrieron una pequeña talla de una Virgen negra** que había permanecido oculta durante la ocupación árabe. Pronto empezaron a producirse hechos sorprendentes que la gente atribuía a la imagen, y los ermitaños decidieron construir un edificio donde la guardaron y que con el tiempo se convirtió en el monasterio actual.

■ Para subir hasta el monasterio **hay una forma de hacerlo muy emocionante: el funicular aéreo,** que salva un desnivel de 700 metros mediante una cabina suspendida en el vacío. Desde el mismo funicular iréis viendo las raras formas de las piedras y, al llegar al final del trayecto, después de realizar la obligada visita a **La Moreneta,** que es como se conoce a la Virgen de Montserrat, podéis continuar el viaje hacia las alturas tomando el funicular de Sant Joan, que sube por una pendiente fortísima hasta un lugar que ha sido **bautizado con el extraño nombre de llano de las Tarántulas,** en las proximidades de la ermita de Sant Joan.

■ Desde el «llano de las Tarántulas» salen varios senderos que os permitirán hacer recorridos de distinta dificultad, y os llevarán hasta parajes muy espectaculares, como la **ermita de Sant Joan,** el **mirador de Sant Miquel** y, para los más animosos, el **mirador de Sant Jeroni,** con vistas que alcanzan los Pirineos. Muy cerca de Sant Joan hay una inmensa mole de piedra que se conoce como el Gigante Encantado, porque **realmente es un gigante que quedó petrificado hace mucho tiempo.** La historia cuenta que antes de que llegaran los ermitaños, la sierra estaba habitada por un ser descomunal que sólo podía salir de su guarida por las noches, ya que las brujas de la comarca **le habían condenado a convertirse en una roca si le tocaba un rayo de sol.** Los lugareños, que tenían mucho miedo al gigante, se las ingeniaron para ir dejándole comida cada vez más lejos, hasta que **una noche tuvo que caminar tanto que no le dio tiempo a regresar** antes de que saliera el primer rayo de sol y así quedó, convertido en piedra para siempre.

Monasterio de Montserrat.

TARRAGONA Y EL DELTA DEL EBRO

CIRCOS ROMANOS, ARROZALES Y PARQUES DE ATRACCIONES

Tarragona es una antiquísima ciudad mediterránea, que ha conocido el paso de muchas culturas. Iberos, griegos y cartagineses se instalaron en este lugar hasta que los romanos desembarcaron en él y crearon una de las ciudades más importantes del imperio. Toda la costa, hasta el delta del Ebro, está llena de playas de arena a las que acuden infinidad de turistas que buscan el sol y las emociones fuertes de uno de los principales parques de atracciones de Europa: Port Aventura.

Lo que llama más la atención de ***Tarragona*** es que **parece una ciudad mirador que se asoma al mar** y que permite ver embarcaciones de todo tipo, desde los pequeños veleros o las barcas de pescadores, hasta los grandes buques de carga que entran o salen constantemente del puerto. Por eso, si os acercáis a la rambla Nova, **un bonito bulevar ajardinado donde hay algunas estupendas heladerías,** no dejéis de asomaros al paseo de las Palmeras, donde está el «balcón del Mediterráneo». Podréis pasar un rato largo disfrutando del ir y venir de los barcos, mirando a través de los telescopios o **imaginando los tiempos lejanos en los que, en ese mismo mar azul, navegaban los cartagineses o los romanos.**

■ Precisamente desde el mismo paseo se puede ver uno de los principales edificios que

construyeron los romanos a su paso por la ciudad, el anfiteatro, donde **luchaban los gladiadores y se ofrecían espectáculos de todo tipo, incluyendo los combates entre hombres y animales salvajes.** En alguna ocasión, se llegaron a celebrar ejecuciones públicas y, cuando el cristianismo estaba perseguido, **muchos seguidores de esta religión fueron devorados por las fieras** ante la mirada de los espectadores. En recuerdo de aquellos mártires, todavía se conservan las ruinas de una iglesia que se levantó durante el siglo VI en el centro mismo de la arena.

■ Alrededor del anfiteatro estaban las zonas de tiendas de la ciudad romana y, más arriba, protegidos por una muralla, se encontraban los templos, los edificios públicos y las casas de las familias más adineradas. Actualmente, **el recorrido de las murallas es un paseo adornado con jardines,** en el que veréis varias torres y algunos rincones curiosos, como los restos de un circo en el que se celebraban carreras de caballos. Cerca está el Castillo Real o Palacio de Pilatos, conocido con este nombre porque, según parece, el personaje que se haría famoso por «lavarse la manos» ante el martirio de Cristo, pasó algún tiempo en *Tarraco.* En el interior del castillo se puede ver **un sarcófago romano rescatado del mar,** y en los sótanos cuentan que permanecieron presos algunos cristianos antes de morir en el anfiteatro.

Si queréis saber algo más sobre la importancia que llegó a tener la ciudad en la época romana, no dejéis de acercaros al museo Arqueológico, donde veréis una bonita serie de esculturas que servían de adorno en los edificios públicos, una completísima colección de monedas y –sobre todo– algunos preciosos mosaicos, como el de los peces del Mediteráneo o la cabeza de la gorgona Medusa, ese espantoso personaje mitológico que **tenía serpientes en lugar de**

Arriba, muralla de Tarragona.

Abajo, Port Aventura.

Acueducto.

cabellos y que convertía en piedra cuanto miraba. La leyenda dice que la maléfica criatura tenía aterrorizada a la gente, y que todos los que pretendían acabar con ella morían en el intento. Hasta que le llegó el turno a un joven llamado Teseo, al que se le ocurrió una genial estratagema: sirviéndos de su escudo a modo de espejo, **hizo frente a la Medusa, que se vio reflejada en el escudo y quedó petrificada por su propia mirada.**

■ Alrededor de Tarragona hay algunos lugares que también merecen una escapada, como el ***arco de Berà,*** que servía como entrada triunfal a la ciudad, el acueducto romano, que conducía el agua hasta la capital desde algunos de los ríos cercanos, y la antigua ***cantera de El Mèdol,*** de la que **se sacaban las piedras con las que se construyeron muchos de los edificios de Tarraco.** Si vais hacia ***Cambrils,*** no dejéis de asomaros al Parque Sama, un jardín que fue creado por el hijo de un indiano venido de Cuba y diseñado por el maestro de Gaudí, el genial arquitecto. En su día tuvo un zoo y aún **conserva riachuelos, cascadas, parterres y plantas tropicales** formando un delicioso paseo.

Naturalmente, si estáis en Tarragona querréis acercaros a ***Port Aventura,*** un espectacular parque de atracciones dividido en varias zonas y en el que están representados los lugares más atractivos del mundo. En el Mediterráneo disfrutaréis de su lago y de las construcciones típicas. En Polinesia podréis lanzaros en barca por la ladera de un volcán, visitar el jardín de Makaman o vivir una aventura virtual en «Sea Odissey». En México, disfrutaréis de su folclore, entraréis en **una antigua mina de plata** o subiréis a un trono para contemplar las mejores vistas del parque. En China, **una montaña rusa os llevará a 110 kilómetros por hora.** El Far West os invitará a **recorrer los rápidos del Gran Cañón o a vivir una auténtica «Stampida».**

■ Además, en el parque hay espectáculos de todo tipo: **exhibiciones de acróbatas, dragones terroríficos, bailarinas de can-can, búfalos en estampida,** indígenas danzando a ritmo de tambor…, así como restaurantes en los que podréis tomar un chili con carne, un zumo de frutas tropicales, una delicia china o un asado al estilo del lejano Oeste. ¿Quién da más?

■ Siguiendo toda la costa hacia el sur se llega a uno de los lugares más atractivos para observar aves en libertad, el ***Delta del Ebro,*** declarado parque natural por la importancia de sus humedales. En el último tramo de su recorrido, antes de llegar al mar, el Ebro forma un entramado de islotes y ramificaciones que se han utilizado para hacer canales de riego y extensos cultivos de arroz. Sobre

este paisaje vuelan continuamente pájaros de todo tipo, **desde las pequeñas garcetas, absolutamente blancas, hasta las garzas reales y los flamencos.** Por eso, aunque al principio los campos de arroz os parezcan todos iguales, prestad mucha atención porque seguramente oiréis y **veréis muchos de esos curiosos pájaros buscando ranas, peces o insectos entre los canales.**

Dentro del parque natural hay varios lugares de interés, como el mirador del Molí dels Mirons, con hermosas panorámicas, las **lagunas de L'Encanyssada,** el **Canall Vell** o la **isla de Buda,** ya en la desembocadura del río. En este lugar **hay también un graciosísimo conjunto de muelles de pescadores,** y es posible comprar todo tipo de **recuerdos hechos con conchas marinas** o hacer excursiones en barca atravesando el cauce. Otro de los sitios atractivos es la **punta del Fangar,** en la que veréis dunas, un sistema artesanal para cultivar mejillones y un **raro efecto óptico parecido a los espejismos.** En el camino hasta la punta, iréis bordeando la bonita **playa de la Marquesa,** una de las más largas de la zona, donde podréis daros un chapuzón o descubrir alguna joya entre las miles de conchas que la marea va dejando sobre la arena.

■ Por último, si queréis conocer mejor este espacio protegido, acercaos al *ecomuseo* del parque, que está en la población de ***Deltebre.*** En él se ha instalado **un pequeño observatorio de aves,** un jardín botánico con las plantas más características de toda la región, un bonito acuario, así como barracones y paneles en los que se muestran los sistemas tradicionales para el cultivo del arroz y para la pesca, incluyendo una enorme barcaza de madera. En el mismo *ecomuseo* hay una pequeña tienda de recuerdos, camisetas y libros con preciosas imágenes del parque natural.

Arriba izquierda, Port Aventura.

Arriba, arrozales y una tienda en el Delta del Ebro.

Trenecito del Delta.

Lago de Banyoles.

OTROS DESTINOS DE INTERÉS

■ Los aficionados a la ciencia tenéis una cita muy atractiva en el Museo de la Ciencia y la Técnica de Cataluña, que aunque está repartido por toda la Comunidad, tiene su sede central en ***Terrassa,*** en una gigantesca fábrica textil de comienzos del siglo XIX. **El edificio, con bóvedas de cristal y altas columnas de hierro,** merece la pena por sí solo, pero además muestra una interesantísima serie de exposiciones permanentes. Una de las más completas está dedicada a la energía, **desde la que se conoce como energía de sangre,** o sea la que han producido hombres y animales con su esfuerzo, hasta la que se origina con ayuda del agua, el viento, el vapor, el gas y cualquier otro medio, todo ello **contado con ayuda de maquetas, pantallas y juegos interactivos.** Otro de los temas de este museo es la propia actividad de la fábrica textil, descrita con escenas que os darán una idea de cómo ha sido esta industria. Por último, también merece la pena que os acerquéis a la sala dedicada a la historia del transporte, para ver desde las primeras bicicletas hasta los más avanzados aviones, incluyendo también **una enorme maqueta de trenes.**

■ Si coincide que visitáis este museo en sábado o en domingo, podréis ver además algunas curiosas exhibiciones, como la «jaula de Faraday», donde se muestra **la fuerza que pueden alcanzar las descargas eléctricas,** el funcionamiento de máquinas, como la de vapor, o **una sorprendente proyección en tres dimensiones** en la que se representan otros lugares y museos importantes de la industria en Cataluña.

Entre los paisajes que ha ido creando la naturaleza, quizá uno de los más sorprendentes sea la montaña de sal marina de **Cardona,** una **grandísima mole formada hace 40 millones de años** y que se encuentra cerca de esta población del interior de la provincia de Barcelona. Los romanos ya conocían este enorme yacimiento salino y sabían que, a medida que extraían la sal, la montaña seguía aumentando. Y así ha sido hasta el presente siglo, en que empezaron a hacerse **túneles que llegaban hasta los mil metros de profundidad** y se descubrieron espectaculares mezclas de formas y colores. Ahora la mina ya no funciona, pero se puede visitar con ayuda de **un vehículo especial que os llevará hasta la boca de una galería** de 80 metros de profundidad, conocida como «La Minilla». En esta galería veréis las curiosísimas vetas formadas por los minerales y las estalactitas y estalagmitas, que han ido creando las filtraciones de agua, **hasta levantar un mundo lleno de magia** que os dejará boquiabiertos.

En la provincia de Girona, entre La Garrotxa y el Empordà se encuentra ***Banyoles,*** un lago natural de gran tamaño que se alimenta de aguas subterráneas, y en el que se celebraron **las pruebas de remo de los Juegos Olímpicos de Barcelona.** En sus orillas, que se pueden recorrer por un bonito paseo, veréis construcciones y muelles que la gente utilizaba antiguamente para pescar o para bañarse y, también, una abundante vegetación de juncos donde se esconden pequeños crustáceos que sirven de alimento a todo tipo de peces y aves, como patos o gaviotas. Pero de todas las criaturas que habitan el lago, quizá **la más difícil de ver es un dragón que lleva siglos escondido en las profundidades** y que, desde que empezó a llegar el turismo, se asoma cada vez menos. Si estáis junto al lago un día que haya pocos visitantes, quizá tengáis la suerte de verlo aparecer, pero **cuidado que él no os vea a vosotros.**

■ Perdido en los Pirineos, entre altísimas montañas como el **Puigmal** o la **Fossa del Gegant,** con más de 2.800 metros de altitud, se encuentra el ***valle de Núria,*** un precioso paraje al que antiguamente sólo se podía llegar andando y que hoy se puede visitar tras un recorrido espectacular en un tren cremallera que sale de ***Ribes de Freser,*** **cruzando túneles y bordeando gargantas de vértigo.** El trayecto del ferrocarril, la única forma posible de viajar por este valle, termina en un santuario muy antiguo consagrado a la Virgen de Núria y construido junto a un gran estanque formado por las aguas que bajan heladas de las montañas. En este mismo paraje podréis **practicar deportes de invierno, hacer cursos de esquí o subir en telecabina hasta el altísimo albergue de Pic de l'Àliga,** a 2.200 metros de altitud. Y en primavera y verano tendréis ocasión de hacer excursiones de todo tipo, más o menos díficiles, por caminos señalizados y entre altas montañas en las que, con un poco de suerte, **veréis rebecos, muflones o águilas reales.**

Otro paisaje que os impresionará es el macizo de ***Pedraforca,*** situado en la comarca leridana del **Berguedà,** dentro del ***Parque Natural del Cadí-Moixeró.*** La altitud de las montañas en esta zona alcanza los 2.500 metros y todo el paisaje, cubierto de bosques y atravesado por riachuelos, **ofrece infinidad de paseos y varias zonas recreativas,** como las de **Gresolet, La Serra, La Pleta** o **Coll de Bauma,** donde podréis comer al aire libre. En Gresolet, también hay un mirador con vistas muy espectaculares de todo el macizo. Recorriendo la zona tendréis ocasión de ver los grandes precipicios que rodean Vallcebre, acercaros a las **pisadas de tortugas prehistóricas** que quedaron marcadas en un barranco de este pueblo, o asomaros a Gósol, por cuyos bosques solían pasar los contrabandistas que cruzaban continuamente los Pirineos. En el mismo pueblo de Gósol se ven los restos de un castillo, apenas **un misterioso torreón en ruinas, donde aún se siguen citando las brujas de la comarca** durante la noche del 31 de diciembre.

Tren cremallera a Núria.

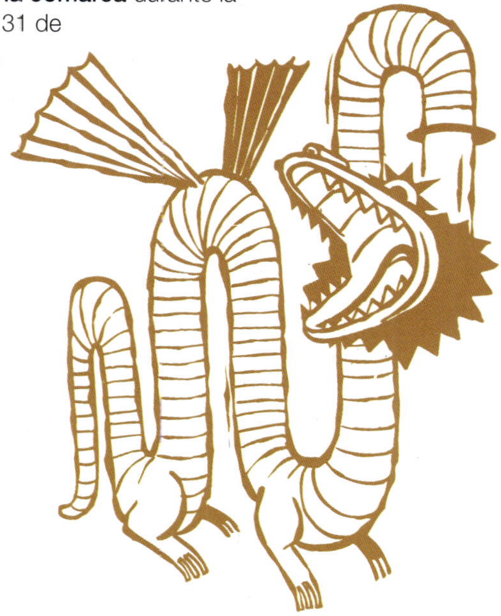

INFORMACIÓN PRÁCTICA

PARQUES TEMÁTICOS Y DE ATRACCIONES

Port Aventura. El parque temático por excelencia. Situado cerca de Salou, en pleno litoral de Tarragona. Abierto de finales de marzo a comienzos de noviembre, ✆ 902 202 220.

Parques acuáticos a lo largo de la costa:

Aquopolis. Muy próximo a Port Aventura, en La Pineda. ✆ 977 370 258.

Water World. En Lloret de Mar. ✆ 972 368 613.

Isla Fantasía. En el pueblo barcelonés de Villassar. ✆ 937 514 553.

Tibidabo. En Barcelona capital, el veterano de los parques de atracciones. ✆ 932 117 942.

ZOOLÓGICOS, JARDINES Y PARQUES NATURALES

La colección de animales más completa se encuentra en el **Zoo de Barcelona.** Cuenta con su propio delfinario. Abierto todos los días, ✆ 932 212 506.

L'Aquarium. Otro recinto para disfrutar de las maravillas del mundo marino. Abierto todos los días, ✆ 932 217 474.

Marineland. Cerca de Palafols. Para pasar un día entretenido, viendo exhibiciones de rapaces, delfines y leones marinos. También es posible darse un chapuzón. ✆ 937 654 802.

También en la costa de Barcelona, en el pueblo de Villassar de Mar, se encuentra el **Parque de las Aves,** con más de 300 especies de distintos lugares del mundo. ✆ 937 501 765.

En la localidad leridana de Bellvís hay un **Zoo-Reserva Natural,** ✆ 973 295 068; y un **Acuario,** ✆ 973 565 263.

Jardín botánico Marimurtra. En el pueblo costero de Blanes. Para descubrir la enorme variedad de plantas del planeta y en especial del Mediterráneo. Abierto todos los días, ✆ 972 330 826.

Parque Samá. Cerca de Cambrils. Un divertido recorrido.

En Barcelona es casi obligada la visita al **Parque Güell.** Abierto todos los días, ✆ 932 130 488.

Laberinto de Horta. Abierto todos los días, ✆ 934 282 500.

En toda Cataluña abundan los espacios protegidos, desde las zonas montañosas pirenaicas, donde están:

Parque Natural de La Garrotxa. ✆ 972 266 012.

Parque Nacional de Aigües Tortes. ✆ 973 624 036.

Parque Natural de Cadí Moixeró. ✆ 938 244 151.

Pequeñas sierras de interior:

Parque Natural del Montseny. ✆ 938 475 102.

Parque Natural de Sant Llorenç de Munt. ✆ 937 861 112.

También en las zonas costeras hay reservas naturales como el **Parque Natural de las Islas Medas,** junto al cabo de L'Estartit, ✆ 972 757 301; o el **Parque Natural del Delta del Ebro,** que cuenta además con un ecomuseo. ✆ 977 489 011.

MONUMENTOS Y MUSEOS CURIOSOS

Para hacer un recorrido monumental por todo el país, sin salir de Barcelona, está el **Pueblo Español.** Abierto todos los días, ✆ 933 257 866.

Cerca de la ciudad, en Torrelles de Llobregat se encuentra **Cataluña en Miniatura,** donde se pueden ver estupendas maquetas de algunos de los edificios más singulares de esta comunidad. Abierto todos los días, ✆ 936 890 960.

Además, en la capital barcelonesa hay museos para todos los gustos, desde el **Museo Marítimo,** abierto todos los días, excepto los lunes, ✆ 933 011 871; o el **Museo de Historia de la Ciudad,** abierto todos los días, excepto los lunes, ✆ 933 151 111; hasta el **Museo de Autómatas del Tibidabo,** ✆ 932 117 942, y el **Museo de la Ciencia de la Fundación La Caixa**, abierto todos los días, excepto los lunes, ✆ 932 126 050.

Otro destino de interés para los aficionados a los inventos es la ciudad de Terrassa, donde está el **Museo de la Ciencia y de la Técnica de Cataluña.** Abierto todos los días, excepto los lunes, ✆ 937 368 966.

Para conocer la actividad de los volcanes en el pasado, en la villa de Olot, Girona, hay un **Museo de los Volcanes,** ✆ 972 266 762; y en la misma localidad está el **Museo Interactivo de la Fauna del Pirineo Oriental,** ✆ 972 272 649.

En Girona capital está el **Museo del Cinema.** Abierto todos los días, excepto los lunes, ✆ 972 412 777.

INFORMACIÓN PRÁCTICA

En Figueres están el **Teatro-Museo Dalí,** abierto todos los días, excepto los lunes de octubre a junio, ✆ 972 511 800, el **Museo de Arte Naïf,** abierto todos los días, ✆ 972 525 729; y el **Museo del Juguete,** ✆ 972 504 585.

En L'Espluga de Francolí, Tarragona, hay dos exposiciones de interés: **La Cueva de la Font Major,** abierta todos los días, excepto los lunes, ✆ 977 871 220, donde se reproduce la vida en la Prehistoria; y el **Museo de la Vida Rural,** ✆ 977 87576.

Otra de las colecciones que se centran en la vida tradicional es la del **Museo del Valle de Arán,** abierto todos los días, excepto los lunes, ✆ 973 641 815.

En Lleida, concretamente en Isona, está el **Museo de la Conca Dellà,** ✆ 973 665 062, con una sección dedicada a los dinosaurios, y en Mollerussa hay un simpático **Museo de Vestidos de Papel,** ✆ 973 600 680.

EXCURSIONES EMOCIONANTES

Las caprichosas formaciones de la sal sorprenden en la **Mina de Sal de Cardona**, Barcelona. Abierta todos los días, ✆ 938 692 475.

Para entrar en las profundidades de la tierra, vale la pena visitar las **Cuevas de Benifallet,** situadas en este pueblo ribereño del Ebro, abiertas todos los días, de mayo a agosto, ✆ 977 462 005; o las **Cuevas de Collbató,** en el macizo de Montserrat, abiertas los fines de semana, ✆ 937 770 309. Para subir a lo más alto de este macizo se puede utilizar el **Funicular de Sant Joan,** ✆ 932 051 515.

Para tocar la nieve del valle de Núria, hay que tomar el **Tren Cremallera,** ✆ 972 732 020.

Dos formas divertidas de ver los **Cráteres de la Garrotxa**, son el globo, ✆ 972 680 255, y los carros de caballos, ✆ 972 680 358.

Para hacer una **escapada marinera** hay numerosas embarcaciones que recorren la Costa Brava, ✆ 972 300 493 y 972 314 396, un trayecto hasta las islas Medas viendo el fondo del mar, ✆ 972 751 489, o una excursión por el Delta del Ebro en un barco-restaurante, ✆ 977 480 128.

ACTIVIDADES

La oferta es interminable, así que conviene documentarse en el **Turismo de Cataluña,** ✆ 934 849 900.

A modo de ejemplos, es posible recibir cursos de vela, *windsurf* o buceo en varios lugares de la Costa Brava, como Empuriabrava, ✆ 972 452 845, o Tossa de Mar, ✆ 972 341 277, o iniciarse en las emociones del *rafting* en los ríos de Lleida, ✆ 973 622 158.

También en Lleida, concretamente en la Seu d'Urgell, el **Parque Olímpico del Segre** ofrece deportes de aventura en el agua para todas las edades, ✆ 973 360 092; y en el **Palacio de Hielo de Vielha** imparten cursos de patinaje sobre hielo, ✆ 973 642 864.

Además, todas las **Estaciones de Esquí del Pirineo,** ✆ 934 160 194, cuentan con parques de nieve infantil y escuelas de esquí para que los pequeños se estrenen con la nieve.

ALOJAMIENTOS

En el Pirineo de Girona, concretamente en Puigcerdà, el **Hotel Casona D'Age,** ✆ 972 880 040, organiza actividades para todas las edades, incluyendo paseos en trineo y vuelos en globo por la zona.

En Meranges, **Can Borrell** ** ofrece raquetas para realizar excursiones por la nieve. ✆ 972 880 033.

En Alp, el **Alp Hotel** *** cuenta con un club infantil y organiza numerosas actividades de animación para los más pequeños. ✆ 972 144 201.

En Escunhau, Lleida, el **Hotel Estampa** ** es un buen punto de partida para hacer excursiones por el valle de Arán. ✆ 973 640 048.

En las pistas de Baqueira, algunos hoteles como el **Montarto** ****, ✆ 973 644 444; o el **Tuc Blanc** ***, ✆ 973 644 350, tienen programas de entretenimiento para niños.

Muchos establecimientos del litoral han incorporado también este tipo de programas, como el **Hotel Donaire Park** ***, ✆ 977 371 066; o el **Hotel Blau Mar** ***, ✆ 977 350 444, ambos próximos a Port Aventura.

También en Tarragona, el **Delta Hotel** *** organiza recorridos por el Delta del Ebro, incluyendo paseos en barca. ✆ 977 480 046,

EXTREMADURA

LA PRINCESA CREYÓ QUE HABÍA NEVADO, PERO LO QUE REALMENTE ESTABA VIENDO ERA UN VALLE CUBIERTO DE CEREZOS EN FLOR. LUEGO, SE RETIRÓ A LLORAR DE EMOCIÓN EN LA TORRE DE UN CASTILLO, Y DE SUS LÁGRIMAS NACIERON HERMOSOS RÍOS CON FORMA DE SERPIENTE.

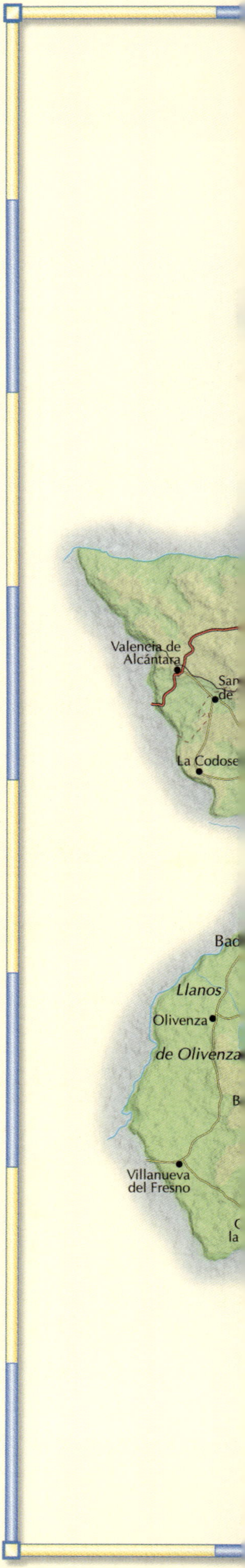

El Valle de Ambroz, Las Hurdes y la Sierra de Gata.

Cementerio alemán en Yuste.

LA VERA, EL VALLE DEL JERTE Y MONFRAGÜE

CEREZOS EN FLOR Y RÍOS DE LÁGRIMAS

Al norte y al sur de la Sierra de Gredos discurren dos ríos, el Jerte y el Tiétar, que riegan grandes zonas de frutales y cultivos que, en algunos casos, son propios del trópico. Las aguas bajan de la sierra, atraviesan estrechas gargantas y convierten estas comarcas en tierras fértiles y cubiertas de vegetación, hasta el punto de que antiguamente se pensaba que era aquí donde vivían los dioses. Un poco más al sur, el Parque Natural de Monfragüe sorprende por su arbolado entre el que corren riachuelos que, según la leyenda, son las lágrimas de una princesa.

El ***valle del Jerte*** es conocido también como «el valle de los cerezos» porque está completamente repleto de estos frutales, y en primavera, **cuando florecen, hacen que parezca un paisaje nevado.** Es tal el espectáculo que hay miles de personas que van a verlo y las carreteras y los pueblos del valle se llenan de gente, dispuesta también a disfrutar de los bellos parajes de la zona. Una de las formas de llegar es el ***puerto de Tornavacas,*** por el que pasó Carlos V cuando, después de dejar el trono a su hijo Felipe II, **se retiró a pasar sus últimos años de vida en el monasterio de Yuste.**

■ El primer pueblo del valle es ***Jerte,*** que no parece muy antiguo porque fue destruido por los franceses durante la invasión napoleónica y hubo que construirlo de nuevo. Desde este pueblo se

llega a la Garganta de los Infiernos, paraje protegido en el que os sorprenderán los Pilones, un tramo donde **el caudal del río ha tallado el granito como si lo hiciera a golpe de martillo.** Otro pueblo en el que vale la pena detenerse es ***Cabezuela del Valle,*** que conserva típicas casas con galerías y balcones de madera, así como el recuerdo de su barrio judío. A modo de curiosidad podéis fijaros en las puertas de algunas casas, que tienen **antiguas cruces o inscripciones cristianas,** como si sus pasados dueños hubieran tenido que dejar claro que no eran judíos.

■ Si recorréis el valle en la temporada de la recolección de las cerezas, seguramente veréis el ir y venir de los camiones que transportan la fruta que, luego, llegará a los mercados y a las mesas de muchas ciudades. La mayoría de los pueblos viven de esta cosecha, y los cerezos no sólo cubren el fondo del valle, sino que **también se cultivan en terrazas ganadas a las laderas de los montes.** Uno de los caminos más atractivos es el que sube hasta ***Piornal,*** pueblo que es famoso por una fiesta que se celebra en enero protagonizada por **el «Jarramplas», un personaje vestido de colores al que los lugareños tiran patatas y productos de la huerta.**

■ Por el puerto de Piornal se cruza la Sierra de Gredos y se llega a la ***comarca de la Vera,*** una de las más bonitas de Cáceres, recorrida por el río Tiétar y favorecida por un clima tan templado que hay cultivos de tabaco. Cuando crucéis esta región, fijaos en unas construcciones que tienen las paredes llenas de agujeros y que precisamente sirven para secar las hojas de esta planta.

Antes de llegar al **valle del Tiétar** debéis deteneros en ***Garganta la Olla,*** un pueblo encajonado entre montañas y famoso porque en él vivió una mujer legendaria, la Serrana de la Vera. Según cuentan los historiadores, esta mujer fue ahorcada en el pueblo de Plasencia hace más de 400 años, **acusada de haber matado a siete hombres después de haber mantenido relaciones con ellos** en una cueva de la sierra. El suceso dio tanto que hablar en aquella época que algunos escritores, como Lope de Vega, dedicaron obras a la Serrana, que según parece había matado como venganza porque su novio la había traicionado. Como recuerdo suyo, el pueblo todavía conserva algunas cruces, una de ellas sobre la iglesia, que **la mujer hizo poner para que la gente la perdonara.** Otra de las curiosidades de Garganta la Olla es la «casa de la muñeca», un raro edificio pintado de azul y con **una graciosa figura en la cerradura** de la puerta. Según

Arriba izquierda, Cascada del Diablo en Villanueva de la Vera.

Arriba derecha, Parque Natural de Monfragüe.

Sobre estas líneas, cerezas.

Casa de la Muñeca.

Castillo de Monfragüe.

Picota, en Jaraíz de la Vera.

cuentan, en tiempos de Carlos V era una «casa de citas» y se obligó a sus propietarios a que la pintaran para que todo el mundo pudiera distinguirla del resto de las casas del pueblo.

Siguiendo hacia el valle pasaréis junto al ***Monasterio de Yuste,*** donde el emperador Carlos V se hizo construir un palacio que reproducía la casa en la que había nacido, en la lejana ciudad de Gante. En el Palacio **hay una rampa por la que podía subir a caballo hasta la primera planta,** y también veréis el jardín en el que solía pasear y el estanque en el que pescaba, según cuentan lanzando la caña desde la ventana de su habitación. A poca distancia del monasterio os espera una verdadera sorpresa, **el pequeño cementerio en el que están enterrados los soldados alemanes caídos en la Península** durante la Primera y la Segunda guerras mundiales. Más de 200 cruces de granito, en filas perfectamente ordenadas, recuerdan sus nombres y las fechas en las que murieron estos soldados, **fallecidos misteriosamente en un país que no había participado en esas guerras.**

■ A partir de aquí comienza el recorrido de los pueblos del valle, empezando por ***Cuacos de Yuste,*** donde pasó su infancia *Jeromín,* el famoso hijo ilegítimo de Carlos V que pasaría a la historia como Juan de Austria. Entre Cuacos y el cercano ***Jaraíz de la Vera*** se encuentra la **garganta de Pedro Chate, la piscina natural más grande de la zona,** en la que podréis daros un baño y pasar ratos estupendos. Otra población cercana que vale la pena visitar es ***Jarandilla,*** donde estuvieron los famosos caballeros templarios, que levantaron una casa fortificada, convertida más tarde en iglesia, con su rara torre separada del templo. En Jarandilla destaca también el castillo, convertido en Parador de Turismo **que, a veces, ha incluido en su menú una especialidad de la zona: el lagarto.**

■ Continuando la ruta se pasa por ***Losar de la Vera,*** con su **increíble colección de setos, que parecen haber sido recortados por Eduardo Manostijeras.** En los alrededores de este pueblo están las **gargantas de Cuartos** y del **Vadillo,** con bonitas zonas de baño, y pocos kilómetros más allá se encuentran ***Valverde, Villanueva*** y ***Madrigal de la Vera,*** los pueblos más simpáticos de la comarca, con sus plazuelas, sus balcones de madera llenitos de flores y **el agua corriendo por estrechos canales en las mismas calles.** En esta zona está la famosa **cascada del Diablo,** y también hay zonas de baño, como la **garganta del río Alardos,** donde **podréis daros un chapuzón junto a un enorme puente romano.**

Burros, en Torrejón Rubio.

Si os gusta la naturaleza en estado puro, debéis acercaros al ***Parque Natural de Monfragüe,*** una espectacular zona en la que se juntan las aguas del Tajo y del Tiétar, además de numerosos arroyos que, según cuentan, se han formado por **las lágrimas de una princesa mora sobre la que pesa una vieja maldición.** La muchacha vivía con sus padres en el castillo de Monfragüe, y en cierta ocasión fue elegida reina de unas fiestas y varios caballeros compitieron para ser sus acompañantes. El vencedor del torneo fue un misterioso pretendiente, **tapado de los pies a la cabeza con una armadura** de forma que nadie sabía quién era. Pero cuando la muchacha le iba a entregar el trofeo, el caballero le hizo en la mano la señal de la cruz y desapareció a continuación. Al ver que se trataba de un cristiano, **los padres prohibieron a la joven que volviera a verle** y amenazaron con encerrarla en el castillo. Pero ya se había enamorado, y desde entonces esperó el regreso de su caballero, llorando tan desconsoladamente que sus lágrimas se convirtieron en riachuelos. Y dicen que **en las noches claras de invierno todavía se puede ver su silueta** en el **Cancho de la Mora,** donde aún espera que se cumpla su sueño.

Al acercaros al ***castillo de Monfragüe,*** acordaos de esta historia cuando subáis a la torre, que es una verdadera atalaya de vigilancia desde la que **se divisan muchos kilómetros alrededor.** Junto al castillo hay una ermita y una fuente, así como distintos lugares para disfrutar de las vistas del Tajo, que va muy calmado desde que se construyó el **embalse de Alcántara.** En el recorrido del parque natural descubriréis rincones preciosos, como la **Fuente del Francés** o el espectacular **Salto del Gitano,** formado por **unas grandes rocas que caen en picado sobre el río.** Y si queréis conocer este espacio natural con más detalle, acercaros a ***Villareal de San Carlos,*** donde hay un centro de información y **un simpático albergue hecho en cabañas con techo de paja.** En otro pueblo cercano, ***Torrejón el Rubio,*** también existe un albergue que tiene un curioso museo con **juegos para adivinar los olores y los sonidos de la naturaleza.**

EL VALLE DE AMBROZ, LAS HURDES Y LA SIERRA DE GATA

CONTRABANDISTAS Y CASTILLOS FRONTERIZOS

Al norte de la provincia de Cáceres están algunos de los paisajes más bonitos y desconocidos de Extremadura, con pueblos que tienen incluso su propio lenguaje de origen misterioso. En esta zona, muy próxima a la frontera portuguesa, abundan las fortificaciones que antiguamente defendían el territorio frente al país vecino, y que hoy son simples recuerdos del pasado.

Limitando con la provincia de Salamanca está el ***valle de Ambroz,*** regado por este río que **recoge las aguas del deshielo de una cercana sierra** y forma un verde paisaje de prados y arbolado. Una de las poblaciones más antiguas del valle es ***Baños de Montemayor,*** con sus aguas termales que ya eran famosas en tiempos de los romanos y manan continuamente a 42 ºC. Muy cerca está la encantadora localidad de ***Hervás,*** donde **tuvieron un castillo los enigmáticos caballeros templarios** y que conserva su antiquísimo barrio judío, formado por calles estrechas y casas apiñadas en las que se ven las vigas de madera que sujetan las paredes. Junto al pueblo pasa el río Ambroz, que tiene bonitos parajes y se cruza por un puente donde mana la **fuente Chiquita,** lugar en el que **se citaban a escondidas una judía y un cristiano que**

murieron trágicamente a manos del intransigente padre de la muchacha.

Una de las construcciones más misteriosas del pueblo es la llamada **casa del Miedo,** que según parece sirvió como cárcel y **tiene algunos esqueletos tallados en las columnas de sus soportales.** De esta casa se cuenta una historia muy divertida, que se remonta a una época lejana en la que, desde que anochecía hasta la mañana siguiente, los atemorizados vecinos **escuchaban ruidos de cadenas, gemidos y gritos espeluznantes** que parecían venir del interior del edificio. Como había pertenecido a la tenebrosa Inquisición, todo el mundo suponía que lo que se escuchaban **eran los fantasmas de los torturados.** Pero la explicación era mucho más sencilla: la casa la había comprado un contrabandista y, para evitar que la gente se acercara, **él mismo provocaba esos sonidos terroríficos** que mantenían alejados a los curiosos.

■ No lejos de Hervás se extiende el **embalse de Gabriel y Galán,** en cuyo borde está ***Granadilla,*** un **pueblo abandonado que fue salvado de la ruina** y que conserva un castillo de época romana. Y al otro lado del embalse se encuentran ***Las Hurdes,*** una apartada comarca en la que hace años la gente vivía tan miserablemente que sirvió como

Vegetación de Las Hurdes.

Recorriendo el paisaje hurdano.

Granadilla

Colmenas.

Pipa de El Gasco.

motivo para un documental que se tituló *Tierra sin pan.* Ahora ha pasado a ser una de las regiones más bellas de Extremadura, con sus **pueblos de tejados de pizarra –que apenas se distinguen del paisaje–** y el recorrido que va haciendo el río Hurdano entre huertas, árboles y colmenas, abundantes en la zona. Uno de los bosques más frondosos es el que cubre el **puerto de la Portilla Alta,** donde **antiguamente los bandoleros solían asaltar a la gente** que se aventuraba en esta región inhóspita.

■ Bordeando la provincia de Salamanca se llega a la ***Sierra de Gata,*** otra comarca poco conocida en la que destaca el pueblo de Gata, que cuenta con un pequeño jardín botánico. Desde aquí vale la pena acercarse a la localidad de ***Cilleros,*** que tiene antiguas casas con escudos y balconadas de madera entre las que destaca el palacio de los Bacas, en el que **dicen que hay tantas ventanas y puertas como días tiene el año.** No se sabe si alguien se ha molestado en contarlas, pero si os animáis podéis entreteneros un rato.

■ Hacia el norte de Cilleros está ***Villamiel,*** que es el pueblo más alto de la sierra y, conserva casonas, un palacio y un original juego de bolos en el que sólo participan las mujeres. A poca distancia, una carreterilla lleva hasta la aldea de ***Trevejo,*** **presidida por la mole de su misterioso castillo,** levantado sobre grandes rocas. Alrededor de la fortaleza, una de las que servían para vigilar esta zona fronteriza con Portugal, veréis una iglesia con un gracioso campanil y **varias tumbas con forma humana excavadas en la piedra.**

A partir de aquí, a medida que os acercáis a Portugal, entráis en una zona en la que **se habla un lenguaje muy curioso,** conocido como *chapurreau,* que por cierto tiene la particularidad de que en cada pueblo es diferente. Por ejemplo, mientras en **San Martín** es *mañegu,* en **Eljas** se habla *lagartieru* y en **Valverde** *valverdieru.* Además, cada pueblo tiene sus atractivos. Así, en ***San Martín de Trevejo*** os llamarán la atención los **grandes aleros de las casas** y los canalillos por los que corre permanentemente el agua en las calles. ***Eljas*** está apiñado a los pies de las ruinas de su castillo, y en ***Valverde del Fresno*** hay **una iglesia que está sin acabar** porque, según dicen, todos los canteros que estaban costruyéndola se fueron a trabajar al Monasterio del Escorial.

La **Sierra de Gata** forma parte de lo que se conoce como ***La Raya,*** es decir la zona fronteriza donde se juntan España y Portugal, y en la que **era habitual el paso de los contrabandistas de un lado a otro.** Si los mayores se animan a cruzarla, sabed que muy cerca hay lugares que merecen una excursión, como la reserva natural de la **sierra Malcata** o el puebecito de ***Monsanto,*** con sus **casas hechas aprovechando grandes moles de granito a modo de paredes.** Como el paisaje no entiende de fronteras, a los dos lados de *La Raya* encontraréis lugares con **raras formaciones de piedras,** entre las que son especialmente llamativas las Torres, cerca de Eljas, donde la tradición cuenta que hubo un castillo en el que se refugiaba Hernán Centeno, uno de los bandoleros más famosos que vivieron en estas sierras.

Monsanto (Portugal).

Abajo, jugando en Caminomorisco.

OTROS DESTINOS DE INTERÉS

■ La ciudad de ***Cáceres,*** que ha sido declarada Patrimonio de la Humanidad por la conservación de su casco antiguo, ya era una importante fortaleza en tiempos de los árabes y, después de ser conquistada por las tropas cristianas, vivieron en ella poderosas familias nobles que la enriquecieron aun más. Tras el descubrimiento de América, la ciudad siguió creciendo gracias a **numerosos conquistadores que habían nacido en ella** y que, al regresar, se construyeron grandes palacios. Por eso, cuando paseéis por Cáceres veréis muchas de estas edificaciones, como el palacio de los Golfines, la casa de Carvajal o el palacio de Toledo-Moctezuma, en el que vivió el hijo de un capitán que había viajado con el descubridor de México, Hernán Cortés, y **se casó con la hija del emperador azteca Moctezuma.**

Además de los grandes caserones, presididos por **torres siempre cuajadas de nidos de cigüeñas,** Cáceres tiene un recinto amurallado y un monumental aljibe que servía para que la población pudiera beber si estaba sitiada por el enemigo. Este aljibe, uno de los mejor conservados del mundo, se encuentra en la llamada casa de las Veletas, donde también hay un museo que os permitirá formaros una idea de cómo vivían los antiguos pobladores de la provincia. Además, esta casa es objeto de una curiosa leyenda, ya que en ella vivía una princesa mora que se enamoró de un soldado cristiano y que, una noche, al abrirle la puerta de la muralla, sin quererlo **facilitó la entrada de las tropas enemigas,** que arrebataron la ciudad a los árabes. Si coincide que pasáis por la calle del Moral en la noche de San Juan y **veis una gallina de oro seguida de unos polluelos,** también de oro, no os sorprendáis porque precisamente se trata de la princesa y sus damas, que quedaron hechizadas por su traición y que no volverán a ser de carne y hueso hasta que los árabes ocupen de nuevo la ciudad.

Cáceres. Aljibe.

■ Entre todas las poblaciones de la provincia destaca especialmente ***Trujillo,*** en cuyas tierras nacieron al menos 600 de los expedicionarios que participaron en la conquista de América, entre ellos Orellana, Pizarro y Hernán Cortés.
Cuando caminéis por las calles empedradas **os será fácil imaginar los destacamentos de colonizadores, aventureros y buscadores de tesoros** que se formaban en cada expedición soñando con fundar ciudades y con descubrir las fantásticas tierras de El Dorado, llenas de oro y piedras preciosas.

■ En Trujillo debéis acercaros a la plaza Mayor, una de las más bonitas de España, con su forma irregular y su suelo un poco desnivelado. A su alrededor se alzan antiguos edificios y palacios, como el de la Conquista, con **su gracioso balcón esquinado** y la Casa del Peso Real, así llamada porque en ella **se pesaban la harina y el cereal durante la Edad Media.** En medio de la plaza hay una fuente y un gran monumento ecuestre de Francisco Pizarro, sobre el que se cuenta una curiosa historia. Según parece, esta estatua de bronce –con más de seis toneladas de peso–, fue realizada por un escultor americano llamado Carlos R. McDonald, que se la ofreció primero a México, diciendo que era de Hernán Cortés, y, luego, a Perú, diciendo que se trataba de Pizarro. Ninguno de los dos países aceptó la estatua, y a la muerte del artista su viuda decidió regalársela a la ciudad de Trujillo, donde adoptó definitivamente la personalidad de Pizarro.

Torre de Jerez de los Caballeros.

Flora de la zona de La Serena, Badajoz.

Otros lugares que hay que visitar son el primitivo castillo árabe, situado en la parte más alta, y las murallas, también musulmanas, que conservan las almenas, varias torres y cuatro puertas. Junto a la llamada puerta de Coria está el convento de San Francisco el Real, que tiene en su interior **un interesante museo dedicado a la conquista de América.** Muy cerca se encuentran la casa-museo de Pizarro, en la que se muestran algunos de los objetos que utilizaron los conquistadores del Perú, así como **piezas de la cultura de los incas.** Otro edificio cercano al que vale la pena asomarse es la iglesia de Santa María la Mayor, donde está la tumba de Diego García de Paredes, una especie de gigante que vivió en el siglo XV y **se hizo famoso por su fortaleza descomunal,** hasta e punto de que se e apodaba «el Sansón de Extremadura». Buena parte de su vida la dedicó a recorrer Europa haciendo competiciones de fuerza,

Mérida. Teatro, anfiteatro, nuevo puente sobre el Guadiana y cabeza del emperador Augusto.

rompiendo cadenas y arrancando árboles como si tal cosa.

■ También en la provincia de Badajoz hay bonitas ciudades, como ***Jerez de los Caballeros,*** con sus **iglesias de colores,** o ***Zafra,*** con simpáticas calles y un alcázar medieval. Pero, sobre todo, la más espectacular es ***Mérida,*** donde **haréis un viaje en el tiempo hasta la época de los romanos,** que tuvieron aquí una de las capitales del imperio y a los que podéis imaginar vestidos a la moda de entonces; ellos con faldas cortitas, y ellas con túnicas sujetas con un broche en el hombro izquierdo.

■ Entre los restos que han quedado de aquella época impresiona el enorme anfiteatro, en el que había sitio para 14.000 personas y **se celebraban sangrientas luchas entre gladiadores,** así como entre fieras y hombres, generalmente cristianos. A su lado está el teatro, donde tenían lugar los espectáculos más pacíficos y que estaba repartido en varias zonas para las diferentes clases sociales. La construcción, con su escenario lleno de columnas, es realmente preciosa y ahora se utiliza para un festival de Teatro Clásico que se celebra en verano. Además de estos grandes monumentos, podréis ver también dos casas, con sus patios, habitaciones familiares y suelos de mosaicos, así como **un gigantesco hipódromo para 30.000 espectadores,** un templo dedicado a Diana, la diosa de la naturaleza, y un acueducto que llevaba el agua desde la **cercana presa romana de Proserpina,** que bien merece una excursión.

A pocos kilómetros de Mérida está el ***Parque Natural de Cornalvo,*** regado por las aguas del Guadiana y también con ruinas de un embalse de la época romana. El paisaje, formado por dehesas cubiertas de encinas, alcornoques y matorrales, entre ellos las aromáticas jaras, esconde numerosos animales, como zorros, jinetas y **algunos de los mayores reptiles europeos:** la culebra bastarda y el lagarto ocelado.

INFORMACIÓN PRÁCTICA

PARQUES NATURALES

En la provincia de Cáceres es casi obligada la visita del **Parque Natural de Monfragüe,** que tiene su centro de visitantes en Villarreal de San Carlos, ✆ 927 199 134, donde se pueden ver algunas de las especies más características de la zona. En Badajoz, próximo a Mérida está el embalse de Cornalvo y, al norte de la provincia, la reserva del Cíjara, dos espacios protegidos sobre los que facilitan amplia información en la Dirección General de Medio Ambiente de la Junta extremeña, ✆ 924 386 268.

MONUMENTOS Y MUSEOS CURIOSOS

Una de las joyas monumentales de Extremadura son las **ruinas romanas de Mérida,** abiertas todos los días, ✆ 924 312 530.

Al borde del espectacular embalse de La Serena, merece una visita el **Castillo de Puebla de Alcocer,** ✆ 924 773 817.

Entre las colecciones más atractivas ocupa un lugar especial el **Museo Etnográfico González Santana,** ✆ 924 490 222, que se encuentra en la bonita villa de Olivenza; y el pequeño **Museo del Ferrocarril** situado en la casa de la cultura de Mérida, ✆ 924 330 602.

En Cáceres capital está el **Museo de las Veletas,** ✆ 927 247 234, que guarda un aljibe árabe; y en la localidad de San Martín de Trevejo está el **Museo del Aceite y del Vino,** ✆ 927 513 002.

EXCURSIONES EMOCIONANTES

En el valle del Jerte se organizan rutas por la preciosa **Reserva Natural de la Garganta de los Infiernos,** ✆ 927 472 015; y cerca de Valencia de Alcántara, a ambos lados de la frontera con Portugal, está una de las zonas de **dólmenes** más importantes de la Península, ✆ 927 582 543.

ACTIVIDADES

En la comarca de **La Serena,** en Badajoz, organizan rutas de media jornada para observación de la naturaleza, ✆ 924 777 321; excursiones a caballo, ✆ 924 600 358; y cursillos de iniciación a diferentes deportes, como piragüismo o tiro con arco, ✆ 610 390 793.

En la **sierra cacereña de Gata** organizan rutas para todas las edades, ✆ 927 147 222.

En la comarca de **La Vera** se ofrecen escapadas a caballo, ✆ 927 461 283; al igual que en el valle del Jerte, ✆ 927 472 045.

Una forma atractiva de recorrer **Monfragüe** es a lomos de un burro, desde la localidad de Torrejón el Rubio, ✆ 927 455 096; y en el mismo parque se puede participar en una jornada familiar de protección de la naturaleza recogiendo las cuerdas sintéticas que causan la muerte de las crías de cigüeñas, ✆ 927 455 178.

ALOJAMIENTOS

En las inmediaciones de Monfragüe, el **Hotel El Alcaudón,** organiza visitas al Parque y excursiones en lancha neumática. ✆ 927 547 600.

Cerca de Trujillo, el **Hotel Viña de las Torres,** organiza rutas a caballo y todo tipo de actividades, incluyendo paseos en globo. ✆ 927 319 350.

En Valencia de Alcántara, la **Casa Rural El Regato,** organiza excursiones por los dólmenes. ✆ 927 491 078,

En Malpartida de Plasencia, la **Posada de Amonaria,** ofrece sesiones de observación astronómica. ✆ 927 459 446,

En Cabeza del Buey, Badajoz, la **Casa El Chaparral Bajo,** es un buen observatorio para avistar grullas, muy abundantes en el entorno. ✆ 924 600 074.

GALICIA

LAS LUCES DE LOS FAROS ALUMBRAN ACANTILADOS EN LOS QUE, A LO LARGO DE SIGLOS, DESEMBARCARON FEROCES VIKINGOS, APARECIERON BUQUES FANTASMAS Y SE AHOGARON MUCHOS MARINEROS. SÓLO LAS GAVIOTAS SE MUEVEN CON FACILIDAD EN ESTAS ROCAS DONDE TERMINA EL MUNDO.

Finisterre y la Costa de la Muerte.

Las Rías Bajas.

A Coruña y las Rías Altas.

La Ribera Sagrada.

A CORUÑA Y LAS RÍAS ALTAS

LA CIUDAD DE CRISTAL

Los marinos llaman a A Coruña «la ciudad de cristal», porque cuando el sol se refleja en las casas del puerto, llenas de grandes ventanales, parece como si toda la ciudad brillara como un espejo. Por eso merece la pena que os acerquéis a la dársena de la Marina, donde están las galerías acristaladas y, de paso, deis un paseo por el puerto en el que podréis ver grandes veleros, barcos de pesca o enormes trasatlánticos procedentes de cualquier país del mundo. Cuando se hace de noche, los barcos encienden cientos de bombillas y el puerto se convierte en un escenario de cuento, con los mástiles iluminados reflejándose en el agua.

La parte vieja de ***A Coruña*** ocupa una punta rocosa rodeada por el mar, y vigilada por la Torre de Hércules, a la que se **puede llegar haciendo un divertido recorrido en tranvía** por un paseo de ocho kilómetros. La Torre, símbolo de la ciudad, tiene más de cien metros de altura y está coronada por **el faro más antiguo del mundo,** construido hace casi dos mil años en el mismo sitio donde Hércules venció al gigante Gerión.
La leyenda cuenta que uno de los trabajos de Hércules, hijo del dios Zeus, era apoderarse de las manadas de toros de Gerión, un rey cruel y sanguinario que vivía en estas tierras. Después de una lucha a muerte, Hércules venció a Gerión y, tras cortarle la cabeza, la enterró y mandó construir sobre ella la gran torre. **El interior del faro se puede visitar, aunque hay que**

Según la leyenda, Hércules está muy ligado al nacimiento de la ciudad de A Coruña.

A la izquierda, recordando las incursiones piratas.

armarse de valor para subir los 234 escalones que llevan hasta la parte más alta. Eso sí, la subida merece la pena porque al final hay una fantástica vista de la ciudad y del océano y es posible hacerse una idea de la importancia que tuvo la señal luminosa para guiar a las naves que bordeaban estas peligrosas costas, llenas de islotes rocosos. En tiempos lejanos, el faro estaba formado por una plancha redonda que giraba y reflejaba los rayos del sol, mandando destellos a los barcos durante el día y utilizando una hoguera para orientarlos por la noche. A pesar de estas señales, en las aguas cercanas al faro se esconden muchas embarcaciones que naufragaron; incluso, hasta hace poco, asomaban los restos del petrolero *Mar Egeo,* que se hundió en 1993 y **provocó una enorme marea negra en la que murieron muchas aves marinas.**

■ A la entrada del puerto está el castillo de San Antón, construido sobre un islote que antiguamente estaba separado de tierra y que alberga el Museo Arqueológico de A Coruña donde se pueden ver restos de los primeros pobladores de la ciudad. Cuando sólo se podía llegar en barca, este castillo **sirvió como cárcel y hospital de leprosos,** para que sus habitantes no pudieran escaparse. Pero durante mucho tiempo fue la fortaleza que **defendía la ciudad de los ataques de los corsarios,** y todavía se pueden ver los cañones que permitieron derrotar a Francis Drake, **el temible pirata inglés al que hizo frente una valerosa mujer, María Pita,** que desde entonces es la heroína de la ciudad.

Precisamente las fiestas más vistosas de A Coruña, que se celebran a lo largo del mes de agosto, están dedicadas a esta mujer; también lleva su nombre la plaza más importante del casco antiguo, donde se alza el Ayuntamiento, un bonito edificio que encierra un Museo de Relojes con piezas muy curiosas. Otra de las fiestas que os sorprenderá es el **mercadillo medieval que se celebra en el casco viejo, donde muchos artesanos disfrazados como en los cuentos de hadas venden sus mercancías**

Arriba, Domus, dos aspectos.

Abajo, el tranvía.

Al lado, Feria Medieval.

Muy cerca del puerto está uno de los paseos más bonitos, el de La Rosaleda, donde se pueden ver grandes cedros y flores de todo tipo, como azaleas, camelias y rosales, y en el que todos los días se cambia la fecha de un colorido Calendario hecho con flores. En el ensanche de la ciudad, otro de los parques que merecen un recorrido es el de Santa Margarita con **una espectacular cascada** y en cuyo centro se alza la interesante Casa de las Ciencias, que tiene **un planetario y varias salas dedicadas a la informática.** La colección, destinada a que aprendáis la ciencia, la tecnología y el mundo natural de una forma divertida, ocupa un antiguo edificio en cuya escalera oscila un péndulo de Foucault, artilugio que permitió demostrar que la Tierra daba vueltas. Para aprender algo más sobre las ciencias, A Coruña tiene otro museo de lujo, el *Domus,* construido al borde del mar y presidido por **un original retrato de La Gioconda hecho con más de diez mil fotos de ciudadanos de todo el mundo.** El edificio, que tiene forma de barco, ha sido diseñado por un arquitecto japonés y está pensado también como un museo interactivo donde **podéis ver vuestro propio esqueleto o sentir el latido del corazón de un bebé en el vientre de su madre.**

■ A partir de A Coruña, empiezan las llamadas Rías Altas, que a veces forman auténticos puertos naturales como Betanzos, Ares y Ferrol. En la población de ***Betanzos*** merece la pena que os detengáis, aunque sólo sea unos instantes, en los curiosísimos Jardines del Pasatiempo, construidos hace un siglo por unos indianos que regresaron de América y crearon esta especie de parque en el que **están representados monumentos de todo el mundo, inventos como el submarino y la escafandra,** una gran cueva subterránea y un estanque bautizado como El Retiro. Hoy, este jardín único está muy abandonado pero esperemos que no desaparezca. Si además, vuestra visita a Betanzos coincide con las fiestas de San Roque, a mediados de agosto, podréis disfrutar de un espectáculo que consiste en soltar **un colosal globo de papel,** adornado con dibujos, que desde 1814 se eleva todos los años en la plaza de O Campo.

■ Bordeando la ***ría de Betanzos*** se llega a ***Pontedeume,*** pueblo que toma su nombre de un larguísimo puente de más de setenta arcos que servía para cruzar el río Eume. A pocos kilómetros de Pontedeume está la ciudad de ***Ferrol,*** en una de las ensenadas más escondidas de la costa, bajo la protección de los castillos de La Palma y de San Felipe. La ciudad no es muy vistosa, pero tiene unos **espectaculares astilleros en los que se han construido flotas enteras de barcos** y un Museo Naval donde se pueden ver maquetas de buques de distintas épocas. En el fondo de la ría, cerca de la aldea de O Roxal, podéis asomaros a la *fervenza* del río Belelle, una **cascada natural de impresionante altura.**

A poca distancia de Ferrol, una de las excursiones más atractivas es la que lleva a la ***playa de Doniños,*** donde además hay una laguna en cuyo interior la leyenda cuenta que **existe una ciudad sumergida.** A un lado de la playa, a través de túneles que en otros tiempos sirvieron para colocar baterías militares, se llega al cabo Prioriño. Y al otro lado, algo más al norte, se encuentra el ***cabo Prior,*** con magníficas vistas de la costa y un faro desde el que se llega al mar por unas **escaleras talladas entre los acantilados** y que en los días de niebla avisa a los barcos con una sirena que pone los pelos de punta. Continuando esta excursión alcanzaréis los ***arenales de Valdoviño,*** con dunas y pequeñas lagunas en las que **se pueden ver numerosas aves acuáticas, como gaviotas y cormoranes.**

■ Pero para disfrutar de la naturaleza, tal cual, merece la pena subir hasta la ***ría de Ortigueira,*** donde se encuentra la ***sierra de Capelada,*** que bordea el mar con **los acantilados de Vixia Herbeira, considerados como los mayores**

Arriba, Museo Naval de Ferrol.

Abajo, «Rapa das bestas».

Figurillas de miga de pan de San Andrés de Teixido.

Parque eólico de Estaca de Bares.

de Europa. En varios rincones de esta sierra se esconde el lobo y se pueden ver caballos en estado salvaje, los mismos que todos los años protagonizan una antiquísima tradición, la *rapa das bestas.* Esta costumbre, que en otros lugares de Galicia se ha convertido en una fiesta conocida popularmente como *curro,* consiste en conducir a los caballos en tropel hasta un cercado donde **sus dueños les cortan las crines y marcan a las crías,** para que se sepa a quién pertenecen cuando vuelvan a estar en libertad.

■ Lo que más impresiona de la sierra de Capelada es que está deshabitada y sólo existe un pequeño pueblo, ***San Andrés de Teixido,*** considerado como uno de los más misteriosos de Galicia. Sus casas se asoman al acantilado, alrededor de un milagroso santuario en el que todos los años se celebra una multitudinaria romería. Dice la tradición que a este lugar *vai de morto e que non foi de vivo* («va muerto el que no fue vivo»). Por eso, cuando estéis allí **debéis tener mucho cuidado de no pisar una lagartija, una hormiga o cualquier otro pequeño animal,** porque podría tratarse de un alma en pena que, al no haber peregrinado en vida al santuario, ha adoptado esa forma para poder cumplir su obligación después de muerto.

Como es natural, San Andrés de Teixido es un lugar con muchas leyendas. Entre ellas, la de aquel grupo de amigos que iban en peregrinación y **se encontraron una calavera en el camino.** Uno de ellos le dio un puntapié y, como si fuera un juego, sus compañeros hicieron lo mismo hasta que estuvieron cerca del santuario. Cuando llegaban, uno de los muchachos propuso que dejaran la calavera y otro le contestó, en broma: «ya que queda poco camino llevémosla hasta el santuario y podremos invitarla a merendar con nosotros». Cuál sería su sorpresa cuando, a las puertas de San Andrés, **la calavera se convirtió en cabeza** y le dijo a los bromistas: «muchas gracias, amigos míos, porque con vuestra ayuda pude llegar hasta aquí y, de esta forma, hacer la peregrinación que no hice cuando vivía».

■ Junto a la sierra de Capelada. rodeada de bosques, está una de las rías más bonitas de Galicia, la de ***Ortigueira.*** Y más allá se encuentra la ***Punta de Estaca de Bares,*** también con **un mínimo puerto, un faro y unos altísimos acantilados.** Las panorámicas desde el faro, pese a la instalación de una serie de modernos molinos de viento que las han afeado bastante, son muy espectaculares y os permitirán ver buena parte de la costa. Desde esas alturas, **los barcos de los pescadores se ven tan diminutos que parecen de juguete.**

FINISTERRE Y LA COSTA DE LA MUERTE

NAUFRAGIOS Y BARCOS FANTASMAS

Entre A Coruña y el cabo Finisterre hay una peligrosa zona de litoral que se conoce con el nombre de Costa de la Muerte, porque contra ella se han estrellado numerosos barcos y se ha ahogado mucha gente. En los acantilados todavía es posible ver las cruces que indican dónde se hundieron las embarcaciones. Toda la zona está llena de leyendas, especialmente Finisterre, que se llama así porque en la antigüedad se creía que aquí estaba el fin de la Tierra y que, después de la línea del horizonte, había un enorme abismo del que nadie regresaba vivo.

Antes de llegar a Finisterre desde Muros, se pasa por la enorme ***playa de la Carnota,*** donde está **uno de los hórreos más grandes de Galicia** con 35 metros de largo. Cerca de esta playa está también la de ***Ézaro,*** que al atardecer se llena de gaviotas y que tiene en las proximidades el **monte Pindo,** considerado como un lugar sagrado por los celtas. Debéis saber que en toda esta zona tuvieron una gran presencia aquellos primitivos pobladores que adoraban al sol y le ofrecían sacrificios. Cuando un árbol tenía muérdago, se decía que un dios vivía en él y sólo un druida podía cortar la planta mágica con ayuda de una hoz de oro, después de haber sacrificado dos toros blancos. Ya en el cabo de Finisterre se pasa también por la **playa de Langosteira,** donde se cuenta que estuvo el pueblo de *Duio,* que **desapareció bajo las aguas por**

Pescador en Muros.

Hórreo de Carnota.

alguna extraña maldición. De camino, merece la pena que os detengáis en una iglesia muy antigua donde se guarda la imagen del Cristo de la Barba Dorada, a la que, según la gente, **le siguen creciendo el pelo y las uñas.** Por último, cuando lleguéis al extremo del ***cabo Finisterre*** pensad que estáis en un lugar muy especial, con unas impresionantes puestas de sol sobre el océano. **Los celtas decían que aquí estaba el mar de los muertos,** y donde ahora se levanta el faro encendían grandes hogueras para guiar a las embarcaciones y que no se hundieran en aquellas peligrosas aguas.

- Más al norte, en la villa de ***Muxía*** podréis ver el **santuario de Nuestra Señora da Barca,** que se conoce con ese nombre porque la imagen de la Virgen llegó a este lugar sobre una barca de piedra. El santuario está en un paraje muy bonito, justo al borde del mar, y entre las rocas aún se puede ver aquella barca, conocida como *Pedra dos Cadrís,* que tiene forma de riñón y del que cuentan que puede curar enfermedades como el reuma a quien pasa por debajo de ella. Otra roca con propiedades mágicas que está junto al santuario es la *pedra de abalar,* una enorme losa que a veces **se mueve sola para avisar de que va a suceder alguna desgracia.** También merece la pena entrar en el santuario, porque hay muchas ofrendas, incluyendo algunas maquetas de barcos que la gente hacía a la Virgen cuando quería darle las gracias por haber evitado un naufragio o haberle salvado de alguna enfermedad.

«Palilleiras» de Camariñas.

Santuario de Nuestra Señora da Barca.

Camariñas es otro de los pueblos que tuvieron mucha importancia debido a la actividad de sus pescadores y, aunque ahora está más tranquilo, todavía cuenta con bastantes embarcaciones que alegran con su colorido el puerto, bien protegido del mar. No obstante, lo que distingue a este pueblecito son sus *palilleiras,* unas mujeres que hacen preciosos encajes de bolillos a la puerta de sus casas y que, según parece, **aprendieron esta complicada labor de las mismísimas sirenas,** que intentaban imitar la espuma de las olas al romper contra las rocas. A pocos kilómetros, yendo por una carretera que pasa junto a una central eólica formada por altísimos molinos de viento, se llega al ***cabo Vilan,*** donde hay un **faro muy antiguo sobre unos impresionantes acantilados.** Este faro fue el primero de Europa que utilizó energía eléctrica después de que, en 1890, naufragara en estas aguas el buque inglés *Serpent, y* **murieran sus 172 tripulantes, que ahora están enterrados en un mínimo cementerio en la cercana playa de Trece.**

La excursión desde el cabo Vilan hasta la aldeíta de ***Camelle*** es verdaderamente impresionante y os dará una idea de la peligrosidad de esta costa por la que, al caer la noche, **se pasean barcos fantasmas recogiendo las almas perdidas de los ahogados.** Los naufragios eran tan frecuentes, que llegó a haber gente que vivía de los restos de los barcos hundidos. En este «trabajo» había dos tipos de personas: los llamados «piratas» que mientras el barco se iba a pique se acercaban a él en plena tempestad y cogían todo lo que podían poniendo en peligro su propia vida, y los más cómodos, conocidos como «playeros», que se limitaban a esperar en la costa lo que el mar iba arrastrando hasta la orilla. A veces se llevaban algún que otro susto, como le sucedió a aquellos que recogieron una gran caja bien tallada y, pensando que guardaba un tesoro, la abrieron y

La Costa de la Muerte.

se encontraron dentro el cadáver embalsamado de un militar inglés. Al final de esta excursión, en el puerto de Camelle se puede ver un **curiosísimo jardín de piedras y huesos de ballenas y cachalotes,** construido por Manfred, una especie de ermitaño marino que vive pobremente en una mínima casita sobre las rocas.

Cerca del puerto de **Corme** está la temible ***punta del Roncudo,*** famosa por sus riquísimos percebes y por los grandes riesgos que corren quienes se dedican a recoger este raro fruto del mar, que se engancha en acantilados sacudidos por olas muy fuertes. Los pescadores temen bastante este lugar aunque, según cuentan, algunos de sus pobladores nacieron de los amores entre sirenas y marineros. Todavía hoy **es posible encontrarse con sirenas que van disfrazadas de mujeres normales** y, por si os interesa descubrirlas, sólo se distinguen porque no tienen ombligo ni rayas en las plantas de los pies.

■ También, desde Corme hacia el interior, es aconsejable que os acerquéis al ***valle de Gondomil,*** donde al borde mismo de la carretera se puede ver la misteriosa *pedra da serpe,* una roca en la que se distingue claramente una serpiente alada. Aunque después se le añadió una cruz, esta piedra es muy antigua y, según algunos, **recuerda la época en la que todo este valle estaba invadido de serpientes.** En una ocasión, pasó por aquí san Adrián y acabó con todas, dejando la piedra como símbolo del milagro. Otros estudiosos dan una explicación más macabra y aseguran que esta imagen representa a un dios muy antiguo, llamado Baal, que era señor de las tempestades y al que **se ofrecían sacrificios humanos, arrojando a las personas a un horno** construido bajo una piedra con la forma de una gigantesca serpiente.

■ La población de ***Malpica*** tiene un bonito puerto del que hace muchos años salían barcos pesqueros a **la pesca de ballenas en mares muy lejanos.** Cerca del pueblo, una pequeña carretera conduce al **cabo de San Adrián,** pasando junto a una ermita levantada al borde del mar y que tiene fama de milagrera. A poca distancia del cabo de San Adrián están las ***islas Sisargas,*** donde anidan algunas aves que no se ven fácilmente en otros sitios, como la gaviota sombría o el arao ibérico. En una de estas tres islas hay un faro que, hace muchos años, tenía un cañón que se disparaba para avisar a los barcos de la cercanía de las rocas durante los días de niebla. En la misma isla se ven también **las ruinas de una ermita que fue destruida por los piratas normandos** y en la que enterraban a los que se habían ahogado en el mar.

Fiesta de Nuestra Señora del Mar, en Malpica de Bergantiños.

SANTIAGO DE COMPOSTELA

EL SUEÑO DE LOS PEREGRINOS

Santiago de Compostela es uno de los grandes destinos de los viajeros de todo el mundo desde que, a comienzos de la Edad Media, un monje llamado Pelayo descubrió aquí el cuerpo del apóstol Santiago gracias a la mágica intervención de una estrella, que señaló con uno de sus rayos el lugar en el que estaba enterrado. A partir de ese momento, los peregrinos empezaron a llegar desde los rincones más lejanos del planeta, haciendo largas travesías a pie durante años. Algunos de ellos morían en el viaje y los que llegaban a Santiago, antes de entrar en la ciudad se subían corriendo al monte del Gozo, donde daban saltos de alegría al descubrir que habían alcanzado su meta.

En *Santiago de Compostela* es aconsejable que deis un paseo hasta la enorme plaza del Obradoiro, rodeada de bonitos edificios entre los que destaca la Catedral, a cuya entrada, conocida como el *Pórtico de la Gloria,* hay varios detalles que os llamarán la atención. Lo más curioso es la columna situada en el centro del pórtico, al pie del *Santo dos Croques* donde, desde hace siglos, los peregrinos siguen la **costumbre de darse un cabezazo para tener más inteligencia.** En la base de esta columna se puede ver la **huella que han ido dejando millones de manos al apoyarse** y desgastar la piedra. Además de todos los apóstoles que seguían a Jesucristo, en la parte alta del pórtico se ve **un grupo de músicos –tallados en piedra– tocando instrumentos antiguos:** arpas, salterios, fídulas,… Hace pocos años, unos artesanos

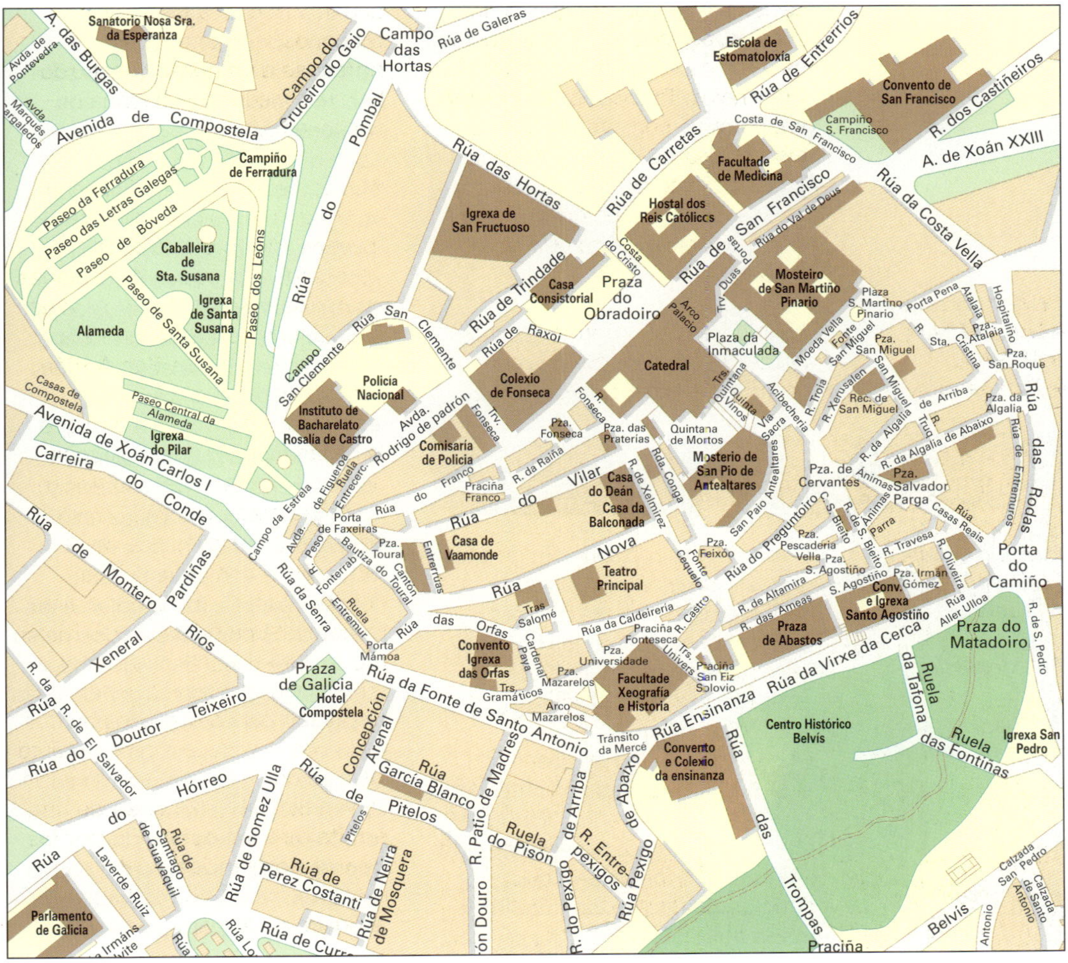

Peregrinos ante la fachada del Obradoiro.

La Alameda.

Arriba derecha, Tarta de Santiago.

hicieron una copia exacta de esos raros instrumentos, utilizando además las maderas que se podían encontrar en los bosques de Galicia, como nogal, boj, álamo, tilo y cerezo.

También hay que entretenerse un rato dentro de la Catedral, donde se balancea el famoso *botafumeiro,* un **gigantesco incensario que cuelga de una de las cúpulas** y pesa tanto que tiene que ser movido por varias personas, los llamados *tiraboleiros.* Hace cincuenta años, el *botafumeiro* **salió disparado por los aires y cruzó una puerta que da a la plaza de las Platerías.** Entre los rincones mágicos de la Catedral seguramente os llamará la atención la cripta, donde están los restos del apóstol, así como algunos sarcófagos y esqueletos. Otro de los sepulcros que tienen su historia es el de doña Berenguela, con la estatua de esta hermosa mujer que, según dicen, **la noche anterior al día de Santiago sale de su tumba vestida con sus mejores galas** y se pasea por la calle aprovechando que todo el mundo está muy entretenido con los fuegos artificiales. Si estáis esa noche en Santiago y os fijáis un poco, a lo mejor la descubrís caminando entre la gente, porque sólo retorna a su sepulcro cuando ha terminado el espectáculo y las calles empiezan a quedarse vacías.

■ Alrededor de la Catedral hay algunas plazas, como Platerías y Azabachería, que antiguamente estaban llenas del bullicio de artesanos y comerciantes que hacían objetos y **los vendían a los peregrinos como recuerdos de su largo viaje** hasta Santiago. Todavía son muy típicas figuras como vieiras, imágenes del apóstol o *figas,* talladas en azabache, un carbón petrificado, negro y muy brillante, que **protegían a los viajeros contra el «mal de ojo», las mordeduras de serpiente y otros peligros.** Además de estas plazas, hay calles como Nova o Vilar con

Arriba, preparando el «Botafumiero».

Izquierda, Pórtico de la Gloria. Rey David músico.

soportales que protegen de la lluvia y que, además, conservan unos **ventanucos a través de los que los vecinos de las casas veían a la gente** que pasaba por allí.

La calle más animada es la del Franco, que está llena de bares que ofrecen raciones de todo tipo y termina en la puerta de Faxeira, donde estaba una de las entradas a la muralla de la ciudad. Según cuentan, **sobre esta puerta estaba la vivienda del verdugo** y, como escarmiento, en el mismo arco se colgaban las cabezas de los que habían sido decapitados por el siniestro personaje. Más allá de la puerta de Faxeira se encuentra el parque de la Alameda, con un quiosco de música y árboles centenarios. Hace muchos años, era costumbre que las señoritas de la alta sociedad pasearan por el centro de este parque y las trabajadoras por uno de los laterales, mientras los jóvenes estudiantes iban de un lado a otro intentando hacer alguna conquista.

■ A las afueras de Santiago está la **colegiata de Santa María del Sar** que, según parece, tiene algo de mágica porque **la construyeron los misteriosos caballeros templarios,** que eran mitad monjes y mitad guerreros,

Detalle del Pazo de Oca.

y siempre se ha dicho que tenían extraños poderes. La verdad es que dentro de la iglesia **resulta bastante sorprendente la inclinación de las columnas** que sujetan el techo, que dan la impresión de que van a caerse en cualquier momento.

■ Un poco más apartado está el ***monasterio de Trasoutos,*** rodeado de un **precioso robledal donde no es difícil encontrarse con una de esas almas en pena,** que andan siempre buscando a alguien que haga por ellas alguna de las cosas que dejaron sin hacer cuando murieron.

En los alrededores de la ciudad hay también varios sitios a los que merece la pena ir, como el ***Pico Sacro,*** monte sagrado de los celtas, que creían que guardaba en su interior grandes riquezas de oro que sólo se podrían sacar cuando se partiera por la mitad. Cerca de este monte está el ***pazo de Oca,*** con grandes árboles, flores de todo tipo, cascadas, fuentes y estanques, entre ellos uno que tiene **un islote de piedra con forma de barca,** alrededor del cual se mueven bonitos cisnes blancos. Otro de los lugares especiales son las solitarias ruinas del ***monasterio de Carboeiro,*** que están junto al río Deza y el puente del Demonio. Ahora el monasterio, completamente abandonado, impresiona bastante y hasta da un poco de miedo, pero antiguamente lo visitaba mucha gente porque, entre sus reliquias, tenía una espina de la corona de Jesucristo,; ésta se metía en un vaso de agua del que luego los enfermos bebían para curarse. Las tierras donde se encuentra este monasterio son muy ricas en wolframio, un mineral que se utilizaba para fabricar municiones. **Durante mucho tiempo hubo contrabandistas que sacaban este mineral a escondidas,** y cuentan que, durante la Segunda Guerra Mundial, los alemanes a veces venían en aviones para llevárselo a sus fábricas de armamento.

■ En todos los «pueblines» que se pueden ver en la zona, incluso en los más pequeños, hay iglesias y monasterios que esconden alguna sorpresa. La capilla de Santiago de Breixa, por ejemplo, tiene una **colección de figuras espeluznantes en sus capiteles,** entre ellas una fea arpía, y la iglesita de Ansemil tiene también algunos personajes extraños y un poco «verdes» tallados en las columnas. Por último, si los mayores os llevan al ***monasterio de Sobrado dos Monxes,*** conviene que sepáis que es uno de los más grandes de Galicia y que, hace muchos siglos, los monjes construyeron un gran estanque en el río, con una tubería que llevaba agua hasta la cocina. Gracias a ese sistema, **los peces se pescaban vivos en la misma cocina** con ayuda de un colador y se podían guisar inmediatamente.

LA RIBERA SAGRADA

RUINAS MISTERIOSAS, MINAS DE ORO Y RÍOS ENCAÑONADOS

Una de las regiones más bonitas de Galicia es la que se extiende por las riberas del Sil, antes de que las aguas de este río se junten con las del Miño. Esta zona, de grandísimos precipicios cubiertos de árboles, se conoce como Ribera Sagrada, porque en épocas remotas se construyeron aquí muchísimos monasterios a los que se retiraban a vivir los monjes y ermitaños, gente que se apartaba del mundo y solía buscar sitios muy aislados donde llevaban una vida tranquila y de absoluta pobreza.

En toda esta región, a menudo en lugares a los que sólo se puede llegar andando, hay monasterios que la mayoría de las veces se encuentran en sitios muy espectaculares, como el de ***Santa Cristina de Ribas do Sil,*** rodeado de un espeso bosque de castaños y **al borde de un profundísimo cañón del río.** También merece la pena el de ***San Estevo,*** que es el mayor de todos y tiene tres claustros; uno de ellos con una enorme pared de cristal. Además, desde aquí hay una carretera algo peligrosa que lleva hasta **Os Peares,** lugar donde se juntan los dos ríos, que **se puede cruzar por un puente de hierro.**

Aunque la visita de los monasterios pueda pareceros aburrida, hay uno que no debéis perderos de ninguna forma, el de ***San Pedro de Rocas,*** rodeado de

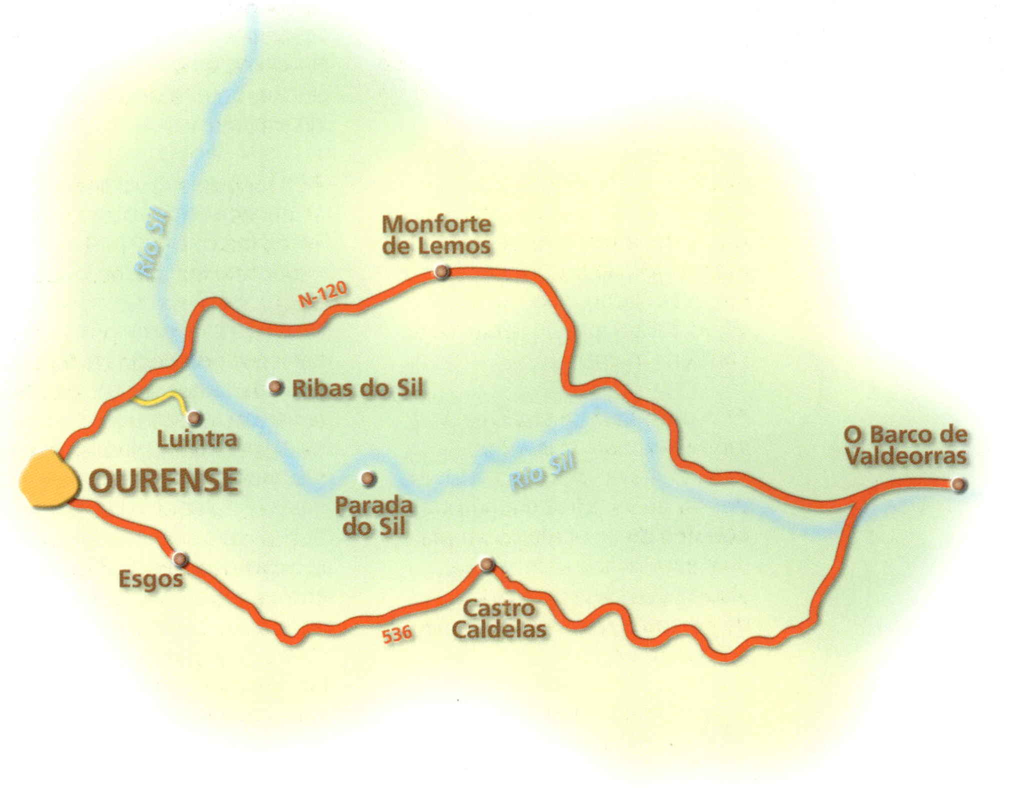

San Pedro de Rocas.

Pulpo «a feira».

fantásticos *castelos,* que es el nombre que se da en Galicia a los montones formados por grandes piedras de granito. Antes de que hubiera un monasterio, en este lugar vivieron numerosos ermitaños que se pasaban el día rezando y, al no tener grandes ocupaciones, dedicaron mucho tiempo a hacer cosas increíbles, como **tallar las sepulturas donde luego dejarían a sus muertos.** Todo el suelo está lleno de tumbas con la forma de los cuerpos

que allí descansan, algunas de ellas –cosa rara– debían ser de niños porque son muy pequeñas. Otra curiosidad de este edificio es que en una de sus paredes tiene **un mapamundi pintado en la Edad Media,** cuando aún no se tenía ni idea de cómo era la tierra.

Para ver los impresionantes desfiladeros por los que discurre el río hay varios miradores, pero os aconsejamos que os acerquéis al de **Os Balcós de Madrid,** cerca de ***Parada do Sil,*** donde hay algunas terrazas con barandillas a las que uno se puede asomar con cuidado. Desde aquí la vista es alucinante. El Sil se ve tan pequeño ahí abajo, que parece un arroyo entre **precipicios que, a veces, alcanzan los 500 metros de altura.** En estas gargantas y en los bosques que las rodean hay además gran cantidad de animales, como águilas, nutrias, ciervos, jabalíes e **incluso algún que otro lobo.**

■ Otra de las formas de ver el río es desde el agua, haciendo un **viaje en el catamarán** que navega en primavera y en verano. Esta embarcación, cubierta por un techo de cristal, hace un recorrido precioso entre paredes verticales, saliendo de un embarcadero cercano a ***Castro Caldelas*** y llegando hasta el embalse de San Estevo.

■ Por último, si estáis dispuestos a andar también podéis realizar recorridos a pie por los senderos que se han señalizado en esta zona. Uno de los más bonitos es el que une los monasterios de San Estevo y Santa Cristina, pero hay muchos otros, y en todos ellos hay algo que descubrir. Desde grandes árboles: robles, arces, abedules, castaños..., hasta restos de los poblados romanos, o de **los lugares donde hace muchos siglos se sacaba el oro de las arenas del río.**

■ Los pueblos primitivos que habitaron aquí en la Prehistoria, también han dejado algunos restos de cómo vivían. Cerca de Luintra, por ejemplo, se encuentran las *mámoas* de Moura, que son una especie de **construcciones subterráneas donde se efectuaban enterramientos.** Ahora apenas se distinguen, pero están indicadas con pequeñas placas y el sitio impresiona bastante, sobre todo cuando se va a hacer de noche y las mámoas presentan formas fantasmagóricas.

■ Si se os ha abierto el apetito y además queréis ver un auténtico mercadillo de pueblo, donde la gente compra gallinas, cacharros de barro o aperos de labranza, **no os perdáis alguna feria** como las que se celebran todos los meses en Luintra, Esgos o Castro Caldelas. En ellas podéis encontrar algún pan de esos que suelen entusiasmar a los mayores, o probar el famoso *pulpo a feira,* ¡Están para chuparse los dedos!

■ Además, en ***Luintra*** hay un **gracioso monumento al afilador,** ya que según parece en esta zona se hicieron las primeras piedras para afilar cuchillos. Debéis saber que hasta hace pocos años, incluso en las ciudades grandes, era muy frecuente la visita del afilador, un señor que solía ser gallego y que hacía sonar el *chifre,* **un curioso silbato que anunciaba su llegada.** Cuando se oía aquel sonido inconfundible, la gente se acercaba al afilador con sus cuchillos gastados y éste, después de darles una pasada por la piedra de afilar, los dejaba como nuevos.

Aguas arriba, otra de las zonas donde se pueden hacer bonitas excursiones es ***Barco de Valdeorras,*** lugar en en el que los romanos también **descubrieron importantes riquezas de oro.** Cerca del pueblo de O Barco pasa el río Cigüeño, un afluente del Sil por el que antiguamente se hacían bajar los troncos que, luego, se utilizarían para leña. Una leyenda del pueblo asegura que, en una ocasión, el dueño de estas tierras mandó cortar un gran árbol y bajarlo por el río, pero cuando quisieron convertirlo en leña la madera se había vuelto tan dura que no se podía cortar de ninguna forma. Entonces, pensando que se trataba de algo sobrenatural, el señor hizo llamar a un escultor para que hiciera una talla de Jesucristo y, en ese momento, ante el asombro de todos, **la madera se volvió tan blanda que parecía manteca.** Fue así como se hizo el Nazareno de O Barco, una imagen muy popular en la zona.

Tumbas de San Pedro de Rocas.

El afilador de Luintra.

LAS RÍAS BAJAS

LA COSTA DE LOS VIKINGOS

Dice la leyenda que después de crear la Tierra, Dios, cansado por el esfuerzo, apoyó durante un momento la mano sobre Galicia y las huellas de sus cinco dedos quedaron marcadas formando las Rías Bajas, que pasaron a ser zonas rebosantes de vida. Las rías, que son lenguas de océano que han invadido las tierras, funcionan como grandes huertos marinos que producen mejillones, almejas, nécoras, centollos y pescados de todo tipo. Esa riqueza debió atraer bastante a los vikingos que, según cuentan, estuvieron por aquí, y gracias a ella viven también muchas aves marinas que anidan en las rocas y que veréis volando por encima de las playas o siguiendo a los barcos pesqueros cuando vuelven al puerto.

Muy cerca de Portugal, junto a la desembocadura del Miño, se encuentra el ***monte Santa Tegra,*** en cuya cima está **uno de los poblados prehistóricos mayores de Galicia.** Estos pueblos, que se conocían como *castros,* estuvieron habitados hasta después de la llegada de los romanos, y solían estar formados por **cabañas redondas de piedra con el techo de paja,** rodeadas de una muralla que servía de defensa frente a los animales y las tribus enemigas. En el **castro de Santa Tegra** se pueden ver los restos de las casas, las calles y la muralla, y es posible imaginar la vida de sus habitantes, que vivieron de la agricultura y construyeron los primeros muelles para pescar en el mar. Debéis saber que **para el hombre antiguo el mar era como un lago salado,** tan grande que ni siquiera se podía ver la otra orilla y **donde**

además, misteriosamente, todas las tardes se «hundía» el sol.

■ Bordeando la costa hacia el norte se pasa por la bonita ciudad de ***Baiona,*** con un **castillo que servía para protegerse de los ataques de los piratas,** y por varias playas, como **América, Nigrán** y **Samil,** ésta última con piscinas al aire libre. En esta zona está la ciudad de ***Vigo,*** que tiene **un pequeño zoológico** en el *mirador de la Madroa* y un puerto muy animado, con barcos de pesca, veleros, yates y embarcaciones deportivas. Además, en el puerto de Vigo se toman los barcos que van hasta las ***islas Cíes,*** un parque natural **donde hay muchas colonias de gaviotas y aves marinas.**

También desde Vigo os podéis embarcar y cruzar la ría hasta la ***península de Morrazo,*** donde están los bonitos puertos de **Cangas** y **Moaña.** Dentro de esta zona hay varias áreas recreativas, como **el lago de Castiñeiras, donde se pueden ver caballos en libertad** y existe una reserva de ciervos, corzos y gamos. En el ***alto de Domaio*** hay un faro, un dolmen y unas vistas impresionantes de las rías; y en el pequeño pueblo de ***Coiro*** se cuentan viejas historias de *meigas* (brujas), **que hacían aquí sus aquelarres.** Otro de los sitios que debéis visitar es la aldea de ***Hío,*** con uno de los cruceros más bonitos de Galicia, en el que están representados algunos personajes de la Biblia, como Adán y Eva cuando eran tentados por la serpiente en el paraíso. Desde esta aldea se puede hacer un precioso recorrido por los acantilados, o subir al **monte de Facho de Donón,** donde **hay una torre que servía para avisar de los ataques de los corsarios.**

Arriba izquierda, Castro de Santa Tegra.

Arriba derecha, Cruceiro de Hío.

Abajo, las Islas Cíes.

«Drakkar» vikingo en Catoira.

Playa de La Lanzada.

Torre medieval en Catoira.

■ Otra de las rías en las que hay varios lugares que os pueden gustar es la de Pontevedra. Aquí está por ejemplo ***Bueu,*** que tiene un museo marino y un bonito mirador desde el que se ven las **islas de Ons, Onceta** y **Tambo.** En verano se puede llegar en barco a la isla de Ons, donde se encuentra **una aldea de pescadores que parece de cuento.** Si pasáis por ***Pontevedra*** decid a los mayores que os lleven a ver la iglesia de La Peregrina. Por fuera parece como las demás, pero **es muy original porque tiene la forma de una concha de vieira** (la que utilizan los peregrinos que hacen el Camino de Santiago).

A partir de Pontevedra hay que acercarse al pueblecito de ***Combarro,*** que conserva una **preciosa colección de hórreos al borde del mar.** Algo más retirada está la **playa de la Lanzada,** conocida por sus peligrosas mareas y porque antiguamente **había una noche en la que las mujeres, cuando querían quedarse embarazadas, se tenían que dejar tocar por siete olas.** Cerca está la ***isla de La Toja;*** aquí empieza otra ría, la de Arousa, famosa por la gran cantidad de bateas donde se cultivan riquísimos mejillones. En medio de la ría está la ***isla de Arousa,*** a la que antiguamente se llegaba en barco y que hoy está unida a tierra por un puente de dos kilómetros. Esta isla esconde bonitas calas, como **Xestelas** y **O Bao,** el **parque natural de Carreirón, con una laguna,** y un faro en la **Punta del Caballo.**

■ La ciudad más importante de la ría de Arousa es ***Vilagarcía,*** que tiene una playa muy cuidada, con duchas y zonas de juegos. El paseo que bordea la playa es muy bonito, porque dispone de varios parques que se hicieron con especies de árboles traídas desde América por los indianos, gente que iba a trabajar a tierras lejanas para intentar hacer fortuna. Los parques del Centenario, del Castriño o de Compostela son verdaderos **jardines botánicos con algunas especies raras y exóticas.** Otra de las cosas que merecen la pena en Vilagarcía son las «Fiestas del Agua», en las que todo el mundo acaba empapado con los chorros que salen de cualquier lugar, cuando menos te lo esperas. Como fiestas tampoco está nada mal la «romería Vikinga», que se celebra durante el mes de julio en el pueblo de ***Catoira*** y en la que se representa un desembarco vikingo, **con asaltos, luchas de espadas, fuegos artificiales y espectáculos con rayos láser.** En cualquier época del año se puede ver un *drakkar* (embarcación vikinga) que tiene en la proa la cabeza de un dragón.

OTROS DESTINOS DE INTERÉS

■ La comarca de ***Los Ancares,*** situada entre Galicia y León, es una de las más agrestes de la península, hasta el punto de que, según cuentan, aún quedan lugares sin explorar. La prueba de que este sitio estuvo poblado desde tiempos muy remotos y ha estado aislado durante siglos, es que en los pueblos hay viviendas anteriores a los romanos, las llamadas *pallozas,* que son **casas circulares de piedra con techo de hierbas secas.** Una de las poblaciones más famosas es ***Piornedo,*** con un buen número de estas antiquísimas construcciones que **parecen sacadas de un cuento de Astérix.** Además, la sierra de Los Ancares tiene una vegetación muy variada, que incluye bosques de robles y castaños, los bonitos servales –con sus frutos rojos– e incluso una **rara flor conocida como orquídea de Los Ancares.**

Como es lógico, al haber tanto arbolado hay gran variedad de animales, como el lobo y el urogallo, que se encuentran en peligro de extinción y, también, abundan las leyendas que hacen que el paisaje sea aún más misterioso. Una de las más bonitas cuenta que un noble señor vivía en estas tierras con su hijo y su hija, pero un buen día la muchacha desapareció. Padre y hermano la buscaron por todas partes desesperadamente, y al final la dieron por muerta. Al cabo de un tiempo, el hermano salió de caza y, **después de matar a una preciosa cierva blanca, le cortó una de las patas delanteras y se la guardó en el zurrón** para llevarla como amuleto. Cuál sería su sorpresa cuando, al llegar al castillo y sacar su amuleto, vio que **se había convertido en una ensangrentada mano con el anillo que siempre había llevado su hermana.** De inmediato el muchacho volvió al monte, y en el mismo lugar en el que había dejado su pieza de caza encontró a la muchacha, a quien un hada había convertido en la cierva blanca, **muerta en el suelo y con la mano cortada.**

■ Cerca de Los Ancares está la ***sierra de O Courel,*** que tiene **estrechos valles encajonados entre paredes casi verticales.** Una de las vistas más espectaculares de la zona es la que podéis disfrutar desde el **Campo de Abedul,** desde donde se puede ver el pueblo de ***Pacios da Serra*** y sus famosas canteras de pizarra. Otro paseo es el que sigue el curso del río Lor, formado por estrechas gargantas, en las cercanías de la aldea de ***Santa Eufemia,*** que está prácticamente **cubierta por un bosque de castaños.** Si queréis ver un pueblín que se conserva como en la Edad Media, acercaos a **Froxán;** y, si os gustan los bosques enmarañados, haced una escapada a **Moreda** y caminad por el sendero que lleva hasta la devesa de **A Rogueira,** donde además abundan los regatos y hay una fuente cuyas aguas curan cualquier dolencia.

Sección de una palloza.

Arriba: A Galea. Castro de Ouro. (Lugo). Abajo: Hórreo en San Román de Cervantes.

Baños de Molgas, en Ourense.

A poca distancia de la sierra de O Courel está la aldea de ***O Cebreiro,*** famosa por ser lugar de paso del Camino de Santiago y porque también conserva varias pallozas, una de ellas convertida en museo. Además, en O Cebreiro se puede ver una iglesia muy antigua y **un cementerio que, cuando se cubre de niebla, es como el escenario de un cuento de miedo.**

Otro espacio protegido que merece una visita es el ***Parque Natural de la Sierra de Xurés,*** al sur de la provincia de Ourense y muy cerca de Portugal. En este Parque, que sufrió un grave incendio hace tiempo, lo más espectacular son los bosques de robles y alcornocales, con ejemplares muy viejos, y los abundantes torrentes que se forman durante el deshielo entre las grietas de las laderas. Además, **hay varias rutas señalizadas** para hacer andando, con mayor o menor dificultad, y que os permitirán ver monumentos megalíticos, viejas construcciones con tejados de lajas de piedra, preciosos paisajes y raras variedades de animales domésticos, como **las vacas Cachenas, de color rojo y con una impresionante cornamenta.**

■ Como ya sabréis, uno de los ríos más importantes que cruzan Galicia es el Miño, que pasa por la ciudad de ***Ourense,*** con sus **famosos manantiales de agua caliente,** conocidos como **Las Burgas,** y luego atraviesa la comarca del Ribeiro. En esta comarca, la villa más importante es ***Ribadavia,*** famosa por sus fiestas medievales con **representaciones de torneos y mercadillos en los que la gente va vestida a la antigua.** Ribadavia forma parte de una curiosa ruta de castillos, que ocupa todo el sur de la provincia de Ourense y en la que también podréis visitar los de ***Castro Caldelas, Viana do Bolo*** y sobre todo el de ***Monterrei,*** que es una fortaleza impresionante en la que vivió Pedro I el Cruel cuando luchaba a muerte contra su hermano Enrique. Muy cerca de Monterrei está ***Verín,*** con una estupenda playa fluvial; también, **en el curso del río Arnoia, hay buenas zonas para darse un chapuzón,** sobre todo en ***Allariz*** y en ***Baños de Molgas,*** que tienen césped y arbolado al borde del agua.

En ***Lugo,*** si pasáis por la capital no dejéis de hacer el **recorrido por sus murallas,** levantadas por los romanos y que rodean toda la parte vieja de la ciudad. Hacia el norte, al borde de la costa hay una comarca muy bonita llamada la Mariña, en la que se encuentra la ría de Viveiro, donde **se puede ver algún barco medio hundido en el puerto.** La ciudad de ***Viveiro,*** que es muy antigua, tiene también unas murallas y callejones empedrados donde podéis imaginar el bullicio y el colorido de un mercadillo medieval. Algo apartado de la costa se encuentra el ***valle del río Ouro,*** llamado así porque en tiempo de los romanos **se sacaba oro de sus aguas.** En las proximidades del río se alza el **castillo de Pardo de Cela,** un señor feudal que se enfrentó a los Reyes Católicos y, como castigo, **fue decapitado públicamente.** También en esta zona podéis visitar una finca que se llama **A Galea,** donde se puede ver todo tipo de juegos de agua, desde unos grandes martillos de madera que servían para tratar el lino, hasta unos espantapájaros sonoros, una barca de piedra que flota misteriosamente o **un molino harinero que crea un curioso efecto llamado la «lluvia de diamantes».**

Parques de atracciones

Pluton Park. A las afueras de Vigo, es un parque de atracciones que tiene la particularidad de que está cubierto en su mayor parte. Abierto todos los días. ✆ 986 288 081

Zoológicos, jardines y parques naturales

En la costa de Pontevedra, concretamente en la península de O Grove, se ha construido el **Acquariumgalicia,** un moderno acuario que incluye además la posibilidad de realizar un viaje en catamarán observando el fondo marino. Abierto de jueves a domingo, ✆ 986 732 968.

En la capital coruñesa, también se ha inaugurado recientemente la **Casa de los Peces** Abierta todos los días, ✆ 981 227 272.

En el pueblo de **Padrón** existe un bonito jardín botánico que reúne abundantes variedades de árboles exóticos, entre ellos la peculiar «corona de Cristo» y la palmera de Senegal.

Entre los espacios protegidos destacan: el **Parque Natural del Monte O Invernadeiro,** que tiene un aula de naturaleza, ✆ 988 386 547; y el **Parque Natural de la Sierra de Xurés,** ✆ 988 448 048; ambos se hallan en la provincia de Ourense.

Muy cerca de la ría de Arousa está el **Parque Natural de Corrubedo,** con un centro de visitantes, ✆ 981 878 532. Más al sur, frente a la ría de Vigo, el **Parque Natural de las Islas Cíes**, ✆ 986 805 436.

Monumentos y museos curiosos

Una de las principales fortalezas de Galicia es el **Castillo de San Felipe,** en la ría de Ferrol, al que es posible acercarse en barco, en verano, pasando además por el castillo de La Palma, ✆ 981 369 128.

Vale la pena asomarse al **Castillo de Vimianzo,** en este pueblo próximo a la Costa de la Muerte. Abierto todos los días, excepto los lunes, ✆ 981 716 354. También al **Castillo de San Antón,** en A Coruña que guarda además un museo de la historia de la ciudad. Abierto todos los días, excepto los lunes, ✆ 981 205 994. Muy cerca se alza la **Torre de Hércules,** abierta todos los días, ✆ 981 223 730.

Precisamente en A Coruña están algunas de las muestras de ciencias más interesantes del país: la **Casa de las Ciencias**, abierta todos los días, excepto los lunes, ✆ 981 271 828; y **Domus,** abierto todos los días, excepto los lunes, ✆ 981 228 947).

En Santiago de Compostela merece la pena visitar el **Museo do Pobo Galego** (abierto todos los días, excepto los domingos, ✆ 981 583 620) y el **Museo de Historia Natural,** ✆ 981 593 589.

Por último, hay dos colecciones muy simpáticas: el **Museo del Juguete,** ✆ 988 442 006, en el pueblo orensano de Allariz, donde también hay un «bosque animado»; y el **Museo Etnológico de O Cebreiro,** ✆ 982 367 025, habilitado en una típica palloza.

Excursiones emocionantes

Toda la costa gallega, y en particular la zona de las Rías Bajas, son muy propicias para hacer **recorridos en barco** y acercarse a las famosas bateas donde se «cultivan» mejillones.
Existen embarcaciones que hacen trayectos por las rías de Muros, ✆ 981 827 802; la ría de Arousa, ✆ 970 896 787; alrededor de A Coruña, ✆ 981 360 067; o hasta la isla de Ons, ✆ 986 731 343.

También se pueden hacer recorridos en catamarán por el río Ulla: saliendo de Vilagarcia de Arousa, ✆ 986 731 818; por el Arnoia, ✆ 988 492 400; o por la Ribera Sagrada, ✆ 988 215 100.

Actividades

El mar da mucho juego, tanto para aprender **windsurf** en la ría de Ferrol, ✆ 981 350 707, o en las aguas de Sanxenxo, ✆ 986 723 266; como para descubrir los secretos de la vela ligera en diferentes clubs náuticos: Vigo, Portosín, Rianxo, Portonovo. Pero también se puede aprender a esquiar, recibir clases de equitación, de tiro con arco o esquiar en la **estación invernal de Manzaneda,** en Ourense, ✆ 988 309 747.

Alojamientos

En A Coruña, cerca de Arzúa, la **Casa Brandáriz,** ✆ 981 508 090, ofrece la posibilidad de dar paseos en coche de caballos; y los **Apartamentos O Carreiro,** ✆ 981 480 894, organizan recorridos en barco por la ría de Cedeira.

Próximo a la costa de Lugo, el **Pazo O Almacén,** ✆ 982 557 836, organiza paseos en diligencia; y la **Finca A Galea,** ✆ 982 558 323, tiene su propio lago con barcas.

En tierras de Pontevedra, muy cerca del Miño, la casa **Hijos Dalgo,** dispone de abundantes juegos. ✆ 986 666 319. Cerca de la estación invernal orensana de Manzaneda, el **Casal de Drados,** , ofrece ponis para los más pequeños. ✆ 988 304 235

MADRID

DURANTE LA NOCHE, LA CIUDAD SE DUERME UNOS INSTANTES, PERO CON LAS PRIMERAS LUCES SE DESPEREZA, PARA LLENAR LAS CALLES DE GENTE DE TODOS LOS COLORES. GENTE QUE PASEA ANTE LOS CUADROS DE UN MUSEO, BAJO LOS ÁRBOLES DE UN PARQUE ARISTOCRÁTICO O SUBIENDO Y BAJANDO POR INTERMINABLES ESCALERAS MECÁNICAS.

Madrid.

Aranjuez.

Cuevas de Tielmes.

MADRID

LA CIUDAD QUE NO DESCANSA

Una de las cosas que más llaman la antención al llegar a Madrid, es que parece que la gente vive en la calle. Visitantes venidos de otras ciudades, grupos de turistas de todas las razas y personas que van corriendo de un lado a otro, a veces atropellando a quien se ponga delante, se mezclan de tal forma que nunca se sabe quién vive en Madrid y quién está de paso. El gran espectáculo de Madrid es la calle, el bullicio, el mogollón; pero además es una ciudad famosa por sus parques y museos, donde de repente, como por arte de magia, la gente se tranquiliza y disfruta moviéndose a cámara lenta.

Para haceros una idea rápida de cómo se vive en ***Madrid,*** podéis acercaros a la Puerta del Sol, deteneos durante un rato y fijaos en los personajes que pasan, **como si todos, incluidos vosotros mismos, fuerais actores de un gran teatro.** A cualquier hora, cualquier día de la semana y haga el tiempo que haga, el bullicio de esta famosa plaza es constante y atrae a gente de todo tipo, desde un señor vestido de arriba a abajo con **un traje de miles de botones de colores,** hasta grupos de música o una secta religiosa que cuenta su «receta» para salvar el mundo. Tampoco es raro encontrarse con una manifestación de protesta o un acto de solidaridad, porque desde tiempos muy lejanos la Puerta del Sol ha sido **el lugar preferido por la gente para expresar sus deseos y sus quejas,** llenando a veces la plaza sin que quepa un alfiler.

Si os fijáis, veréis que la Puerta del Sol tiene una forma un poco rara, una especie de semicírculo en el que destaca el edificio de la Comunidad de Madrid, sobre el que se alza **el famoso reloj que, en Nochevieja, da las campanadas de las uvas.** Antiguamente éste era el palacio de Correos, y durante la dictadura fue un lugar un poco siniestro porque en sus sótanos había unos calabozos en los que estuvo detenida mucha gente. Pero aquello ya pasó, y ahora los turistas se acercan a este edificio para **hacerse la foto en el kilómetro cero,** donde antes nacían las carreteras que cruzaban el país de punta a punta. Justo enfrente, al otro lado de la Puerta del Sol está **la popular estatua del oso y el madroño,** símbolo de la ciudad; y si os dais una vuelta por la plaza, veréis tiendas de todo tipo, incluida la popular pastelería Mallorquina, famosa por sus napolitanas de crema y sus trufas heladas.

■ Toda la zona está inundada de comercios y grandes almacenes, con sus escaparates llenos a rebosar. Pero si os gustan las sorpresas no dejéis de llevar a los mayores a la cercana calle de Arenal, en la que está la pequeña iglesia de San Ginés, que guarda en una de sus capillas **un gigantesco cocodrilo disecado.** Junto a la iglesia, en un callejón, abre sus puertas la chocolatería de San Ginés, donde suele ir a merendar mucha gente porque **sirven unos churros y un chocolate espeso y humeante que están para chuparse los dedos.**

■ Otro de los lugares a los que debéis acercaros es a la Plaza Mayor, con unas bonitas pinturas que adornan la famosa casa de la Panadería, así llamada porque **fue el mayor despacho de pan de Madrid.** La plaza, rodeada de soportales, es también muy frecuentada por los turistas, y tiene bares típicos, terracillas, tiendas de recuerdos y **dibujantes que hacen divertidas caricaturas** en un abrir y cerrar de

Arriba, barquillero y caricaturista en la plaza Mayor.

Abajo, chocolatería San Ginés.

Al lado, Gran Vía.

Derecha, monumento a Cervantes en la Plaza de España.

Parque del Oeste.

Templo de Debod.

ojos. Los domingos se celebra aquí un curioso mercado de sellos, monedas y postales antiguas; **en Navidad podéis encontrar puestos de bromas y adornos,** y durante todo el año es un lugar muy animado. Siempre ha sido así, y desde hace siglos ha servido como escenario para actos públicos de todo tipo: corridas de toros, obras de teatro, coronaciones de reyes e incluso ejecuciones.

■ Cerca de la Puerta del Sol está también la plaza de Callao y la Gran Vía, con sus anuncios de neón y **los cines cubiertos con enormes carteles de las películas más taquilleras.** Bajando por la Gran Vía no debéis perderos los escaparates de una preciosa tienda de juguetes abarrotada de peluches y continuando llegaréis a la plaza de España, un gran espacio ajardinado en el que veréis el monumento a Cervantes, con **una bonita escultura dedicada a Don Quijote y Sancho Panza.**

■ A poca distancia de la plaza de España está la colina en la que **las tropas de Napoleón fusilaron a muchos madrileños**, que serían inmortalizados en el famosísimo cuadro de Goya. Ahora, en el mismo lugar hay un enigmático templo egipcio dedicado al dios Amón, que podréis visitar por dentro. A los pies de la colina se extiende el Parque del Oeste, uno de los grandes jardines de la ciudad, con viejos árboles de todo el mundo y **una alegre rosaleda en la que todos los años se celebra un concurso** de variedades de esta flor.

El mayor pulmón de Madrid, la Casa de Campo, no está lejos de aquí; y además **hay una forma muy divertida de llegar, el teleférico** que sale del paseo de Rosales, cruza por encima de la vieja estación de ferrocarril de Príncipe Pío y continúa su recorrido aéreo sobrevolando el río Manzanares hasta alcanzar el centro de ese enorme espacio verde. Hace muchos siglos, la Casa

de Campo era un coto donde cazaban los reyes, pero ahora es un lugar abierto a todo el mundo y es muy habitual que la gente vaya a pasear, a tomar un aperitivo en sus quioscos o a remar en el lago, **un gran estanque en el que podréis alquilar una barca.**

■ La ***Casa de Campo*** es además famosa porque en ella está el Parque de Atracciones y el Zoo, dos lugares de visita obligada. En el primero tendréis oportunidad de pasar estupendos ratos de emoción y diversión **sintiendo el vértigo de las montañas rusas, sufriendo en el espantoso pasaje del terror,** viendo un espectáculo de cine virtual o **empapándoos en el aserradero,** una especie de gran tobogán acuático. Si no os asusta mucho una caída en vertical podréis subiros a la *Lanzadera,* si queréis visitar una vieja mina asomaros a la *Old Mine,* y si os apetece ver el mundo al revés, montaros en el *Looping Star.* Hay atracciones para todos los gustos.

En cuanto al ***Zoo,*** también disfrutaréis a lo grande con su estupenda colección de animales de todo el mundo, que además de monos, elefantes, rinocerontes, leones, tigres, focas, canguros y todo lo demás, incluye **un pabellón dedicado a la naturaleza misteriosa,** con grandes arañas, escorpiones y serpientes venenosas. Dentro del recinto también se ofrecen exhibiciones de aves rapaces, y hay un magnífico acuario con **temibles tiburones y peces de todos los colores,** así como un delfinario donde veréis las acrobacias de los delfines y los leones marinos. Y si lo preferís, podéis hacer el recorrido montados en un pequeño tren o en un cochecito eléctrico.

■ En los alrededores de la plaza de España también está el Palacio Real, precedido por la plaza de Oriente, un gran espacio ajardinado con setos y muchas estatuas de piedra blanca. Según cuentan, hace mucho tiempo las estatuas estaban sobre la cornisa del palacio, pero después del fortísimo terremoto que destruyó Lisboa en el año 1755, **la reina soñó que las**

Izquierda, haciendo guardia en el Palacio Real.

Arriba, Delfinario del Zoo y Parque de Atracciones.

estatuas caían sobre la gente provocando una matanza y ordenó que fueran colocadas en la plaza. En el interior del palacio Real está el espectacular salón del trono, así como grandes salas, comedores y dormitorios, todo ello decorado con lámparas gigantescas, relojes, techos pintados y muebles antiguos, que os permitirán haceros una idea de cómo vivían los reyes. Pero quizá lo más divertido sea la visita de la antigua farmacia, que **parece el laboratorio de un mago con sus frascos y alambiques;** y también el museo de armas, donde veréis piezas de todas las épocas, incluidas curiosas **armaduras de perros.** Otra de las cosas que merece la pena ver en la plaza de la Armería es **la vistosa ceremonia del cambio de guardia,** que se celebra los primeros miércoles de cada mes y en la que participan soldados a caballo igual que se viene haciendo desde hace cuatro siglos.

■ El palacio tiene a un lado la catedral de la Almudena, y al otro los cuidados jardines de Sabatini, con setos recortados y preciosas vistas de los atardeceres sobre la Casa de Campo. Además, merece la pena que os acerquéis al Campo del Moro, un tranquilo parque que se extiende a los pies del palacio y **tiene árboles de todo tipo, fuentes, parterres de flores y simpáticas edificaciones,** como la casita de Corcho o el chalet de la Reina.

Pintor en la Plaza de Oriente y la Cibeles.

Otro de los lugares que vale la pena visitar en las inmediaciones de la plaza de España es el cuartel del Conde Duque, con sus enormes patios que antiguamente sirvieron de caballerizas. Muy cerca del cuartel está la calle del Duque de Liria, famosa en otros tiempos porque **en una de sus casas vivieron unos duendes.** Según parece, los minúsculos personajes se alojaban en los sótanos de la vivienda y, pese a que **intentaron llevarse bien con el resto de los vecinos,** por culpa de la superstición y los prejuicios de la época fueron considerados como personajes malditos. Hasta tal punto que intervino el Tribunal de la Inquisición para descubrir si tenían algo que ver con el diablo y, finalmente, **un grupo de fanáticos quemó la casa.** Como es lógico, los duendes acabaron detestando a semejante vecindario y se marcharon para no volver nunca.

■ La Gran Vía lleva también a la famosa plaza de Cibeles, donde veréis la conocidísima fuente de **esta diosa montada en una carroza que arrastran dos leones.** Al igual que la Puerta de Alcalá, que se encuentra en la parte más alta de la calle que le da nombre, la Cibeles es otro de los símbolos madrileños y tiene a su lado el impresionante palacio de las Comunicaciones, conocido familiarmente como Correos, y que parece más una catedral que una gran oficina en la que entran y salen continuamente cartas, paquetes y envíos de todo el mundo. Frente a este edificio se encuentra el Palacio de Linares, que ahora es la Casa de América y en el que merece la pena visitar su bonito jardín, donde también hay una tienda de artesanía latinoamericana. Hasta hace pocos años, este palacio era un caserón ruinoso y **estaba habitado por un fantasma que, al caer la noche, solía recorrer sus habitaciones** lanzando desconsolados gemidos.

■ Hacia un lado, desde la plaza de la Cibeles se puede ir a la de Colón recorriendo el bonito paseo de Recoletos, en el que se instala **una popular feria navideña de artesanía.** En la plaza de Colón debéis fijaros en la monumental Biblioteca Nacional, que **tiene cinco pisos bajo tierra y 140 kilómetros de estanterías** donde es posible almacenar más

Deportes urbanos en los Jardines del Descubrimiento.

El Jardín Botánico. Estanque de Linneo.

«Las Meninas» de Velázquez.

de nueve millones de piezas, que además de libros incluye también postales, discos, vídeos, carteles e incluso colecciones de cromos. Detrás de la Biblioteca está el Museo Arqueológico, donde hay cosas muy llamativas, como la reproducción de las cuevas de Altamira y **algunas momias egipcias;** y frente a la biblioteca, el Museo de Cera, con sus reproducciones de personajes de todas las épocas y su **macabra galería de los horrores.**

■ Hacia el lado contrario, la Cibeles conduce a la fuente de Neptuno y al paseo del Prado, donde están los museos de pintura más importantes de la ciudad, el Prado y el Thyssen-Bornemisza. Como seguramente os llevarán a visitar el museo del Prado, cuando recorráis las salas prestad atención porque **os vais a llevar algunas sorpresas y más de un susto.** Fijaos por ejemplo en el curiosísimo *Jardín de las Delicias,* el cuadro que pintó El Bosco y que reúne **personajes y escenas de lo más alucinantes,** o en alguno de los cuadros de Velázquez, como *Las Hilanderas, Las Meninas* o *La Rendición de Breda,* que parecen pinturas en tres dimensiones. Pero sobre todo no os perdáis las «pinturas negras» de Goya, donde veréis aquelarres de brujas, criaturas de pesadilla o ese terrorífico cuadro que representa a **Saturno con los ojos desorbitados devorando a uno de sus hijos.**

Para tomaros un descanso de tanta impresión, nada mejor que la visita al Jardín Botánico, junto al museo. Este jardín es muy antiguo y al principio permitió **organizar expediciones para recoger semillas y plantas de todo el mundo,** especialmente de Latinoamérica, que luego eran repartidas entre otros jardines de Europa. En el siglo XIX un ciclón se llevó buena parte de los árboles y, luego, estuvo muy abandonado. Pero hoy día ha vuelto a reunir una completa colección de plantas que incluye **un gran olmo conocido como «el Abuelo»,** rosas del tiempo de los romanos y un invernadero con cactos y especies tropicales.

■ La estación de Atocha, además de ser por donde entran y salen los rapidísimos trenes AVE, es un bonito edificio de hierro y cristal que, junto a las terrazas y los viajeros apresurados, sirve de invernadero para un **espacio ajardinado con plantas tropicales.** Aquí podéis pasar un rato entre las palmeras y respirando un aire húmedo muy parecido al de la selva.

Arriba, El Retiro. Malabarista y Feria del Libro.

Abajo, el «Rastro».

■ No obstante, el parque más importante de Madrid es el Retiro, un enorme espacio lleno de arbolado y situado en el centro de la ciudad. Fue creado para disfrute de los reyes, y llegó a tener un palacio de recreo, un zoológico de aves exóticas y **canales que podían recorrerse en barca.** Con el paso de los siglos, el Retiro se acabó convirtiendo en el lugar de descanso preferido por los madrileños y, hoy, gente de todo tipo y de todas las edades acuden diariamente a pasar el rato. Vosotros mismos podréis pasear, correr, tomar el sol, **hablar con los adivinos y echadores de cartas,** hacer un recorrido en barca por el estanque, dar de comer a las ardillas, ver actuaciones de guiñol, oír grupos musicales o hacer lo que más os apetezca.

Dentro del Retiro hay algunos rincones a los que debéis acercaros, empezando por el estanque con sus gigantescos peces y sus estatuas de sirenas y esfinges, y siguiendo por la montaña de los Gatos, con su laguito en el que se alza una construcción que parece de juguete. Otro sitio encantador son los jardines de Cecilio Rodríguez, junto a la antigua Casa de Fieras, antiguo zoológico madrileño hace muchos años. No muy lejos está **el monumento al diablo, que según parece es el único en el mundo dedicado a este personaje;** y también el Palacio de Cristal, una preciosa construcción con paredes y techos de vidrio y con su propio estanque, en el que veréis un surtidor de agua, una gruta de piedra y elegantes cisnes.

■ Si os queda tiempo, todavía hay muchas cosas que hacer en Madrid. Por ejemplo, subir en los ascensores de cristal del museo Reina Sofía, ver uno de los **espectáculos que se ofrecen en el Planetario,** o una película de tres dimensiones en el cine Imax; o acercarse un domingo al famoso mercado del Rastro, con sus riadas de gente y sus puestecillos de todo tipo, donde encontraréis camisetas estampadas, ropa *hippie,* fósiles y rarezas. Entre los museos también **merecen una visita el de Ciencias Naturales, con bonitas colecciones de animales,** y el Museo Municipal, donde veréis una gigantesca maqueta que os dará una idea de cómo era Madrid hace 200 años.

EL ESCORIAL Y LA SIERRA DE GUADARRAMA

EL MONASTERIO DE LOS SECRETOS

El gigantesco Monasterio de San Lorenzo del Escorial, al pie de la sierra madrileña, está considerado como la gran obra de un rey, Felipe II, que aparece en todos los cuadros rigurosamente vestido de negro. El edificio llama la atención por su seriedad y porque parece una descomunal caja de piedra que esconde infinidad de misterios. No es casualidad que haya muchas leyendas sobre su construcción y que sufriera incendios que, según se dice, fueron obra del mismísimo diablo.

Felipe II, un rey culto y muy religioso, había heredado un Imperio gigantesco, así que decidió que un reino tan poderoso se merecía un edificio de gran tamaño donde alojar las tumbas de los reyes y que sería, al mismo tiempo, un símbolo del catolicismo frente a las nuevas ideas religiosas que surgían en Europa. Fue así como nació el ***Monasterio de San Lorenzo del Escorial,*** una construcción colosal que **tiene forma de parrilla puesta al revés,** en recuerdo del martirio de San Lorenzo, que fue asado precisamente sobre una parrilla porque se negó a renegar de su fe. Cuando lo veáis por primera vez, os sorprenderá por su aspecto severo, su total falta de adornos y su color gris, debido a que está hecho íntegramente con granito de la sierra. Pero sobre todo os impresionarán sus dimensiones: **más de 200 metros**

de fachada, 2.600 ventanas, 16 patios y cientos de habitaciones de las que sólo se pueden visitar una pequeña parte.

Desde el comienzo, la construcción del monasterio estuvo rodeada de una especie de maldición. Incluso antes de que se empezaran la obras, cuentan que **el arquitecto que iba a trabajar en ellas se volvió loco** porque su mujer y sus hijos se ahogaron en un naufragio. También dicen que, al principio, los albañiles recibían de vez en cuando la visita de un personaje muy siniestro, **un enorme perro negro que atacaba a todo el mundo** y que, según la leyenda, era en realidad el guardián de una entrada al infierno que estaba precisamente allí, donde se colocaron las primeras piedras del edificio. Las andanzas de aquel animal, o lo que fuera, terminaron cuando lo mataron unos obreros, que **lo colgaron como escarmiento,** pero la leyenda no desapareció y todavía hoy el monasterio parece ocultar muchos misterios.

■ Si visitáis el edificio, acercaos primero al museo de arquitectura, donde veréis algunas de **las poleas y artilugios que se emplearon en su construcción,** en una época en la que todo se hacía a mano y no existía la maquinaria actual. Durante el recorrido seguramente también os llamarán la atención las habitaciones de los reyes, el salón del trono y el dormitorio de Felipe II, con una ventana que da a la iglesia, **desde la que oía misa cuando ya estaba muy enfermo** y no se podía levantar de la cama. Otras salas que impresionan bastante son: el panteón de los Reyes y el de los Infantes, con sus sarcófagos de mármol y una zona conocida como «los pudrideros» en la que se dejaban los cadáveres hasta que se secaban y podían ser llevados a su sepultura definitiva.

■ Tampoco debéis pasar por alto la visita a la Biblioteca, con libros de todo tipo, pergaminos, mapas antiguos y **una enorme esfera armilar que permitía reproducir los movimientos de los astros** alrededor de la Tierra. Según algunos estudiosos, lo más interesante de esta biblioteca son

El Escorial. Habitación de Felipe II.

Valle de los Caídos. Detalle de un evangelista.

los libros que se conservaron a escondidas porque fueron prohibidos por la Inquisición, entre los que sin duda **hay tratados de magia y ciencias ocultas.** Por último, a título de curiosidad, no os vayáis del monasterio sin pasar por **la sala de los Secretos,** así llamada porque fue construida de tal forma que, aunque hables en voz muy baja en uno de sus rincones, cualquiera te puede oír perfectamente desde el otro lado de la sala.

Además del monasterio, en el pueblo de **San Lorenzo** podéis acercaros a la Casita del Príncipe, un palacete rodeado de un **precioso jardín con secuoyas centenarias;** o a la casa de Arriba, que sirvió como refugio de caza para los caprichosos miembros de la corte. A las afueras del pueblo hay una excursión muy entretenida, que lleva hasta ***la Herrería,*** una zona arbolada y llena de grandes rocas. En una de ellas está la «silla de Felipe II», **un asiento tallado en la misma piedra** desde el que el rey divisaba toda la zona y podía observar cómo marchaban las obras del monasterio.

■ A muy pocos kilómetros del Escorial está el ***Valle de los Caídos,*** el lugar que eligió Franco para construir su tumba y la de 50.000 víctimas de la Guerra Civil. Las sepulturas están en una cripta, y sobre ella se levanta una impresionante **cruz que roza los 300 metros de altura.** Visto de lejos, este monumento parece poca cosa en medio de las grandes rocas que forman el valle, conocido también como Cuelgamuros. Pero si os acercáis y subís en funicular hasta la base de la cruz, os daréis cuenta de las proporciones descomunales de esta obra, que **recuerda un poco a los monumentos funerarios de los faraones** y en la que trabajaron durante veinte años miles de obreros, entre ellos numerosos presos de la Guerra Civil.

La **Sierra de Guadarrama** es muy popular entre los madrileños, que suelen hacer escapadas los fines de semana para acercarse a **las pistas de esquí de Navacerrada,** o para hacer bonitas excursiones de montaña entre pinares. Una de las rutas más frecuentadas es el camino Schmid, que parte precisamente en Navacerrada y os permitirá recorrer cómodamente un buen tramo de la sierra. Otra divertida escapada es la que lleva hasta el paraje protegido de ***Peñalara,*** donde hay **una laguna de aguas heladas a 2.000 metros de altitud.** Lejos de aquí, el roquedo de ***la Pedriza*** es también muy visitado, y os llamará la atención por sus miles de rocas peladas y porque en las proximidades se levanta el imponente ***castillo de Manzanares el Real,*** que además se puede visitar por dentro.

Vista aérea del Escorial y castillo de Manzanares el Real.

Laguna de Peñalara y cuevas de Perales de Tajuña.

OTROS DESTINOS DE INTERÉS

■ Uno de los lugares preferidos por los reyes para construir sus palacios en las cercanías de Madrid fue ***Aranjuez,*** población que está en una rica zona de huertas bañada por el Tajo. La forma más divertida de llegar es el «Tren de la Fresa», que sale desde Madrid todos los fines de semana de primavera y verano, y es **una copia de los antiguos vagones que hacían este mismo recorrido hace casi 200 años.** Ya en Aranjuez, también os podéis mover de varias formas, en un tren de fantasía que recorre los jardines y algunas calles, en una embarcación que navega por el Tajo, e incluso en globo, sobrevolando el palacio y los jardines.

■ Si vais con tiempo merece la pena visitar el Palacio Real, con sus salones en los que **podréis imaginar fácilmente la fiesta de la Cenicienta.** Precisamente entre sus dependencias más espectaculares se encuentra el salón de baile, con su gran piano de cola, además del comedor de gala, que casi da miedo pisarlo, y la sala de los espejos. Otras estancias curiosas son: el gabinete árabe, que imita una sala de La Alhambra, la habitación de las pinturas chinas y **el gabinete de porcelana, forrado hasta arriba con cerámica,** sin dejar un solo hueco.

Fuera del palacio hay unos románticos jardines que han inspirado a músicos, poetas y enamorados desde hace siglos. Se trata de los Parterres, donde hay un precioso paseo de magnolios que lleva hasta el río, y del jardín de la Isla, así llamado porque está en medio del Tajo. No obstante, el jardín más bonito de Aranjuez es el del Príncipe, que está algo alejado del palacio y que antiguamente tenía los invernaderos en los que **se cultivaban los famosos espárragos y las fresas de la vega de Aranjuez.** En este parque, que es una verdadera gozada, veréis rincones como el estanque de los Chinescos, la fuente de Apolo o la encantadora Casita del Labrador, que es una especie de palacio en miniatura. Como estos jardines están bordeados por el

Estatua de Apolo, en los jardines de Aranjuez.

Plaza Mayor de Chinchón.

Magistral y estatua de Cervantes en Alcalá de Henares.

Tajo, hay incluso una edificación llamada la Casa de los Marinos, y algunas embarcaciones que **recuerdan la época lejana en la que se soñó con llegar a Lisboa navegando por el río.**

■ A pocos kilómetros de Aranjuez está ***Chinchón,*** una población famosa por su típica plaza Mayor y por **su castillo, rodeado por un gran foso.** Y también en esta zona vale la pena acercarse a ***Perales de Tajuña,*** donde veréis un risco completamente perforado por cuevas excavadas en la pared, en las que se han encontrado restos prehistóricos y, aunque os parezca mentira, donde ha vivido gente hasta hace cincuenta años. Muy cerca está **el curioso paraje de la isla de Taray,** que asoma en el centro del río Tajuña, poblada por una espesa vegetación. Antiguamente hubo aquí una fábrica de papel, pero ahora hay un taller de muebles y una residencia de ancianos y, si os asomáis, veréis a la gente mayor sentada a la sombra de un gigantesco plátano que cubre casi por completo la plaza de la Amistad.

■ Al este de Madrid se encuentra la ciudad de ***Alcalá de Henares,*** declarada por la Unesco Patrimonio de la Humanidad. Su origen se pierde en el pasado remoto, en una época en que **los romanos construyeron aquí numerosas villas agrícolas** que aprovechaban la fertilidad de estas tierras bañadas por el río Henares. Luego los árabes la convirtieron en una ciudad amurallada y siglos después llegó a ser muy famosa cuando se fundó la Universidad Complutense, donde **se publicó la primera gramática en castellano,** ésa que tenemos que aprender todos para escribir sin faltas. Poco más tarde Cervantes nació en una casa de la calle Mayor, que hoy se ha convertido en un museo dedicado al escritor, y la ciudad pasó a ser un importante centro de cultura.

Como es lógico, uno de los lugares que debéis visitar en Alcalá es la Universidad, que tiene varios bonitos patios y la capilla en la que está enterrado su fundador, el cardenal Cisneros. Por estas aulas pasaron algunos personajes que luego serían muy famosos, como el **escritor Francisco de Quevedo, que no era lo que se dice un estudiante modelo.** Precisamente algunas de las aventuras que contó en *El Buscón* las vivió él mismo en sus tiempos de universitario, en que tuvo varios problemas con la justicia de los que **salió bien parado gracias a su picardía y a su buen manejo de la espada.**

■ Otro edificio curioso es la iglesia de la Magistral, que guarda en la cripta los restos de los niños Justo y Pastor, patrones de la ciudad, que fueron martirizados por los romanos para que abandonaran la religión cristiana. También podéis acercaros a la Casa de la Entrevista, así llamada porque en ella Colón habló por primera vez con Isabel la Católica para pedirle dinero para su expedición y **convencerla de que se podía llegar a la India por una nueva ruta más fácil y más corta.** Durante ese viaje, de forma completamente accidental, sería cuando el navegante se dio de bruces con el «Nuevo Mundo» sin saber que estaba en medio del camino.

■ Dos últimos consejos. Antes de marcharos de Alcalá de Henares, no dejéis de visitar el Museo Arqueológico, donde os podréis formar una idea de la antiquísima historia de esta hermosa ciudad, y tampoco olvidéis la visita al **convento de San Diego,** famoso por las **riquísimas almendras garrapiñadas** que hacen sus monjas y que se compran a través de un gracioso torno, ya que las religiosas son de clausura y no pueden dejarse ver.

INFORMACIÓN PRÁCTICA

PARQUES TEMÁTICOS Y DE ATRACCIONES

En la Casa de Campo está el **Parque de Atracciones de Madrid**, con artilugios de vértigo. Abierto todos los días, ✆ 915 268 030. A pocos kilómetros de la capital, **Planeta Welby** ofrece atracciones asequibles a los más pequeños. Abierto los fines de semana, ✆ 916 344 722. En la localidad de Villanueva de la Cañada, **Aquópolis** es una buena opción para divertirse en el agua. Abierto en verano, ✆ 918 156 911.

ZOOLÓGICOS, JARDINES Y PARQUES NATURALES

También en la Casa de Campo se encuentra el **Zoo-Aquarium**, con unas excelentes instalaciones. Abierto todos los días, ✆ 915 123 770;. En las proximidades de Aldea del Fresno, en el **Safari Park** se pueden ver animales salvajes al aire libre, en un recorrido que se hace en coche. ✆ 918 622 314.

El **Real Jardín Botánico de Madrid** reúne especies de todo el mundo y cuenta con un invernadero de plantas tropicales. Abierto todos los días, ✆ 914 203 017. En las proximidades de la plaza de España se pueden visitar algunos de los parques más bonitos de la villa: el **Campo del Moro,** los **Jardines de Sabatini** y la **Rosaleda del Parque del Oeste,** ✆ 915 880 001.

En la provincia hay algunos preciosos espacios arbolados, como los **Jardines de Aranjuez,** ✆ 918 910 427; y los de la **Casita del Príncipe, en El Escorial,** abiertos todos los días, excepto los lunes, ✆ 918 905 903.

Los espacios naturales, sobre todo el **Hayedo de Montejo,** ✆ 918 697 058, y el **Parque Natural de las Lagunas de Peñalara,** ✆ 918 691 757, ofrecen la oportunidad de disfrutar de una naturaleza bien preservada cerca de la gran ciudad.

MONUMENTOS Y MUSEOS CURIOSOS

En la Comunidad hay dos grandes castillos visitables: la **fortaleza de Manzanares el Real,** abre todos los días, excepto lunes, ✆ 918 530 008; y el **castillo de Coracera,** en San Martín de Valdeiglesias, ✆ 918 612 667.

El Museo del Prado, abierto todos los días, excepto los lunes, ✆ 913 302 800, y otros grandes museos de arte madrileños pueden ser recorridos con guías especializados en viajeros infantiles,✆ 915 627 914. El **Museo Municipal de Madrid,** es un buen lugar para enterarse de la historia de la urbe. Abierto todos los días, excepto los lunes, ✆ 915 888 672. También el **Museo de la Ciudad,** abierto todos los días, excepto los lunes, ✆ 915 886 599. El **Museo de Ciencias Naturales,** es uno de los más veteranos de la ciudad, aunque ha sido modernizado en los últimos años y los fines de semana organiza talleres para toda la familia. Abierto todos los días, excepto los lunes, ✆ 914 111 328. El **Museo de la Ciencia y la Tecnología,** muestra una colección de instrumentos en una antigua estación ferroviaria. abierto todos los días, excepto los lunes, ✆ 915 303 121. En la localidad de Alcobendas ha abierto sus puertas **CosmoCaixa,** un museo interactivo en el que es «obligatorio tocar». abierto todos los días, excepto los lunes, ✆ 914 845 200. El **Museo de Antropología** es una bonita forma de viajar a culturas remotas y conocer sus costumbres. Abierto todos los días, excepto los lunes, ✆ 915 306 418. El **Museo Arqueológico** propone un viaje distinto por los vericuetos del tiempo. Abierto todos los días, excepto los lunes, ✆ 915 777 912. A los aficionados a la historia y las escenas tétricas les interesará el **Museo de Cera,** abierto todos los días, ✆ 913 080 825. Los fanáticos del tren se lo pasarán en grande en el **Museo del ferrocarril**, abierto todos los días, excepto los lunes, ✆ 902 228 822. Para los que prefieren los barcos y el mundo de la navegación, abre sus puertas desde hace más de dos siglos el **Museo Naval,** abierto todos los días, excepto los lunes, ✆ 913 795 299.

En Alcalá de Henares se puede visitar la **Casa natal de Cervantes,** abierta todos los días, excepto los lunes, ✆ 918 899 654.

Cerca de la sierra, en La Cabrera, se ha inaugurado un **Ecomuseo** dedicado a la comarca y con abundantes pistas para recorrerla. Abierto todos los días, excepto los lunes, ✆ 918 688 698.

EXCURSIONES EMOCIONANTES

Para conocer Madrid de otra forma, funcionan varias líneas de autobuses «panorámicos» que recorren los lugares más famosos de la villa: ✆ 913 024 526 y 902 303 903. El **Faro de Moncloa** ofrece unas vistas muy espectaculares de la villa. Abierto todos los días, excepto los lunes, ✆ 915 448 104. El **Teleférico** hace un recorrido aéreo sobre la Casa de Campo. Abierto todos los días, ✆ 915 417 450. El **Planetario** ofrece la oportunidad de hacer un viaje a las estrellas Abierto todos los días, excepto los lunes, ✆ 914 673 898. El **Imax** te traslada al futuro o al remoto jurásico, en tres dimensiones. Abierto todos los días, ✆ 914 674 800.

El **tren de la Fresa** brinda una escapada hasta Aranjuez y un recorrido por esta preciosa localidad. De abril a octubre, ✆ 902 228 822. También es posible sobrevolar Aranjuez en globo, ✆ 915 256 363.

ACTIVIDADES

Se puede aprender y practicar **esquí** en algunas de las pistas más populares de la sierra, como Valdesquí, ✆ 918 520 416; Navacerrada, ✆ 918 521 436; y La Pinilla, ✆ 921 125 075.

Hay rutas guiadas en **bicicleta** por el Valle del Lozoya, ✆ 918 693 042; paseos en **piragua** por el Tajo, ✆ 918 911 395; o aprender a **montar a caballo** en centros ecuestres de la Comunidad, ✆ 918 478 358.

ALOJAMIENTOS

Los hoteles de la capital, diseñados para ejecutivos o para turistas que los utilizan únicamente para dormir, no suelen incluir servicios específicos para sus clientes más menudos, salvo descuentos y ofertas familiares. Hay que alejarse de la ciudad para encontrar algunos establecimientos que facilitan actividades para toda la familia. Es el caso del **Hotel Los Calizos** **, ✆ 918 691 112, en el bonito valle de El Paular, que permite disfrutar de las cercanas pistas de esquí de Cotos. En Puebla de la Sierra, el **Parador de la Puebla,** ✆ 918 697 256, facilita la posibilidad de rutas a caballo, visitas a un colmenar y talleres de todo tipo. En Santa María de la Alameda, el **Hotel La Ínsula,** ✆ 918 999 009, organiza también excursiones y actividades como la recogida de setas. En el pueblo de El Atazar, hay alojamientos rurales que ofrecen una excelente ocasión para practicar deportes náuticos, ✆ 918 689 098; y en San Martín de Valdeiglesias, el **Centro Álvaro de Luna,** ✆ 918 612 933, organiza clases de equitación, entre otras actividades.

LA RIOJA

SOBRE LAS PIEDRAS, AQUÍ Y ALLÁ, SE PUEDE VIAJAR EN EL TIEMPO Y SEGUIR EL RASTRO QUE DEJARON LOS GRANDES SAURIOS HACE MILLONES DE AÑOS. Y DESPUÉS, SI EL HAMBRE APRIETA, SENTARSE ANTE UNA GALLINA ASADA, AUNQUE, SEGURAMENTE, SE ESCAPE DEL PLATO.

Sierra de Cameros.

Hayedo del Monte Real.

Barrancos de Trevijano.

SIERRA DE CAMEROS

TRAS LAS HUELLAS DE LOS DINOSAURIOS

A los mayores, La Rioja siempre les recuerda el nombre de un vino porque en esta región se produce uno de los más famosos de la Península. Pero además esconde sierras y paisajes muy bien conservados y, desde hace pocos años, se ha convertido en un lugar de visita imprescindible para los aficionados a los dinosaurios, por los abundantes restos que se pueden ver y que han merecido que sus yacimientos de huellas se cuenten entre los más importantes del mundo.

En la cabecera del valle del río Leza, vale la pena acercarse al pueblo de ***San Román,*** en el que llegó a haber cinco molinos. Uno de ellos, llamado «el molino del Corregidor», se ha rehabilitado cuidadosamente y **se ha convertido en un ecomuseo** donde aprenderéis el proceso que seguía la molienda utilizando la fuerza del agua. En la planta baja está toda la maquinaria del molino, con sus grandes piedras y **un suelo acristalado para que veáis cómo corre el agua bajo vuestros pies.** En el mismo museo también exhiben un video y se pueden mirar a través del microscopio muestras de agua, semillas, etcétera. Desde San Román se puede llegar al pueblecito de ***Ajamil,*** famoso por su rica miel que se recoge en colmenas muy rústicas, hechas con cestos de madera de avellano y mimbres y **cubiertas con una pasta de barro y excrementos de**

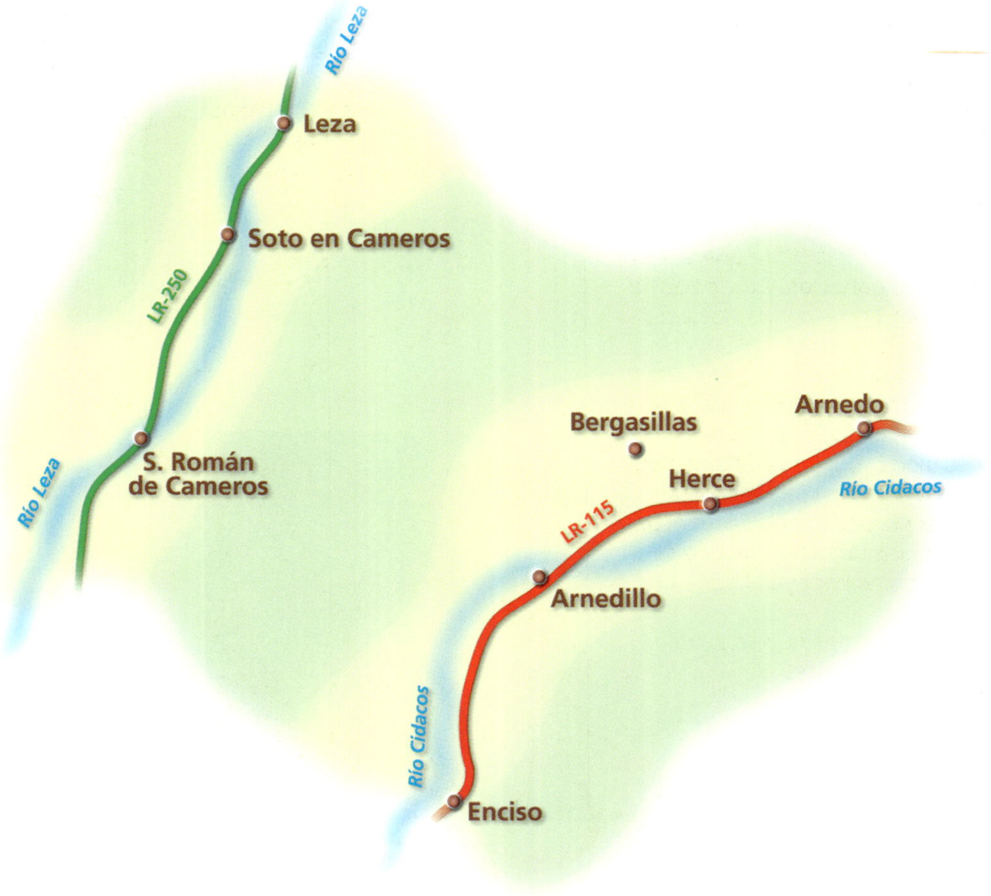

vaca, que sirve para que no se mojen. También en Ajamil podréis ver algunos de los mejores bosques de La Rioja, como el frondoso ***hayedo de Monte Real,*** donde hay varias zonas recreativas.

Siguiendo por el río Leza, aguas abajo, se pasa por ***Soto en Cameros,*** donde el cauce discurre entre angostos desfiladeros. Los más espectaculares están a la altura de ***Trevijano,*** con unas bonitas pozas conocidas como las **fuentes del Restauro.** En esta zona el silencio es impresionante y **lo único que se mueve son los buitres que vuelan sobre los cortados.** Desde aquí, el río sigue hacia el pueblo de ***Leza,*** también con un molino y una antigua nevera en la que, durante los fríos inviernos, se guardaba la nieve que luego se utilizaba con fines médicos y para conservar los alimentos en verano. En la parte alta del pueblo podréis ver **cuevas perforadas en el monte,** que se utilizan como bodegas.

■ Otro de los ríos que cruzan parte de La Rioja es el **Cidacos,** que pasa junto a la población de ***Enciso,*** donde están algunas de **las huellas de dinosaurios más sorprendentes.** Según parece, hace unos 120

millones de años esta región estaba cubierta de aguas pantanosas y rodeada por una espesa vegetación en la que vivían todo tipo de dinosaurios. El temible *deinonichus,* **carnívoro y cuyas garras eran mortíferas, el** *iguanodonte,* que vivía en manadas y llegaba a pesar hasta 5 toneladas, o el *hypselosaurus,* uno de los mayores, que **podía medir 12 metros de longitud;** además, muchas otras especies eran frecuentes en estas tierras, y dejaron abundantes huellas de su presencia. Precisamente en Enciso, y en los cercanos pueblos de **Munilla, El Villar** y **Poyales** podréis ver muchos ejemplos de

Izquierda, icnitas. Huellas de dinosaurios.

Derecha, «Molino del Corregidor».

Tienda en Enciso.

Un recuerdo dedicado a los dinosaurios que ocuparon La Rioja.

El «Picuezo» y la «Picueza».

estas huellas que se han conservado milagrosamente.

■ Algunos de los yacimientos más interesantes son los del **barranco de Valdecevillo,** en el que se pueden ver los rastros de un grupo familiar; o los de la Virgen del Campo, donde se han descubierto muchos fósiles y, además, **se pueden ver las huellas de un dinosaurio que se encuentra con otro, tal vez para darle caza.** Cerca de ***Navalsaz,*** en la llamada «cuesta de Andorra», hay también algunas huellas y, antiguamente, **la gente creía que pertenecían a enormes leones que se comían los rebaños.** Toda la región está llena de lugares así, con paneles explicativos e incluso con algunas **reproducciones de dinosaurios de tamaño natural.** Pero si queréis saber algo más, podéis acercaros al **Centro Paleontológico de Enciso,** un museo que explica con claridad el aspecto y las costumbres de estas fascinantes criaturas.

Siguiendo por el valle se llega a ***Arnedillo,*** pueblo famoso por sus antiguos balnearios, y poco después a ***Herce,*** donde hay unas cuevas que, según la tradición, eran **las farmacias de los moros.** En esta zona se levanta la **Sierra de Laez,** que todavía esconde un tesoro y es muy rica en leyendas, como la de una conducción de agua que sale del pueblo de ***Bergasillas*** y **fue construida por toda una cuadrilla de diablos.** Según cuentan, una muchacha de este pueblo fue a servir a una casa de Calahorra, a unos cuantos kilómetros de distancia y, como echaba de menos las frescas aguas de la sierra, **vendió su alma al diablo** a cambio de que, en una sola noche, construyera un canal que le llevara el agua hasta Calahorra. El demonio se puso manos a la obra, con ayuda de muchos otros diablos venidos de Aragón y Navarra y, **cuando apenas les faltaban unos metros para terminar, amaneció con una hora de antelación.** Llenos de rabia, los diablos tuvieron que abandonar la construcción del canal y la muchacha se quedó sin agua pero salvó su alma.

El río Cidacos sigue su camino hasta bordear ***Arnedo,*** lugar de paso de una importante calzada romana y que conserva restos de un castillo en el que se libraron batallas entre moros y cristianos. También hay ruinas de un castillo medieval en ***Autol,*** donde además hay **dos curiosísimas rocas, el Picuezo y la Picueza, que alcanzan veinte metros de altura** y están situadas a las afueras del pueblo. La forma de las piedras recuerda vagamente dos personas porque, según parece, se trata en efecto de un hombre y de una mujer que, después de robar, juraron en falso, por lo que **fueron castigados y se convirtieron en rocas.**

OTROS DESTINOS DE INTERÉS

■ El río Iregua atraviesa buena parte de La Rioja, pasando junto a la capital, Logroño, donde desemboca en el Ebro. La cabecera del río está en plena Sierra de Cameros, donde se encuentra el ***Parque Natural de Cebollera,*** que cuenta con algunas montañas de más de 2.000 metros. A esta altitud es fácil descubrir antiguos circos glaciares que en invierno se llenan de nieve y en verano dan origen a pequeñas lagunas. Al Parque Natural se puede llegar desde ***Villoslada de Cameros;*** tiene un recorrido muy bonito entre **zonas de arbolado donde abundan los ciervos, los corzos, el tejón y el gato montés.**

■ Otro paraje que llama la atención es la ***ermita de Lomos de Orios,*** en la que todos los años, el primer domingo de julio, se celebra una romería muy animada en recuerdo de una antigua leyenda. Cuentan que en la Edad Media éste era un lugar de paso de los ganaderos trashumantes, y que, en una ocasión, unos pastores que llegaban de Extremadura **fueron atacados por unos ladrones de ganado.** Los pobres pastores pidieron protección a su patrona, la Virgen de Lomos de Orios y, de repente, empezó a formarse **una espesísima niebla que cubrió toda la zona** y dejó a los ladrones como ciegos mientras los ganaderos aprovecharon para escabullirse con los rebaños.

■ La carretera que bordea el río Iregua pasa por ***Villanueva de Cameros,*** donde merece la pena desviarse a ***Ortigosa,*** un precioso pueblo rodeado de montes y dividido en dos barrios por el río Albercos. El paraje debió estar habitado hace ya muchos siglos, como demuestra el **menhir de Canto Hincado,** que se encuentra en el alto de las Tres Cruces, o las **cuevas de La Viña** y **El Tejón,** donde también se encontraron restos prehistóricos y que tienen **preciosas formaciones de estalactitas y estalagmitas.** Muy cerca de Ortigosa está ***El Rasillo,*** con un **bonito pantano que cuenta con con zonas de baño** y para la práctica de deportes náuticos.

También merece una escapada ***Nieva de Cameros,*** un pueblo muy alto **presidido por una roca en la que se alza el castillo.** En Nieva está la llamada **cueva de Peña Miel,** que ya estuvo habitada hace unos 50.000 años. En la parte más alta de Nieva, por la que pasaba el Camino Real, dicen que **hay un lugar maldito conocido como Venta Quemada,** donde hubo una antigua parada de postas, una de esas posadas en las que **solían detenerse las diligencias para que descansaran los caballos y los pasajeros** durante los largos trayectos. La posada era atendida por un matrimonio mayor y una sola hija, ya que el resto de los hijos se habían visto obligados a irse en busca de fortuna. Un día, **se alojó en la posada un viajero con aspecto de tener mucho dinero.** Los posaderos y su hija decidieron matarle para quedarse con su fortuna y, cuando llegó la noche, así lo hicieron. Después de deshacerse del cadáver, revisaron su equipaje y **descubrieron con espanto que habían matado a su propio hijo,** que había vuelto enriquecido de América. Y cuentan que prendieron fuego a la venta, y nunca más se volvió a saber de ellos.

Ermita de Lomos de Orios.

San Millán de Suso.

Puente en Ortigosa de Cameros.

Estación de Valdezcaray.

■ Además de la Sierra de Cameros, en La Rioja hay otra importante zona montañosa, la ***Sierra de la Demanda,*** con picos de gran altitud. Uno de ellos es el **San Lorenzo,** en cuyas laderas se encuentra **la estación de esquí de Valdezcaray,** muy bien equipada y en la que se **imparten cursos para aprender a deslizarse por la nieve.** A la estación se llega pasando por el bonito pueblo de ***Ezcaray,*** situado en pleno valle del Oja, donde también se encuentra la localidad de ***Santo Domingo de la Calzada,*** lugar de paso del Camino de Santiago y escenario de una famosa leyenda medieval.

Cuando entréis en la catedral de Santo Domingo, seguramente os llamará la atención una especie de jaula muy decorada, en la que veréis **un gallo y una gallina vivos y coleando.** La explicación es precisamente la conocida leyenda, que cuenta cómo cuando pasaban por la ciudad unos peregrinos acompañados de su hijo, éste fue acusado injustamente de cometer un robo y **fue condenado a la horca.** La condena se cumplió, y el pobre infeliz quedó expuesto en el patíbulo para que la gente tomara nota del castigo que esperaba a los ladrones. Los padres, apesadumbrados, continuaron su peregrinación hacia Santiago, pidiendo antes que Santo Domingo de la Calzada se apiadara del alma de su hijo. Imaginaos su sorpresa cuando, al hacer el camino de vuelta y pasar de nuevo por esta localidad, **descubrieron que éste seguía en la horca, pero vivo.** Rápidamente fueron a avisar al alcalde para que le perdonara, porque aquel milagro demostraba que su hijo era inocente. Pero el alcalde, que estaba comiendo, se limitó a reír y respondió que **el muchacho estaba tan vivo como el gallo y la gallina que estaba a punto de comerse.** En ese instante, las aves se levantaron y comenzaron a cantar, quedando demostrada la inocencia del condenado.

■ Hay otros rincones de La Rioja que os recordarán historias y tradiciones de la Edad Media, pero sin duda uno de los más interesantes es ***San Millán de la Cogolla,*** donde están los primeros textos conocidos de la lengua castellana. Aquí hay dos monasterios, el de ***Yuso,*** conocido como El Escorial de La Rioja por sus monumentales dimensiones, y el de ***Suso,*** más antiguo, fundado por el propio san Millán en el siglo VI. En este monasterio podréis ver las tumbas en las que están enterrados los Siete Infantes de Lara, así como el curioso **conjunto de cuevas en las que vivió San Millán** y que se reparten en dos pisos unidos por un pozo.

Parques naturales

Hacia el sur, cerca de Villoslada de Cameros se extiende el **Parque Natural de Cebollera,** ✆ 941 468 216; además cuenta con un interesante **Museo Etnográfico**, abierto los fines de semana, ✆ 941 468 205.

Museos curiosos

Ecomuseo. En San Román de Cameros. Abierto sábados y festivos en verano. ✆ 941 464 216. Permite conocer el funcionamiento de un molino tradicional.

Museo Paleontológico. En Enciso. Abundante información sobre los dinosaurios. Abierto todos los días, excepto los lunes, ✆ 941 396 093.

Excursiones emocionantes

Cuevas de Ortigosa de Cameros. Situadas en esta bonita localidad cercana al embalse del Rasillo. ✆ 941 462 001.

Actividades

En la **estación de esquí de Valdezcaray** imparten cursillos para aprender a deslizarse por la nieve. ✆ 941 354 275.

En la cercana localidad de Ezcaray organizan **rutas en bicicleta** y actividades de educación ambiental. ✆ 941 427 200.

En el pueblo de Arnedillo se organizan excursiones para **seguir las huellas de los dinosaurios.** ✆ 941 394 226.

En Anguiano imparten cursillos para aprender a **montar a caballo.** ✆ 941 418 007.

Alojamientos

Casa Gassedat. En Las Ruedas de Ocón. Organiza rutas en bicicleta y actividades de todo tipo: observación de aves, recogida de setas... ✆ 941 438 101.

Casa Edulis. En Santurde de Rioja. Facilitan información sobre rutas por la zona. ✆ 941 343 168.

Posada de Hoyos de Iregua. En Villoslada de Cameros. Organiza rutas fotográficas y paseos a caballo. ✆ 941 468 256.

Hostería Valle del Oja. Cerca de Ezcaray. Dispone de guarda-esquís y está en un lugar muy apropiado para poder disfrutar de la estación de invierno de Valdezcaray. ✆ 941 427 416.

PAÍS VASCO Y NAVARRA

EN LO MÁS PROFUNDO DE UN BOSQUE, DONDE NACE EL ARCO IRIS, EL «BASAJAUN» LLORA PORQUE ALGUIEN HA TALADO UN ÁRBOL. UN PERRO CUBIERTO DE FLORES INTENTA CONSOLARLE Y UNA «LAMIA» SE ASOMA DESDE UN RIACHUELO, ESCONDIENDO SUS PIES DE PÁJARO.

Laguardia, Álava.

Valle de Baztán, Roncesvalles y la Selva del Irati.

SAN SEBASTIÁN Y LA COSTA DE FUENTERRABÍA

REYES Y PESCADORES

Considerada como una de las ciudades más bonitas de Europa, San Sebastián es además una de las más aristocráticas desde que fue elegida como lugar de veraneo de los reyes a mediados del siglo XIX. Sus preciosos edificios se miran en las playas de la Concha y de Ondarreta, protegidas por una bahía en cuyo centro asoma la isla de Santa Clara. Toda la costa de Guipuzcoa hasta la frontera francesa es muy accidentada y está coronada por el monte Jaizkibel, desde el que durante los días claros se pueden ver bonitas vistas del Cantábrico.

Antes de que la reina Isabel II fuera a curarse de una enfermedad de la piel, ***San Sebastián*** era un pueblo de pescadores resguardado en una ensenada y rodeado por los montes Igeldo, Urgull y Ulía. Para que os hagáis una idea de la belleza y la tranquilidad de la bahía no tenéis más que subir al monte Igeldo, al que se llega en funicular, y asomaros al precioso mirador. Cuando se hace de noche y la ciudad empieza a encender sus luces, parece un sueño. Además, **en el monte Igeldo hay un gracioso parque de atracciones** donde podréis montaros en ponis o en una montaña rusa que, aunque es muy antigua, realiza **un recorrido de vértigo al borde de los acantilados.**

Ya en la ciudad, merece la pena que os acerquéis al jardín de Alderdi-Eder («lugar hermoso», en euskera), un encantador paseo

repleto de tamarindos, en uno de cuyos laterales se alza el elegante Ayuntamiento. Muy cerca está el pequeño puerto pesquero y la parte vieja, llena de calles bulliciosas y de bares que ofrecen el colorido de sus tapas. Junto al puerto **podéis visitar el Museo Naval y el Aquarium,** donde se exhiben muchos peces, algunos de ellos peligrosos, así como corales, maquetas de barcos antiguos y **el esqueleto de una ballena que se pescó en la costa vasca en el siglo XIX.**

■ También desde el puerto es posible rodear el monte Urgull, al borde del mar, donde a veces **las olas sacuden con tanta fuerza que saltan por encima del paseo;** o subir hasta su cima, coronada por el castillo de la Mota, que protege la ciudad desde el siglo XII. Si cruzáis todo el casco viejo llegaréis a la desembocadura del río Urumea, que atraviesa el puente de Zurriola, adornado con grandes farolas y donde también se alzan otros bonitos edificios, como el teatro Victoria Eugenia, emblemática sede de los famosos festivales de cine de San Sebastián. A un par de manzanas del teatro está la plaza de Gipuzkoa, con muchos árboles, un reloj hecho con plantas, un puente de estilo japonés y una especie de **mesa en la que se marca la hora de todos los lugares del mundo.**

■ Desde luego, no podréis decir que conocéis San Sebastián si no recorréis el paseo de la Concha, que rodea casi toda la playa. Un poco más allá está el pico del Loro, la punta que separa los arenales de la Concha y Ondarreta, y en el extremo de la bahía se encuentra el *Peine del Viento,* un grupo de esculturas abstractas junto a un muelle en el que **hay además unos agujeros que, cuando el mar se**

San Sebastián. Arriba izquierda, playa de la Concha. Arriba, «Peine del Viento», Museo Naval y Parque de Atracciones.

Tamborrada infantil de San Sebastián.

enfada, suenan como un órgano. En verano, las playas se llenan de gente aprovechando la tranquilidad de las aguas y muchos se acercan a dar un **paseo a la isla de Santa Clara,** utilizando los barcos que salen del puerto.

■ Si os gustan los parques, acercaros al palacio de Aiete, rodeado por unos jardines muy bonitos, con estanques y grandes árboles. Y si coincide que estáis en San Sebastián en enero, cosa rara, no os perdáis las fiestas patronales, que se celebran el día 20 con una ensordecedora «tamborrada». **Podréis gritar lo que queráis y más, porque está garantizado que no vais a molestar a nadie.**

Muy cerca de San Sebastián, siguiendo la línea de la costa en dirección a Francia, se llega a la desembocadura del río Oiartzun. Aunque se vean muchas industrias y grandes grúas sobre los muelles, merece la pena acercarse al puerto de **Pasai San Pedro,** de donde sale la barca que cruza hasta ***Pasai Donibane,*** con su quiosco de música, sus caserones y **sus encantadoras casas marineras llenas de colorido,** casi encima del mar. En la misma desembocadura del río está el castillo de Santa Isabel, que servía para vigilar la entrada del puerto.

■ Otra de las bonitas villas marineras de la zona es ***Hondarribia,*** que tiene una parte vieja rodeada de algunas murallas y presidida por **una fortaleza por la que pasaron Juana la Loca, el emperador Carlos V y varios reyes más.** El castillo se puede ver por dentro porque es un Parador de Turismo; frente a él está la plaza de armas, donde podéis imaginaros a los soldados con lanzas y ballestas, preparados para cualesquiera de las frecuentes batallas que hubo en este lugar fronterizo. Ahora, en lugar de ejércitos, en la plaza hay barecillos y tiendas de recuerdos. En la parte baja de Hondarribia se halla el barrio de la Marina, con sus **casas de pescadores adornadas con galerías de madera y flores de todas las tonalidades.**

■ Desde Hondarribia, bordeando el Bidasoa hacia su desembocadura, se pasa junto al castillo de San Telmo y se llega al **cabo de Higuer,** donde hay **un faro y se disfrutan preciosas vistas de la costa y de la ciudad francesa de Hendaya.**

Otra excursión bonita es la que lleva hasta ***Irún,*** una ciudad fronteriza que ya estuvo habitada por los romanos. Aquí se celebran en junio unas fiestas muy famosas, conocidas como «el Alarde», en las que **se juntan miles de vecinos uniformados y cubiertos con boinas rojas,** para celebrar una antigua victoria contra los vecinos franceses. Afortunadamente, aquellas guerras son cosas del pasado y ahora podéis visitar tanquilamente poblaciones francesas como **Hendaya, San Juan de Luz, Guetaria, Biarritz** o **Bayona,** con sus bonitos puertos pesqueros y sus animadas calles, llenas de comercios y de cafés.

■ También a partir de Hondarribia se puede hacer un precioso recorrido por el ***monte Jaizkibel,*** que **cae directamente sobre el mar y esconde algunas pequeñas calas.** En este monte, en el que veréis un bucólico paisaje de prados, bosques y caseríos, se encuentra el **Santuario de Guadalupe** y hay un estupendo mirador sobre el litoral.

Si viajáis desde San Sebastián hacia Bilbao, hay también muchos lugares en los que vale la pena hacer una parada. Está por ejemplo la ciudad de ***Zarautz,*** famosa por sus **playas a las que acuden muchos aficionados al surf.** Cerca de Zarautz está el **Parque Natural de Pagoeta,** con un impresionante macizo de rocas y muchos senderos bien señalizados. Otro bonito pueblo marinero es ***Getaria,*** donde nació el aventurero Juan Sebastián Elcano, que fue el primer navegante en dar la vuelta al mundo. Tiene una graciosa iglesia construida sobre las rocas y un monte que se asoma al mar conocido popularmente como «el ratón de Getaria» y en el que se alza la fortaleza de San Antón. Algo más retiradas están las poblaciones de ***Zumaia*** y ***Deba,*** entre las que se encuentra la rasa mareal de Mendata, con **los acantilados más espectaculares de la costa vasca.**

Monumento a Elcano y vista general de Getaria con el «ratón».

Abajo, playa de Zarautz.

BILBAO Y LA RÍA DE GERNIKA

MUSEOS FUTURISTAS Y BOSQUES DE COLORES

En la costa vizcaína hay dos rías muy profundas y tan diferentes que parecen estar separadas por miles de años. Una está formada por la desembocadura del río Nervión, donde se encuentra la ciudad de Bilbao, con su museo Guggenheim y su metro recién estrenado que os darán la sensación de estar en algún lugar del futuro. La otra es la ría de Gernika, rodeada por cuevas prehistóricas, algunos castillos medievales y un bosque pintado donde veréis árboles con ojos, labios o pájaros de los colores más sorprendentes.

Bilbao es una ciudad gris a causa de las grandes chimeneas que echan humo continuamente al borde de la ría, en pueblos como Barakaldo, Sestao o Portugalete. Para cruzar de una orilla a otra, entre Portugalete y Las Arenas, hay un curioso puente colgante que fue construido a finales del siglo XIX. Fue el primero del mundo de su clase, y consiste en **una gran cabina que, suspendida de cuatro torres muy altas,** cruza el río colgada de unos cables y sin tocar el agua.

■ Un sitio agradable para empezar la visita de la ciudad es lo que se conoce como «El Arenal», porque era aquí donde antiguamente el río depositaba la arena que iba arrastrando a su paso. Hoy es un parque muy popular donde suelen pasear los bilbaínos; tiene en su centro un precioso quiosco modernista de música, en el que

todos los domingos hay actuaciones de la banda municipal. Alrededor de El Arenal se pueden ver algunos bonitos edificios, como el Teatro Arriaga, y muy cerca también está el casco viejo, conocido como «las siete calles», donde podréis encontrar **alguna confitería en la que venden unos curiosos caramelos de malvavisco,** y hay muchos bares famosos por sus estupendas tapas y sus «pintxos».

■ En el centro de esta zona está la Plaza Nueva, en la que todos los domingos se celebra un vistoso mercadillo. En uno de los arcos de la plaza, buscando con detenimiento, descubriréis **las marcas que han dejado algunas de las crecidas del río que inundaron la ciudad** hasta hace muy pocos años. También en el casco viejo está la Catedral, en cuyo claustro se celebra –durante la Navidad– **una graciosa exposición de belenes** y a poca distancia, junto al río y el puente de San Antón, hay un mercado cubierto, considerado como el mayor de España, donde podréis descubrir todas las variedades de pescados que llegan a los puertos del País Vasco.

■ Uno de los mayores parques de la ciudad es el de Doña Casilda, que tiene un estanque con patos, algunos hermosos árboles y **una fuente controlada por ordenador que ofrece espectáculos de luz, color y sonido.** Otra de las

El Museo Guggenheim y el popular «Puppy».

grandes zonas verdes es el parque de Etxebarria, que tiene hermosas vistas y ocupa los terrenos de una antigua fábrica de la que se conserva la enorme chimenea. Otra bonita vista de Bilbao es la que se descubre desde el monte Artxanda, con paseos y zonas de juegos y al que se llega por un gracioso funicular.

Por último, no dejéis Bilbao sin visitar el Museo Arqueológico, Etnográfico e Histórico, en el que se exhibe una impresionante maqueta de Vizcaya y donde comprobaréis cómo los primitivos vascos adoraban la naturaleza. **Otro de los museos curiosos es el de Títeres,** que también suele ofrecer actuaciones de marionetas. No obstante, el museo más espectacular es el Guggenheim, inaugurado hace poco tiempo y que encierra colecciones

Cuevas de Santimamiñe.

Castillo de Butrón.

de arte moderno. Si no lo visitáis, no dejéis de acercaros aunque sólo sea para ver el edificio, un fantástico conjunto de galerías, torres y ascensores de cristal y titanio de las formas más insospechadas, vigilado por *Puppy,* un encantador perro cubierto de flores.

■ A pocos kilómetros de Bilbao en dirección a la costa se alza el ***castillo de Butrón,*** que **parece surgido de un cuento de hadas.** La enorme fortaleza está llena de recovecos, escaleras y corredores, y tiene unos torreones de más de 40 metros de altura que le dan cierto aire fantástico. El interior se puede visitar y en su recorrido veréis un audiovisual en el que os saludará el señor del castillo y podréis ver **algunas escenas con personajes vestidos a la usanza de la época.** Alrededor del castillo hay un bonito parque con una gran variedad de árboles, algunos procedentes de lugares muy lejanos.

La costa vizcaína está llena de pequeños puertos encantadores, como ***Bermeo,*** donde hay una torre medieval convertida en Museo del Pescador. Al oeste de Bermeo está el **cabo Matxitxako,** con su faro; y un poco más alejada se encuentra la **ermita de San Juan de Gaztelugatxe,** colocada sobre **un islote unido a tierra por un estrecho camino entre las rocas.** Al este de Bermeo está la ***ría de Gernika o de Mundaka,*** formada por la desembocadura del río Oka y **protegida por la Unesco debido a sus grandes arenales,** sus aguas limpísimas y su gran riqueza de aves: patos, garzas reales, águilas pescadoras...

■ Alrededor de la ría hay muchos lugares de interés, empezando por la propia villa de ***Gernika,*** inmortalizada por el cuadro de Picasso después de que, durante la Guerra Civil fuera bombardeada por aviones alemanes aliados de Franco, que la dejaron arrasada por completo. En Gernika debéis visitar la Casa de Juntas, donde se pueden ver **los restos del viejo roble bajo el que celebraban sus reuniones los representantes del pueblo vasco.** Si además coincide que visitáis Gernika un lunes, disfrutaréis de un animado mercadillo en el que la gente de los pueblos de la zona venden verduras, pollos, quesos y demás productos de sus caseríos.

■ Desde Gernika se llega a ***Kortezubi,*** donde está el castillo de Arteaga, en el que vivió la emperatriz Eugenia de Montijo, y las cuevas de Santimamiñe, que fueron **descubiertas casualmente por unos niños mientras jugaban**

en aquel lugar y que conservan valiosas pinturas rupestres de los animales que cazaba el hombre prehistórico. A pocos kilómetros de Kortezubi está ***Oma,*** con un bosque alucinante que fue pintado por Ibarrola, un artista que al principio muchos tomaron por loco y que ha llenado de colorido los troncos de más de 500 árboles, de forma que **al pasear por el bosque parece que estáis viendo un cuadro que cambia constantemente.**

Yendo hacia la desembocadura de la ría se pasa cerca de la **ermita de San Pedro de Atxerre,** construida en un sitio del que antiguamente se decía **era muy frecuentado por el diablo y por las brujas de la comarca,** que solían reunirse en los prados de alrededor. Desde la ermita hay unas preciosas vistas de la reserva natural, con sus humedales y sus grandes **playas de Laida** y **Laga,** ésta última situada a los pies de unos grandes acantilados. En la misma boca de la ría, en medio del mar está la **isla de Ízaro,** por la que en otros tiempos se pelearon los pueblos de Bermeo, Mundaka y Elantxobe. Como las disputas eran interminables, el señor de Vizcaya zanjó el asunto diciendo que **la isla sería de aquel pueblo que venciera en una carrera de traineras.** Bermeo ganó la carrera y, desde entonces, en julio, los vecinos de este pueblo celebran una fiesta y vuelven a desembarcar en la isla para conquistarla simbólicamente.

■ Otro pueblo marinero que sin duda os gustará es ***Elantxobe,*** con sus casas apiñadas alrededor del puerto y en la falda del monte Ogoño, donde **se pueden ver las marcas dejadas por algunas lamias,** que en esta zona, cosa rara, eran tuertas. Un poco más retirado está ***Ea,*** al borde de una pequeña ría cruzada por el puente de los Suspiros. Y más lejos aún se encuentra ***Lekeitio,*** un importante puerto que fue atacado muy a menudo por los corsarios y del que antiguamente **salían muchos barcos a la pesca de ballenas,** cuando estos grandes mamíferos marinos todavía abundaban. El pueblo de Lekeitio tiene su ensenada protegida por la **isla de San Nicolás,** con restos de un convento, y en las inmediaciones merece también una escapada el **faro de Santa Catalina,** en **un cabo muy espectacular rodeado de acantilados.**

Arriba, el bosque de Oma.

Arriba izquierda, Árbol de Gernika.

Abajo, San Juan de Gaztelugatxe.

SIERRA DE ARALAR Y SIERRA DE URBASA

LOS MONTES DEL BASAJAUN

La sierra de Aralar, entre Navarra y Guipuzcoa, reúne gran número de dólmenes y está coronada por el santuario de San Miguel, desde el que el paisaje aparece a menudo cubierto de niebla, como un mar de nubes. Esta sierra, igual que la vecina de Urbasa, son como grandes esponjas de piedra llenas de grietas por las que se filtra el agua, que luego cae en bonitas cascadas formando el nacimiento de algunos ríos. En un paisaje así no podía faltar una criatura legendaria, el «basajaun», un gigante que protege los bosques y el ganado.

La subida al monte Aralar se hace desde el pueblo de ***Lekunberri,*** que cuenta con una bonita oficina de turismo habilitada en una estación de ferrocarril del Plazaola, **un tren de vía estrecha que recorría la comarca.** A partir de Lekunberri hay que tomar una carretera que enseguida empieza atravesar prados en los que **veréis ponis en libertad,** que se suelen acercar a los coches en busca de comida sin ningún reparo. De vez en cuando, al borde de la carretera, aunque no están muy bien indicados, se puede ver algún que otro dolmen que demuestra que este monte estuvo habitado en la prehistoria y, que quizá ya entonces era un lugar sagrado. En la subida pasaréis también por el pueblo de Iribas, en el que nace una «senda del agua» que lleva a la **cueva de Lezegalde** y también al misterioso río Larraun que, aunque nace en otra cueva más arriba, desaparece

bajo tierra y vuelve a surgir entre las rocas cerca de ese pueblo.

A medida que os acercáis a la cima del ***monte Aralar,*** iréis atravesando unos **impresionantes bosques de hayas en los que se oculta el «basajaun»,** un ser descomunal que tiene el cuerpo cubierto de ramas y que a veces se confunde con un tronco viejo. Aunque a primera vista da bastante miedo, no es un personaje peligroso y tiene fama de cuidar los rebaños y de **maltratar únicamente a quienes se dedican a cortar árboles.** Cuando un pastor de la región tiene que cruzar el monte Aralar, el basajaun le avisa de la proximidad de alguna tormenta repitiendo su nombre. Por eso la gente asegura que el eco no es más que la voz de este gigante protector, que advierte a los caminantes de la proximidad de cualquier peligro. Lo más profundo del bosque es su escondite favorito, y a menudo vive en cuevas muy apartadas, **guardando tesoros con ayuda de unas curiosas vacas rojas.** Así que cuando veáis una vaca de ese color en el monte Aralar, o en cualquier otro bosque de Navarra, el basajaun anda cerca.

Dolmen en el monte Aralar.

Una de las leyendas que se cuentan del basajaun aseguran que este personaje fue el primero en cultivar el trigo, cuando el ser humano todavía no conocían la agricultura. Un día, un muchacho del valle de Roncal se propuso descubrir el secreto de aquel cereal y, como era muy valiente, **se acercó a la cueva de un basajaun y le desafió a que saltaran por encima de un montón de trigo,** diciéndole al gigante que le ganaría. Éste era bastante ingenuo y aceptó el reto, saltando sobre el trigo sin ninguna dificultad. Pero cuando le tocó saltar al muchacho, hizo como que se caía sobre el montón y

Ponis navarros.

El bosque navarro.

Nacimiento del Urederra.

rápidamente **se metió unos granos de trigo en el bolsillo.** Al terminar la prueba, se volvió a su pueblo y pudo empezar a cultivar el cereal con las semillas que había robado. Y así fue como nació la agricultura.

■ En lo alto del monte Aralar está el **santuario de San Miguel,** que conserva un precioso retablo con esmaltes muy antiguos. Si os fijáis bien veréis que está muy protegido porque es de gran valor y hace tiempo **fue robado por un famosísimo ladrón de obras de arte, conocido como Erik el Belga,** que trajo de cabeza a la policía de toda Europa durante bastantes años. Muchas de las piezas que robó este personaje con nombre de pirata, desaparecieron para siempre, pero afortunadamente éstas fueron recuperadas y ahí están. Junto a la iglesia hay puestos de chucherías y un bar en el que sirven un riquísimo caldo caliente; y fuera del santuario podréis contemplar impresionantes vistas de los valles.

Los pueblos que rodean la sierra tienen también sus curiosidades. Por ejemplo, en ***Arruazu*** se celebra todos los años un **bonito concurso de repique de campanas,** en ***Uharte-Arakil*** son famosos **los campeonatos de perros pastores** y en la mayoría de las fiestas de la región podréis ver competir a los *aizkolaris,* leñadores expertos en cortar enormes troncos en muy poco tiempo, y los *harrijasotzailes,* palabra muy complicada con la que se conoce a los levantadores de piedras.

Otra de las sierras impresionantes de esta región es la de Urbasa, que en euskera significa «agua del bosque» porque también hay muchísimas filtraciones de las lluvias. Un paraje precioso es el **nacimiento del río Urederra,** cerca del pueblo de ***Baquedano.*** El paseo desde el pueblo cruza una zona de pastos y arbustos, donde podréis recoger moras en septiembre y, luego, atraviesa un frondoso bosque con encinas, arces y hayas. Al cabo de media hora de camino llegaréis al lugar en el que se ven las cascadas del río, **brotando de una altísima pared de piedra y cayendo sobre una charca de color esmeralda** en la que, con un poco de suerte, se pueden ver nutrias.

■ Al sur de la sierra y a partir del pueblo de ***Abarzuza,*** se llega al **monasterio de Iranzu,** situado en un paraje precioso. En la visita de este monasterio, aunque penséis que sólo tiene interés para los mayores, fijaos en el lavatorio de los monjes y sobre todo en **la cocina, enorme y con una gran chimenea en el centro.** Por último, también desde Abarzuza se puede hacer un bonito recorrido por el **valle de Goñi** o subir a la **Sierra de Andía,** llegando hasta el puerto de **Lizarraga** y asomándose al mirador del túnel, desde el que os podréis hacer una idea del increíble paisaje de esta zona, llena de picachos y precipicios.

VALLE DE BAZTÁN, RONCESVALLES Y SELVA DE IRATI

BRUJAS, LAMIAS Y RÍOS SUBTERRÁNEOS

Los valles pirenaicos de Navarra esconden grandes bosques de hayas y pequeños pueblos que han ido naciendo junto a los ríos, que bajan con fuerza empujados por el deshielo. En estos valles hay también cuevas de gran profundidad y muchos lugares de cuento, como Roncesvalles, donde empieza la ruta principal de los peregrinos del Camino de Santiago, o Zugarramurdi, pueblo famoso porque en la Edad Media era uno de los favoritos de las brujas para celebrar sus reuniones.

El ***valle de Roncal*** es uno de los más montañosos y, a veces, en invierno está cubierto por grandes nevadas que recuerdan a los paisajes alpinos. En su parte más alta está la preciosa zona de **Belagua,** donde podréis ver el circo glaciar, la estrecha **foz de Minchate,** el **dolmen de Arrako** y la **Mesa de los Tres Reyes,** un monte de 2.438 metros de altitud en el que se juntaban los reinos de Navarra, Aragón y Francia. También aquí está el **karst de Larra,** una impresionante zona de galerías subterráneas, muchas de ellas sin explorar, entre las que se encuentra la sima de San Martín, que es **una cueva vertical de 1.360 metros y está considerada como la más profunda de la Tierra.**

■ El pueblo de ***Roncal,*** que da nombre al valle, es famoso por sus quesos y por ser el lugar de nacimiento de Julián Gayarre, un

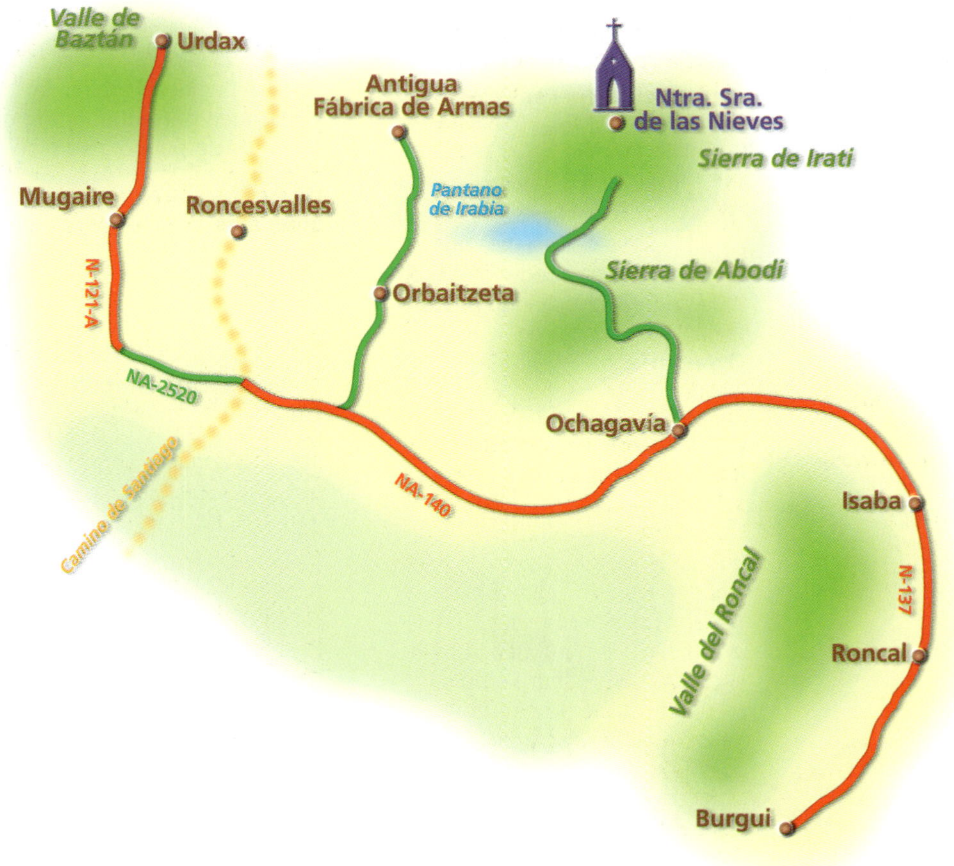

Arriba izquierda, ermita de Nuestra Señora de las Nieves, en Irati.

Abajo, Selva de Irati, en otoño.

Arriba derecha, cabras en Larra.

cantante de ópera que está enterrado en un precioso mausoleo del cementerio. En la parte baja del valle está la población de ***Burgui,*** famosa por su puente romano y por sus riquísimas tortas, llamadas *txantxigorri,* que se pueden encontrar en las panaderías locales. Cerca del pueblo hay un desfiladero, donde podréis ver buitres leonados; también merece la pena subir al **puerto de las Coronas,** en el que hay una zona de merenderos y **un bonito mirador con una piedra en la que está indicado lo más espectacular que se ve en el valle.**

Uno de los bosques más frondosos del Pirineo es la selva de Irati, a la que se puede acceder desde el valle de Salazar pasando por el encantador pueblo de ***Ochagavía.*** Desde aquí, una carretera estrecha y llena de curvas atraviesa la **sierra de Abodi** y lleva hasta la **ermita de la Virgen de las Nieves,** donde se unen los dos ríos que forman el Irati. En esta zona el paisaje es muy espectacular, y **hay un puente colgante de vértigo que cruza el río.** Cuando lo paséis, fijaos bien en las orillas, al mismo borde del agua, porque es donde suelen estar las lamias, unas criaturas fantásticas que se ocultan bajo los árboles y, aunque parecen mujeres, **se distinguen perfectamente por sus pies de pájaro y su piel cobriza.**

■ Otra de las formas de llegar a la **Selva de Irati** es el pueblo de ***Orbaitzeta,*** de donde sale una carretera que lleva hasta las **ruinas de una fábrica de armas construida en tiempos de Carlos III.** El sombrío esqueleto de este edificio, cubierto de vegetación y atravesado por un riachuelo, os permitirá haceros una idea de la importancia que llegó a tener la fábrica, que el rey «regaló» a los navarros a cambio de cientos de árboles talados en estos bosques para construir barcos. Orbaitzeta es también el punto de partida de excursiones que llevan a varios lugares de la selva de Irati, como los **dólmenes de Azpegi** o el **pantano de Irabia,** que parece **un lago oscuro rodeado de hayas centenarias.**

Roncesvalles es un lugar famoso en todo el mundo por su Colegiata, que se construyó en la Edad Media como albergue y hospital para los viajeros llegados de todas partes haciendo el Camino de Santiago. Desde la antigüedad, los peregrinos han seguido pasando por este lugar y, vayáis cuando vayáis, sin duda **veréis a gente de todo tipo que está dispuesta a hacer los 700 kilómetros de la ruta jacobea a pie o en bicicleta,** y que se detiene aquí para recibir la credencial que le irán sellando en las etapas del Camino. La Colegiata está rodeada por un bonito paisaje de bosques, y cuenta con un museo y con el *Silo de Carlomagno,* en cuya cripta **se guardaban los huesos de los peregrinos que morían en el hospital.**

■ Si vais al ***valle de Baztán,*** hay un lugar que no os debéis perder de ninguna forma, el ***Señorío de Bértiz,*** un parque natural enclavado junto al pueblo de **Oroz Mugaire.** Durante mucho tiempo, esta finca fue propiedad de un indiano llamado Pedro Ciga, que tenía auténtica pasión por los viajes y que se dedicó a recoger árboles y arbustos de todo el planeta para plantarlos en su jardín. Gracias a su esfuerzo hoy podéis ver este parque con **variedades exóticas, fuentes, cascadas, estanques, un elegante palacio y un mirador** que se asoma al río Bidasoa. Además del jardín, la extensa finca tiene un bosque con robles, hayas, castaños y senderos que llevan hasta otro palacio situado en lo alto del parque. Antes de iros, no olvidéis fijaros en el escudo del señorío, en el que aparece representada **una sirena con un peine en una mano y un espejo en la otra.** Según parece, el escudo nos recuerda que gracias a un hechizo de las sirenas este lugar ha conseguido conservar intacta su belleza.

■ Continuando por el valle de Baztán hacia la frontera francesa se llega a ***Urdax,*** que cuenta con unas **grandes cuevas de estalactitas y estalagmitas** atravesadas por un riachuelo. En la visita de las cuevas, que estuvieron habitadas en la Antigüedad, os llamarán la atención algunas salas, como la de las Columnas, la de los Tres Reyes o el salón de recepciones, donde cuentan que antiguamente **se reunían las lamias que llegaban a través del río desde distintos lugares de la Tierra.**

A pocos kilómetros de Urdax está ***Zugarramurdi,*** famoso también por sus cuevas en las que, según dicen, **se juntaban las brujas de la comarca para celebrar sus «akelarres».** Aquellos encuentros acabaron de forma brutal cuando la Inquisición celebró un juicio contra 300 personas acusadas de brujería y condenó a la hoguera a varias de ellas. En los interrogatorios, muchas veces con torturas, las brujas confesaron

Caserío en Baztán.

Casa en el Valle de Baztán.

El «Caminante» en Vitoria.

cosas increíbles, como que **llegaban volando después de darse ungüentos hechos con hierbas y sustancias de animales.** Una vez en la cueva, celebraban sus reuniones presididas por el mismísimo Satanás, que se presentaba con la apariencia de macho cabrío. Os lo podéis creer o no, pero si os acercáis a las gigantescas cuevas, atravesadas por el arroyo del Infierno, no dejéis de imaginaros esas escenas que ponen la carne de gallina. Y si queréis conocer más sobre las brujas, **no os perdáis el espectáculo de marionetas que se representa en un pequeño teatro local,** en el que se mezcla la magia y la historia.

OTROS DESTINOS DE INTERÉS

■ ***Vitoria*** es una ciudad muy tranquila y familiar, con un casco viejo en el que abundan las calles peatonales y en el que podréis pasear, **descubriendo de repente la escultura de un gigante** o de un hombre sentado en un banco, como si dedicara toda su vida a mirar a los transeúntes. Además tiene algunos museos curiosos, como el de Ciencias Naturales, que ocupa un bonito caserón medieval, o el Museo de Naipes Fournier, uno de los más importantes del mundo en su género, **donde veréis colecciones de barajas muy antiguas.** Los golosos debéis saber que en Vitoria son famosas las pastelerías, en las que venden algunos dulces típicos, como la «goxua» y los «vasquitos y neskitas». Y los aficionados a la naturaleza disfrutaréis a lo grande, porque es la ciudad con más espacios verdes de España. Sus parques, especialmente los de La Florida, El Prado, San Juan de Arriaga y Judimendi, son preciosos, y en toda la ciudad podréis ver árboles imponentes, como la secuoya de más de 40 metros de altura que está cerca de la Catedral Nueva.

La provincia de Álava conserva otros espacios naturales de interés, como el ***monte Gorbeia,*** que se reparte entre esta provincia y la de Vizcaya. El Gorbeia tiene la peculiaridad de ser uno de los «montes bocineros» del País Vasco, desde el que **los paisanos se enviaban señales mediante hogueras y cornetas,** cuando se presentaban casos de urgencia y había que convocar a los representantes del pueblo. Además tiene una gran riqueza natural, con hayedos, bosques de alisos y humedales, así como pequeños pueblos: donde **hay molinos, ferrerías, restos de carboneras** y *kirikiños* (despensas de castañas), que os permitirán haceros una idea de cómo se vivía antiguamente en esta zona y si queréis saber algo más, acercaros al Eco-Museo de Artea.

Todo el parque natural está **perforado por más de quinientas cuevas,** con galerías y ríos subterráneos. Las más impresionantes son las de **Mairuelegorreta,** que tiene 15 kilómetros de longitud, y la de **Supelegor,** donde dicen que **desde hace siglos habita una lamia.** La leyenda cuenta que en un caserío cercano, vivía un joven al que le gustaba pasear por el monte. Un día descubrió a **una muchacha que peinaba sus cabellos al lado de un riachuelo** y, como era muy hermosa, se enamoró de ella y empezó a visitarla a menudo hasta que le propuso que se casaran. El padre del muchacho, cuando se enteró, le dijo que tuviera cuidado porque podía tratarse de una lamia, que es una especie de mujer con extraños poderes y pies de pájaro. Al día siguiente, para averiguarlo, el joven **levantó la falda a la muchacha y descubrió horrorizado que tenía patas de ganso.** Como consecuencia de aquel disgusto, murió de tristeza al poco tiempo y, desde entonces, la lamia se escondió en la cueva donde llora desconsoladamente por la muerte de su enamorado.

■ Cerca del parque natural está ***Izarra,*** población que tiene en sus proximidades la **cascada de Gujuli, un espectacular salto de agua de más de 100 metros de altura.** Otro rincón impresionante es el **cañón de Délica,** lugar de **nacimiento del río Nervión,** que puede ser contemplado desde un mirador de 300 metros de altura, prohibido para quienes tengan vértigo. Por último, si queréis ver un paisaje

Eco-Museo de Artea.

Salinas de Añana.

Foz de Lumbier.

Bardenas Reales.

creado por los antiguos pobladores de Álava, acercaros a las ***Salinas de Añana,*** un paraje curiosísimo formado por la explotación de la sal que lleva el río Muera. Hace muchos siglos la sal era imprescindible para conservar los alimentos, y se utilizaba en los largos viajes en barco, de forma que se extraía casi como si fuera un metal precioso. Estas salinas ya eran conocidas por los romanos y, aunque han dejado de ser rentables, mucha gente se acerca a ver sus terrazas, que crean **un relieve muy caprichoso y se llenan de destellos al amanecer.**

■ Si estáis dispuestos a hacer una bonita excursión a pie, uno de los lugares más misteriosos es el ***túnel de San Adrián,*** que une la provincia de Álava y la de Guipúzcoa, y hace algunos siglos servía de lugar de paso a los peregrinos del Camino de Santiago. En las dos entradas del túnel quedan restos de la calzada empedrada, y en su interior todavía se pueden ver las ruinas de una ermita y **las inscripciones que dejaban los viajeros grabadas en la piedra.** Para que os hagáis una idea de lo que impresiona este túnel, en la Antigüedad los viajeros decían que atravesaba **un peñasco tan grande «como el mayor castillo que pueda imaginarse».** Ahora, toda la zona es parque natural, y permite hacer otras excursiones, como la que lleva al **menhir de Zorrotzari** o a los profundos **cañones de Arrantzazu.**

■ También en Navarra algunos ríos han ido perforando la tierra, hasta formar hoces imponentes. Una de las más espectaculares es la de ***Arbayún,*** que tiene **un recorrido de seis kilómetros entre paredes donde anidan muchísimos buitres,** que veréis fácilmente sobrevolando las gargantas o regresando a sus nidos. Las vistas más increíbles de esta hoz se tienen desde el alto de Iso, donde las paredes alcanzan los 400 metros de altura. Otra hoz que merece una escapada es la de ***Lumbier,*** formada por el río Irati, que **ha ido tallando formas caprichosas en las rocas durante miles de años.** El recorrido de esta hoz es muy cómodo, y se hace a través de un túnel siguiendo un camino por el que antes pasaba el ferrocarril. En este paseo también veréis buitres y lugares curiosos, como **los restos del Puente del Diablo,** que cruzaba el río a gran altura.

Cerca de la ciudad navarra de **Tudela,** un paisaje muy diferente es el de ***Las Bárdenas Reales,*** un verdadero desierto que podría servir para rodar una película del Oeste. Aunque parezca mentira, en otros tiempos estaba cubierto de arbolado, pero las talas y los incendios lo convirtieron en un lugar árido y deshabitado. No obstante, vale la pena recorrer el camino señalizado con carteles **observando las fantásticas formas del relieve.** Las más espectaculares están en ***La* Bárdena Blanca,** donde se alzan Las «cabezas» de **Castildierra** y **El Hermanito.** Además, debéis saber que durante la Edad Media en las Bárdenas **hubo un famoso bandolero** al que llamaban Sanchicorrota, y que era considerado como el rey de estas tierras, hasta el punto de que el auténtico rey tuvo que mandar un ejército para vencerle. Cuando el bandolero se vio perdido, prefirió matarse clavándose un puñal, y **como no pudieron juzgarle, le llevaron a Tudela y, aunque estaba muerto, le colgaron en la horca.**

INFORMACIÓN PRÁCTICA

PARQUES TEMÁTICOS Y DE ATRACCIONES

Parque de atracciones de Igeldo. En San Sebastián. Creado en 1912, con la clásica montaña rusa, los autos de choque y estupendas vistas de la ciudad. ✆ 943 210 211.

ZOOLÓGICOS, JARDINES Y PARQUES NATURALES

Aquarium. San Sebastián. Incluye un túnel a través de un gran oceanario. Abierto todos los días, ✆ 943 440 099.

Centro de migración de aves. En Roncesvalles. Para observar pájaros en libertad. ✆ 948 151 077.

Parque ornitológico de Mendixury. Cerca de Vitoria, con un pequeño centro de visitantes.

En Vitoria están algunos de los jardines más bellos del País Vasco, entre ellos el de **La Florida,** ✆ 945 161 598; y en San Sebastián los jardines de **Miramar** y los de **Aiete,** ✆ 943 481 166.

En espacios protegidos, el País Vasco cuenta con la **reserva de la Biosfera de Urdaibai,** que tiene su centro de visitantes en el palacio de Udetxea, ✆ 946 257 125, y con varios **parques naturales: Aralar,** ✆ 943 582 066; **Valderejo,** ✆ 947 353 146, **Urkiola y Gorbeia,** ✆ 946 814 155.

En Navarra, los más interesante son el **Señorío de Bértiz,** ✆ 948 592 386 y la **selva de Irati,** ✆ 948 890 641. El centro de interpretación de la naturaleza del **valle de Roncal,** facilita todo tipo de pistas sobre este valle. ✆ 948 475 050.

MONUMENTOS Y MUSEOS CURIOSOS

Cerca de Bilbao está el **castillo de Butrón,** abierto todos los días, ✆ 946 151 110. En San Sebastián, sobre el monte Urgull, el **castillo de la Mota** ofrece estupendas vistas de la ciudad.

Los museos especiales se prodigan en todo el País Vasco, donde abundan las colecciones dedicadas a la cultura tradicional: **Museo etnográfico del pueblo guipuzcoano de Zerain**, abierto todos los días, ✆ 943 801 505; **Ecomuseo del Caserío Vasco de Artea,** Vizcaya, abierto todos los días, excepto los lunes, ✆ información 946 317 086; **Museos Etnográficos de Artziniega, Izarra y Oión,** todos ellos en Álava, ✆ 945 131 321. En la capital alavesa se puede visitar el **Museo Fournier de Naipes**, abierto todos los días, excepto los lunes, ✆ 945 255 555; y el **Museo de Ciencias Naturales,** abierto todos los días, excepto los lunes, ✆ información 945 181 924. En Bilbao están, entre otros, el **Museo Vasco,** abierto todos los días, excepto los lunes, ✆ 944 155 423; y el famoso **Guggenheim,** abierto todos los días, excepto los lunes, ✆ 944 359 080. En San Sebastián hay un bonito **Museo Naval**, abierto todos los días, excepto los lunes, ✆ 943 430 051; y en Bermeo, en plena costa vizcaína, está el **Museo del Pescador,** abierto todos los días, excepto los lunes, ✆ 946 881 171. Por último, en Guipuzcoa tampoco hay que olvidar el **Museo del Ferrocarril de Azpeitia,** ✆ 943 150 677; el **Museo de Zumalacárregi,** en Ormaiztegi, abierto todos los días, excepto los lunes, ✆ 943 889 900. Y en Tolosa está el **Museo de la Confitería,** ✆ 943 670 727.

EXCURSIONES EMOCIONANTES

En Navarra, muy cerca de las **cuevas de Zugarramurdi,** asociadas a la brujería, están las **cuevas de Urdax,** ✆ 948 599 241.

En el País Vasco, las famosas **cuevas de Santimamiñe,** abiertas de lunes a viernes, ✆ 946 252 975. En Bilbao se puede subir al **Puente colgante,** ✆ 944 801 012, que, además del transbordador, tiene un ascensor y una pasarela con buenas vistas de la ría.

Excursiones en barco por la ría de Bilbao, ✆ 944 839 250; desde San Sebastián hasta la isla de Santa Clara, ✆ 943 422 336; o los llamados «Gasolinos» desde Mundaka o Bermeo hasta la isla de Ízaro.

Para los que prefieren el ferrocarril, hay recorridos del **Eusko-tren** desde Bilbao a Gernika, entre otros itinerarios, ✆ 944 339 500.

ACTIVIDADES

Conocer los espacios naturales del País Vasco, visitando además explotaciones agrícolas y practicando deportes, ✆ 946 739 199; observar las aves o tirar con arco, ✆ 944 911 746; itinerario guiado por la reserva de la Biosfera de Urdaibai, ✆ 946 871 092; y, en Navarra, hacer excursiones por la selva de Irati o la sierra de Urbasa, ✆ 948 766 072. Los aficionados al agua pueden practicar remo en el río Bidasoa, ✆ 943 490 349; aprender a bucear en las aguas de Hondarribia, ✆ 943 642 353; o descubrir los secretos de la vela, ✆ 943 641 041.

ALOJAMIENTOS

Muchos de los alojamientos del interior, tanto en Navarra, ✆ 948 206 541, como en el País Vasco, ✆ 902 130 031, ofrecen la posibilidad de participar en tareas del campo: establos, huerta, elaboración de productos... y son una excelente escuela para aprender la cultura popular.

En Navarra, cerca de la selva de Irati: el **Albergue Mendilatz,** ✆ 948 766 088, organiza paseos a caballo y talleres de todo tipo; el **Hotel Basa Kabi de Leitza,** ✆ 948 510 125, prepara excursiones para los más pequeños; y la **casa Indatxipia,** de Erratzu, ✆ 948 453 157, ofrece ponis.

En Deba (Guipúzcoa): el **Caserío Arruan Haundi,** ✆ 943 603 704, tiene un establo acristalado junto al salón, en Zarautz; la **Casa Agerre Goikoa,** ✆ 943 833 248, dispone también de ponis y en Eskoriatza; la **Casa Areano,** ✆ 943 714 470, organiza actividades específicas para niños. Y en Álava: el **Hotel Haritz-Ondo,** de Elosu, ✆ 945 455 270, organiza excursiones a los parques naturales y en el mismo pueblo, la **Casa Atxarmin,** ✆ 945 455 087, facilita piraguas para recorrer un embalse cercano.

Peñíscola y el Maestrazgo.

COMUNIDAD VALENCIANA Y MURCIA

LOS CORSARIOS FRECUENTABAN MUCHO ESTOS MARES, Y A MENUDO SE ACERCABAN A DESCANSAR A LA SOMBRA DE LAS PALMERAS. PARA MATAR EL RATO, TENÍAN UNA RECETA INFALIBLE: MEZCLABAN UN PUÑADO DE PÓLVORA Y ALGUNAS ESTRELLAS TRITURADAS Y CONSEGUÍAN UNOS PRECIOSOS FUEGOS ARTIFICIALES.

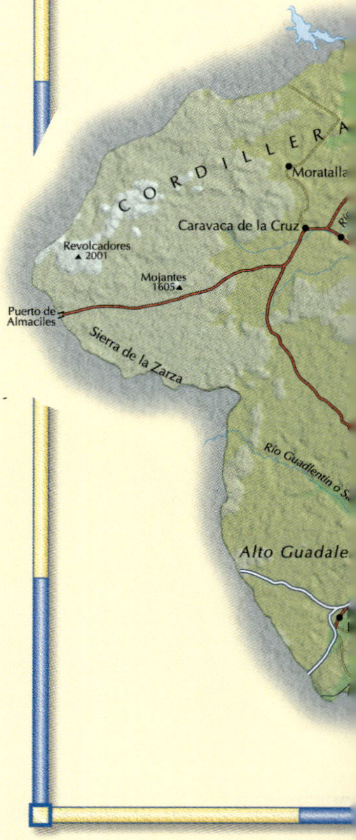

Vallibona.

Las tierras altas de Murcia.

PEÑÍSCOLA Y EL MAESTRAZGO

FORTALEZAS MARINAS Y CALABOZOS DEL DIABLO

En el litoral de Castellón se encuentra la ciudad de Peñíscola, construida sobre una roca y rodeada por en una muralla que la hace semejante a una fortaleza en medio del Mediterráneo. En la Antigüedad, el mar cubría buena parte de la provincia, por lo que a lo largo de los siglos fue dejando restos de conchas y fósiles en la bonita región del Maestrazgo. Una comarca con dos capitales, Morella, presidida por su enorme castillo, y San Mateu, donde estuvo encarcelado el mismísimo demonio.

Aunque de lejos parece tan turística como muchas otras, ***Peñíscola*** es una población muy antigua en la que, nada más acercaros, os llamará la atención su casco viejo, levantado sobre un gran peñón que se adentra en el mar y está unido a la costa por un estrecho brazo de tierra. Echándole un poco de fantasía, **parece una ciudad flotante a punto de emprender un viaje navegando entre las olas.** Luego, al acercaros aún más y cruzar las murallas que la rodean, perderéis de vista los grandes hoteles y las torres de apartamentos y entraréis en el laberinto de calles que suben hasta la fortaleza. Ésta se conoce como **el castillo del papa Luna** porque sirvió de refugio a un religioso, llamado Benedicto XIII, que alcanzó un gran poder, se proclamó Papa y mantuvo un enfrentamiento con el Vaticano. Después de perder aquel pulso **fue apartado de la**

Iglesia y condenado al destierro, recluyéndose en este sólido castillo, donde murió al cabo de los años.

■ La fortaleza, que se puede visitar, fue levantada por los misteriosos caballeros templarios sobre otra árabe para proteger la ciudad de los ataques de la piratería y del peligro de los asedios. Por eso, al recorrerla comprobaréis que la vista desde las atalayas alcanza el horizonte y os **podréis imaginar los gritos de los vigías cuando divisaban las temidas velas de los corsarios.** Además, cuentan que el papa Luna se hizo tallar una escalera en los acantilados para poder escapar en barco si llegaba algún ataque desde tierra. Todo, desde los muros macizos, hasta las galerías y las torres almenadas, os dará la impresión de que este castillo jamás pudo ser conquistado.

A su alrededor se extienden las callejas del pueblo, con el suelo empedrado de cantos redondos, algunas **fachadas adornadas con conchas marinas** y gran cantidad de tiendas llenas del colorido de las camisetas, los sombreros, la artesanía, los juguetes y recuerdos de todo tipo. Otro lugar muy simpático es el puerto, donde **todas las tardes se subasta el pescado** que ha ido llegando en las embarcaciones y que veréis brillar en las cajas. Desde el puerto sale también una «golondrina» que rodea todo el peñón y os permitirá ver desde el mar la famosa cueva del Bufador, una oquedad formada por las olas y que está bajo la ciudad. Cuando el agua entra con fuerza, **el aire sale por un agujero en las rocas y produce un sonido bronco,** como un bufido, que impresiona bastante.

■ A partir de Peñíscola, hacia el interior, se entra en la comarca del ***Maestrazgo,*** una región en la que abundan los pinares y los pueblos aparecen a veces por sorpresa sobre estrechos barrancos, rodeados de rocas y precipicios. Entre todos ellos vale la pena que os detengáis en ***Sant Mateu,*** capital histórica de la comarca, que conserva una bonita plaza Mayor con soportales y **un antiquísimo horno de cocer pan, todavía en funcionamiento.** Para que os hagáis una idea de cómo era esta región en la Antigüedad, nada mejor que una visita a su **museo Palentológico,** el más importante de este tipo en la Comunidad Valenciana, que muestra una

Vista de Peñíscola.

Pozo de agua en el Maestrazgo.

Avioneta fumigadora.

Barbería de Sant Mateu.

magnífica colección de piezas: restos de animales desaparecidos hace miles de años, especies marinas y grandes conchas de cuando el mar cubría estas tierras, así como **algunos insectos que quedaron apresados en ámbar.**

Además, **Sant Mateu** cuenta con un museo privado, un poco macabro, que incluye **las cárceles medievales en las que, en una ocasión, estuvo preso el diablo.** Cuenta la tradición que cuando San Vicente Ferrer iba predicando por la zona, pasó por este pueblo y dejó a todo el mundo muy convencido, pero al poco tiempo llegó un ermitaño de aspecto humilde diciendo a la gente que **el santo les engañaba y no les estaba explicando la verdadera religión.** El pueblo desconfió desde el principio de aquel personaje, que acabó encerrado en la mazmorra más profunda, encadenado a las argollas del muro. A la mañana siguiente, **el ermitaño había desaparecido y en su lugar sólo quedaba un fuerte olor a azufre.** Cuando San Vicente se enteró de lo sucedido, les explicó que aquel ermitaño de apariencia inocente no era otro que el mismo demonio disfrazado, que había intentado hacerles pecar. Además de los calabozos, en los que también estuvo detenida mucha gente durante la Guerra Civil, el museo recoge muchos objetos curiosos, trajes, cacharros y **una simpática barbería antigua.**

■ En toda la comarca hay otras bonitas poblaciones, como ***Herbés*** o ***Vallibona,*** y paisajes muy espectaculares, en los que de cuando en cuando **veréis los árboles calcinados por uno de esos incendios que castigan nuestros bosques** y alguna avioneta de las que se utilizan para fumigar los campos. En medio de estos paisajes sobresale el casco histórico de ***Morella,*** que trepa por un cerro coronado por su gran castillo. La localidad, muy monumental, está rodeada por un enorme recinto amurallado, con varias puertas de entrada. Junto a una de ellas hay un **atractivo museo dedicado a los dinosaurios,** abundantes en la región, con maquetas y restos de esqueletos. Ya dentro de la zona vieja, callejeando, veréis muchos antiguos palacios, como el Ayuntamiento, **donde se guardan los gigantes de las fiestas;** y también podréis cotillear en divertidas tiendas de recuerdos o de productos hechos con la famosa miel de la comarca.

VALENCIA Y LA ALBUFERA

LA CIUDAD DEL FUEGO Y DE LA CIENCIA

La capital valenciana es una ciudad bulliciosa, conocida entre otras cosas por su manera de celebrar San José, cuando arden las espectaculares fallas. El calor de las hogueras, el ruido de las tracas y la fantasía de los fuegos artificiales acompañan esta celebración, única en el país. Luego, la ciudad vuelve a ser como siempre, luminosa y mediterránea, y ofrece al visitante sus tesoros, entre ellos el recién estrenado Parque Temático de las Artes y las Ciencias.

Valencia es una gran ciudad, atravesada por un tramo del río Turia, que fue desecado para convertirlo en una inmensa zona ajardinada. Al borde del cauce se encuentra el casco viejo, que estaba rodeado de murallas de las que sólo se conservan dos entradas, las torres de Quart, que sirvieron como cárcel, y las de Serranos, donde hay un Museo Marítimo que reúne ánforas y otras piezas encontradas en el Mediterráneo, así como **maquetas de barcos de distintos lugares del mundo.**

■ Dentro de la zona antigua, debéis acercaros a la plaza del Mercado, donde está la Lonja, un precioso edificio gótico donde se comerciaba con la seda. **Lo más espectacular es el salón de columnas y el torreón, al que se sube por una escalera de más de cien peldaños;** pero además tiene

Fallas y fallera.

Arriba derecha, el Tribunal de las Aguas.

El «Miguelete».

algunos detalles curiosos, entre ellos la figura de la fachada que aparece recibiendo azotes, como un aviso a los comerciantes que se enriquecían engañando a sus clientes. Enfrente está el mercado central, con su estructura de cristal y de hierro rematada por una gran cúpula. **Antiguamente, junto al mercado se levantaba la horca donde se ejecutaban las sentencias de muerte,** y el lugar era también muy concurrido porque en la iglesia que da a la plaza predicaba San Vicente Ferrer, un hombre que ponía tanto ímpetu en sus sermones que incluso los que hablaban otras lenguas le entendían perfectamente.

▪ La parte vieja está llena de plazas destinadas a los puestos ambulantes, como la del Clot, pequeña y redonda, o la de la Virgen de la Paz, que antiguamente era conocida como la plaza de las Hierbas porque en ella se vendían plantas medicinales. Otro de los lugares que debéis visitar es **la plaza de la Virgen, invadida por las palomas y rodeada de animadas terracitas.** Muy cerca está el Palacio de la Generalitat, con elegantes patios en los que hay algunas figuras terroríficas, como **dos dragones luchando a dentelladas.** Para terminar el recorrido de las plazas debéis acercaros a la de la Reina, donde se alza la catedral, con su famoso campanario conocido como el «Miguelete». Junto a una de las puertas de la Catedral, todos los jueves se reúne desde hace siglos el Tribunal de las Aguas, **cuyos miembros, siempre vestidos rigurosamente de negro, imparten justicia en el reparto del agua** entre los labradores.

Todas las calles y plazas se visten de fiesta a mediados de marzo en una ocasión muy especial, las fiestas de San José. Es entonces cuando **se muestran las fallas, en las que han trabajado los artesanos de la ciudad durante todo el año,** y que arderán en la mágica *Nit del Foc* («noche del fuego»). Si estáis en Valencia en esas fechas os será imposible ver las más de setecientas fallas que ocupan la ciudad de cabo a rabo; pero no os

La Ciudad de las Ciencias, y vista de la Albufera.

perdáis alguna, porque **son como una especie de caricatura en relieve.** Alrededor de cada una de las fallas, que a veces superan los quince metros de altura, están los populares *ninots:* **políticos, famosos de la televisión, futbolistas..., ridiculizados con cierta ferocidad.** La noche del 19 de marzo, después de un día de tracas y pólvora, todos acabarán consumidos por las llamas y sólo se salvará un *ninot,* que será trasladado a un curioso museo donde se guardan las figuras indultadas cada año.

En los últimos tiempos Valencia ha visto nacer uno de los principales parques temáticos de Europa, **la Ciudad de las Artes y las Ciencias, construida sobre el antiguo cauce del Turia** y que parece un escenario de ciencia-ficción. El proyecto incluye pabellones como el Palacio de las Artes, destinado a actuaciones de música y teatro de todo tipo, el Centro de las Ciencias, en el que podréis enteraros de los últimos adelantos de la técnica y el parque Oceanográfico, que es como **una especie de ciudad submarina con un gigantesco acuario,** una zona de juegos y un restaurante sumergido. Además, está *L'Hemisfèric,* un pabellón con forma de casco que incluye un planetario, espectáculos láser y una pantalla gigantesca para películas de gran formato.

■ Si os han dado mucho la paliza y tenéis ganas de descansar o pasar un rato entre vegetación, podéis acercaros al Jardín Botánico, uno de los primeros que se crearon en el país. Además de una buena colección de palmeras y de flores de todo tipo, **tendréis ocasión de ver pajareras con aves exóticas,** acuarios y una bonita colección de conchas marinas, insectos y minerales. Otro parque que merece un paseo son los Jardines del Real, donde antiguamente había un palacio de descanso de los reyes árabes. Tiene senderos entre palmeras, zonas de naranjos, un estanque y una **colección de estatuas entre las que os sorprenderá una dedicada al pato Donald.**

Aunque no lo parezca, Valencia está junto al mar y tiene algunas cuidadas playas, como la **Malvarrosa,** en las que abundan los barecillos y las terrazas. Siguiendo la línea de la costa, hacia el sur se llega a la ***Albufera,*** una laguna separada del Mediterrénaeo por una estrecha franja de tierra. Antiguamente era diez veces mayor pero el uso del agua para los cultivos, sobre todo el famoso arroz valenciano, ha puesto en peligro este paraje, que ha sido declarado finalmente parque natural. Ahora cuenta con un centro de visitantes y **es posible hacer pequeños recorridos en barca,** en los que con suerte veréis algunas aves que se refugian entre los juncos, como garzas, patos y los curiosos «moritos».

COSTA ALICANTINA Y PEÑÓN DE IFACH

LA COSTA DE LOS CORSARIOS

El litoral de Alicante es ahora uno de los destinos preferidos por los turistas, que tienen gran debilidad por las playas de esta zona y por sus aguas, pacíficas y templadas. Pero antiguamente tuvo otros visitantes más belicosos, los piratas, que solían llegar del norte de África y que dieron origen a la construcción de castillos y torres de vigilancia.

Una de las poblaciones más turísticas de la zona es ***Benidorm,*** que se hizo tristemente famosa por sus exageradas torres de apartamentos al borde del mar. Sus urbanizaciones, hoteles y restaurantes acogen todos los años a cientos de miles de personas llegadas de todo el mundo y esto ha originado también muchos lugares de ocio que podéis aprovechar para pasar un rato divertido. **El más importante de todos es Terra Mítica, un parque temático que os permitirá viajar a través de las antiguas civilizaciones** mediterráneas, con zonas dedicadas a Egipto, Roma, Grecia, Iberia y el mundo de las islas. Alrededor de un gran lago que representa al mar, están todas las atracciones, presididas por una gigantesca montaña rusa. A las afueras de Benidorm también está **Mundomar, un parque de animales marinos y exóticos**

donde podréis ver papagayos, focas y espectáculos de delfines.

■ Desde Benidorm hay un simpático tren de ida y vuelta, el «Limón Exprés», que recorre buena parte de la costa pasando por Altea y el Peñón de Ifach, y llegando a ***Gata de Gorgos,*** un pueblo que tiene varios talleres de artesanía. Si hacéis el viaje en coche y paráis en ***Altea,*** acercaros a la zona vieja, fundada por los griegos y conocida por todas las culturas del Mediterráneo, que han dejado como recuerdo las casas blancas, las calles empedradas, el recinto amurallado y **los restos de un acueducto romano.**

Hacia el interior, el pueblo de ***Callosa d'en Sarrià*** cuenta con un precioso Museo de Etnología, con colecciones curiosísimas de objetos domésticos, utensilios y **una sección infantil que incluye muñecas, pupitres y libros utilizados por los mayores** en las escuelas hace muchos años. Desde Callosa podéis hacer también una escapada al gracioso Museo del Tren, habilitado en un restaurante próximo a las **Fuentes del Algar,** un paraje con bonitas cascadas.

■ Bordeando la costa llegaréis a ***Calpe,*** donde se alza el monumental Peñón de Ifach. **Cuentan que esta población fue descubierta por Hércules,** y ha estado habitada desde tiempos remotísimos. Una demostración de su antigüedad son los Baños de la Reina, una factoría romana de salazones de pescados tallada en la roca de los acantilados, y que tiene ese curioso nombre porque, según la leyenda, aquí se bañaba una reina mora aprovechando el agua salada que quedaba en los huecos. Otro recuerdo del pasado es la torre de la Pesa, perteneciente a un fortín que protegía la villa de los ataques que llegaban del mar.

En Calpe es casi obligado acercarse al ***peñón de Ifach,*** que se alza a más de trescientos metros sobre el nivel del mar y que estuvo a punto de convertirse en una urbanización privada. Afortunadamente, esta roca, bautizada como *Ifach* («norte») por los fenicios para distinguirla del Peñón de Gibraltar, que era el del sur, ahora es parque natural y **acoge gran cantidad de aves marinas y cientos de especies vegetales, desde claveles a orquídeas.** Para recorrerlo, hay un sendero que empieza en el centro de visitantes del parque, bordea pinares y restos arqueológicos de distintas épocas y, después de atravesar un túnel, tiene una fuerte subida hasta la cima. La excursión requiere un esfuerzo, pero cuando

Benidorm. Balcón del Mediterráneo y Parque Acuático.

Museo Etnográfico de Callosa d'En Sarria.

Un aspecto del parque temático Terra Mítica.

Arte de arena en la playa de Benidorm.

Vista de Denia.

Peñón de Ifach.

lleguéis a lo alto del Peñón las vistas de la costa son tan espectaculares que reconoceréis que ha merecido la pena.

■ A partir de Calpe, al borde del mar seguiréis viendo atalayas y torres defensivas como las de ***Moraira,*** que protegían esta costa de los corsarios. Si vais a ***Jávea*** descubriréis una iglesia gótica con cierto aire de fortaleza, que **servía precisamente para que la gente tuviera dónde refugiarse si había un ataque pirata.** Jávea tiene además una iglesia moderna de formas muy sorprendentes, y un Museo Etnográfico que guarda la reproducción de un tesoro ibero descubierto en las cercanías.

■ Por último, también merece una escapada ***Denia,*** población presidida por un castillo árabe y que tiene una costa de playas y **acantilados en los que abundan las cuevas submarinas.** Una de las más importantes es la **Cova Tallada,** con más de 150 metros de profundidad y a la que se llega por un sendero un tanto peligroso al borde del mar. Desde Denia tendréis ocasión de acercaros a **El Verger,** donde hay un *safari-park* en el que podréis ver leones, tigres, jaguares, serpientes y lobos, contemplar los espectáculos de las focas, dar un paseo en dromedario y disfrutar de algunas atracciones.

Desde Denia, una excursión que sin duda os llamará la atención es la que lleva hasta la ***cueva de Las Calaveras.*** Esta espectacular oquedad abierta en la roca, de la que tan sólo se puede visitar una parte porque la otra está invadida por un torrente de agua, esconde un tesoro árabe que nadie ha sabido encontrar. Según la leyenda, el macabro nombre de la cueva se debe a que, en tiempos del Cid Campeador, se refugió en ella un rey moro con todas sus joyas, en compañía de sus sirvientes y sus 150 esposas. **Al verse sitiados por los cristianos, y sabiendo que no podrían salir, decidieron envenenarse antes que ser capturados.** Cuando los cristianos se dieron cuenta de que allí pasaba algo, entraron en la cueva y se encontraron con los cadáveres, aunque no quedaba rastro del rey árabe ni de sus riquezas. Algunos aseguran que el monarca debió morir arrastrado por el torrente, así que **el tesoro sigue oculto en algún lugar de la cueva.**

LAS TIERRAS ALTAS DE MURCIA

CRUCES MILAGROSAS, PAISAJES LUNARES Y REDOBLES DE TAMBOR

En el interior de Murcia hay numerosos pueblos, como Cehegín, Moratalla y Caravaca, que fueron importantes enclaves árabes en el pasado y que aún conservan viejas leyendas de esa época. A su alrededor se extienden bonitos paisajes boscosos de pinos y sabinas, en los que abunda el agua llegada a menudo de las entrañas de la tierra y que, a veces, se vuelven tan áridos que son como de otro planeta.

Una de las poblaciones más importantes de la región es **Caravaca,** rodeada de fértiles huertas regadas por varios ríos. En la parte alta tiene un bonito barrio medieval de calles empinadas, coronadas por el castillo, con catorce torreones, unas murallas muy bien conservadas y espectaculares vistas de la ciudad. Dentro de la fortaleza hay varias edificaciones, entre las que destaca **un santuario con la fachada de mármoles de colores** y un museo que esconde una auténtica sorpresa, la colección de trajes, adornos y gualdrapas que se utilizan en la «fiesta de los Caballos del Vino». Si estáis a primeros de mayo en esta población, no os perdáis estos animadísimos festejos en **los que jinetes y caballos se adornan con estas telas cubiertas de dorados,** perlas y mil pequeños detalles.

Fiestas de los caballos del Vino en Moratalla. A la derecha, interior del Museo.

Arriba, el famoso mazapán de Moratalla

Abajo, aspecto de Caravaca de la Cruz.

Cuando miréis la espectacular fachada del santuario, fijaos en la rara cruz de mármol negro que está en lo alto y que se puede encontrar en todas las tiendas de recuerdos. Se trata de la popular **cruz de Caravaca,** protagonista de una leyenda de la época musulmana. Según cuentan, un sacerdote llamado Chirinos había sido capturado en compañía de otros cristianos, y al enterarse el rey árabe de que tenía un religioso entre los prisioneros, se dirigió a él, y, medio en broma, **le pidió que le demostrara de alguna forma que su dios era el verdadero.** El sacerdote reclamó entonces que le entregaran todos sus ornamentos sagrados, y así se hizo, pero faltaba la cruz. Y hete aquí que cuando el religioso estaba protestando ante el monarca porque no le habían llevado lo más importante, los presentes pudieron ver cómo **un grupo de ángeles entraban por la ventana del castillo sosteniendo una cruz de dos brazos.** Como podéis imaginar, con semejante prueba todos los musulmanes se convirtieron al cristianismo y fue entonces cuando se inició la construcción del santuario.

■ Si queréis pasar un buen rato al aire libre, tendréis ocasión de hacerlo en **el paraje de las Fuentes del Marqués,** situado a las afueras de Caravaca. El recorrido, que no es muy largo, incluye el llamado torreón de los Templarios, donde podréis conseguir información sobre este paraje, conocido desde tiempos de los árabes, con riachuelos y bonitos rincones llenos de arbolado. **Un antiguo sistema de acequias distribuye el agua** de los manantiales y, para que no falte de nada, en una colina veréis curiosas cuevas excavadas en la roca, en las que se han encontrado restos de cerámica.

■ Otra población cercana que merece una visita es ***Moratalla,*** situada a los pies de un cerro y, también, con abundantes huertas. La zona ya estuvo habitada por el hombre prehistórico, que dejó restos de poblamientos y de pinturas rupestres. Muchos siglos más tarde, los árabes construyeron aquí una fortaleza, que aún conserva su robusta torre del homenaje. Tras la Reconquista, las mezquitas se convirtieron en iglesias y se construyó el principal templo de la ciudad, la Asunción, en el que os sorprenderán sus enormes columnas. Al margen de los monumentos, **si sois aficionados a los dulces debéis saber que Moratalla es conocida por sus mazapanes,** y si os gustan las fiestas que ponen la piel de gallina, no os perdáis las procesiones de Semana Santa, famosas por sus nazarenos cubiertos con túnicas de colores diferentes y **acompañados por el estruendo de los tambores.**

■ Desde Moratalla una preciosa excursión lleva hasta el paraje de **La Puerta,** en el que hay un camping situado en una zona muy arbolada y con agua abundante, donde os podréis dar un baño. Otra zona a la que vale la pena acercarse es ***El Sabinar,*** un pueblo que debe su nombre a los bosques de viejas sabinas que cubren toda la zona. Muy cerca está el pueblo de ***Benízar*** y, a su lado, **sobre una impresionante roca, se levantan los restos de un castillo inexpugnable** que defendía esta región y que ahora ofrecen un aspecto un tanto tétrico. Si todavía tenéis tiempo, a pocos kilómetros de Moratalla está ***Calasparra,*** donde podréis ver el **santuario de Nuestra Señora de la Esperanza,** excavado en la roca viva.

Yendo hacia el sur está la ciudad de ***Lorca,*** con un bonito casco viejo, y el ***Parque Natural de Sierra Espuña,*** uno de los espacios mejor conservados de la provincia. Esta región **había quedado totalmente pelada por la tala abusiva de árboles** hasta que, hace unos cien años, alguien se preocupó de repoblarla de nuevo. Gracias a ello ahora la podéis ver cubierta de vegetación y llena de bosques de enebros, pinos,

Paisaje de Sierra Espuña y muflones.

encinas y olmos, en los que ha encontrado refugio el muflón, una variedad de cabra montés traída de la cordillera marroquí del Atlas.

■ Como podéis imaginar, en Sierra Espuña se pueden hacer muchas excursiones. Una de las curiosidades que esconde son los pozos de nieve, **más de veinte construcciones de forma redonda y una profundidad que alcanza los doce metros,** que antiguamente servían para almacenar la nieve cuando ésta era la única manera de conseguir hielo. Además, los recorridos por la sierra pasan por sitios tan espectaculares como las **Paredes de Leyva,** un murallón de más de tres kilómetros en el que suelen verse escaladores, el angosto **Estrecho de la Algualeja** o el paisaje protegido de **Gebas,** con un conjunto de barrancos y tierras peladas que **parecen enteramente un paisaje lunar.**

OTROS DESTINOS DE INTERÉS

■ Al sur de Alicante se encuentra ***Elche,*** con su famoso bosque de palmeras, que fueron traídas hasta aquí nada menos que por los fenicios y que, luego, se empezaron a cultivar para obtener de ellas los dátiles. Siglos más tarde, los árabes añadieron sistemas de regadío y crearon este hermoso oasis, que **se ha convertido en el mayor palmeral de Europa.** Entre los distintos «huertos» que lo forman destaca especialmente el del Cura, situado en el centro de la ciudad y que reúne un millar de palmeras, algunas con más de treinta metros de altura. No obstante, el ejemplar más impresionante es la llamada *palmera Imperial,* una rareza botánica con más de 150 años de antigüedad y un total de **ocho brazos que le hacen parecer un gigantesco candelabro.**

El **Huerto del Cura** es también un importante jardín botánico, que reúne los frutales cultivados por los árabes: naranjos, limoneros, granados, algarrobos…, además de plantas de jardín propias de los lugares cálidos y **una estupenda colección de cactus con variedades de todo el mundo.** Además, si recorréis el parque tendréis ocasión de ver la casa en la que vivía el sacerdote que hizo este jardín y que dio nombre al huerto, así como la vivienda de los hortelanos que lo cuidaban y una capilla, sostenida por vigas y pilares que son troncos de palmera. Muy cerca hay un estanque con una reproducción de la **Dama de Elche,** la valiosa escultura ibera que se muestra en el Museo Arqueológico de Madrid, así como **una estatua dedicada a la emperatriz Sissi,** que colaboró con el cura en la plantación del huerto y en cuyo honor la *palmera Imperial* fue bautizada con ese majestuoso nombre.

■ Un curioso museo que podéis ver en Elche es el Centro de Cultura

Tradicional, situado en la partida de ***Pusol,*** junto a una escuela rural que incluye la antigua casa del maestro. En su interior se muestran objetos típicos de la zona, así como fotografías, muebles, carteles, herramientas para trillar y recolectar en los palmerales, o para la fabricación del vino y del aceite. Pero lo más sorprendente de esta colección son **las numerosas grabaciones de cintas de magnetófono o de vídeo, recogiendo lo que contaban los ancianos de la región.** Otro museo que merece una visita es el arqueológico, habilitado en un bonito palacio y que os dará una idea muy completa de los pueblos que han pasado por estas tierras.

■ Cerca de Elche, en plena costa, se encuentra el ***castillo de Santa Pola,*** otra de las construcciones destinadas a rechazar los ataques de los corsarios. **Hoy alberga un Museo del Mar y un acuario** con tortugas, grandes peces y especies típicas de la cercana bahía. Además, Santa Pola conserva unas salinas de época romana en las que podréis ver flamencos rosados, los restos de varias atalayas de vigilancia y un faro desde el que se divisa a lo lejos la **isla de Tabarca.**

Desde el mismo puerto de Santa Pola, así como desde Alicante y Torrevieja, salen embarcaciones hasta Tabarca, que ya **sirvió de refugio a los piratas berberiscos** cuando se dedicaban a asaltar las poblaciones costeras. Luego, Carlos III la rodeó de murallas y la pobló con algunos marinos genoveses a los que había rescatado en la ciudad africana de *Tabarka,* de donde le viene el nombre a la isla. Hoy todavía conserva aquellas murallas, aunque ya sólo sufre la invasión de los turistas, que llegan todos los días a visitar su curioso pueblo marinero, a comer el sabroso *arroz al caldero* que preparan en algunos restaurantes o a sumergirse en sus aguas, **convertidas en reserva marina por su enorme riqueza de peces y especies vegetales.**

■ Si pasáis por la capital alicantina, no dejéis de visitar el ***castillo de Santa Bárbara,*** que se alza sobre

Isla de Tabarca y palmeras del Huerto del Cura, en Elche.

Arriba, dos aspectos de Santa Pola.

Abajo, Museo Microgigante de Guadalest.

un peñasco a casi 150 metros de altura. Para llegar hasta arriba hay dos ascensores, y desde luego la subida vale la pena porque os permitirá disfrutar de estupendas vistas. Otro castillo muy importante en la provincia es el de ***Guadalest,*** que también está sobre una peña y al que se llega por un túnel excavado en la roca. En el castillo se conserva la antigua prisión, con su robusta puerta, y tendréis ocasión de curiosear en algunos puestos de artesanía o disfrutar de las espléndidas vistas del pantano del río Guadalest.

Además, en **Guadalest** hay dos **curiosísimas colecciones de miniaturas** entre las que, con ayuda de grandes lupas, podréis ver pulgas vestidas de toreros, **las grandes maravillas del mundo pintadas en una lenteja,** obras de arte reproducidas sobre el ojo de una mosca o una copia de dos milímetros del famoso David que talló Miguel Ángel. Por último, también se ha abierto un gracioso Museo Etnológico que ocupa una casa típica de hace doscientos años y que os permitirá haceros una idea de cómo vivía la gente del campo en aquella época.

■ En la provincia de Valencia merece la pena una escapada a la ciudad de ***Sagunto,*** con abundantes playas, más de dos mil años de historia y sobre todo unas impresionantes ruinas, entre las que se conservan el castillo y el teatro romano, hoy lamentablemente afeado por un añadido reciente. Los restos del castillo, que ocupa una gran extensión en lo alto de un monte, demuestran la importancia que llegó a tener esta ciudad, famosa porque **sus habitantes resistieron durante ocho meses al durísimo asedio de las tropas de Aníbal.** Finalmente, la fortaleza se tuvo que entregar y los supervivientes acabaron convertidos en esclavos, pero su valentía ha pasado a la historia. Además, Sagunto conserva abundantes restos romanos y un bonito barrio de calles estrechas y retorcidas, en el que vivía antiguamente la población judía.

INFORMACIÓN PRÁCTICA

PARQUES TEMÁTICOS Y DE ATRACCIONES

En el pueblo alicantino de Benidorm abre sus puertas **Terra Mítica,** un parque temático centrado en las culturas mediterráneas, que ofrece acceso gratuito a los más pequeños y tarifas especiales a los menores de 12 años. Abierto todos los días, ✆ 965 004 300. Por su parte, Valencia cuenta con la espectacular **Ciudad de las Artes y las Ciencias,** que irá incorporando diversas instalaciones y que ya ofrece espectáculos de astronomía, imagen y sonido en *L'Hemisfèric.* ✆ 902 100 031.

Parques acuáticos, abiertos únicamente en verano: el pueblo alicantino de Torrevieja cuenta con un **Aquopolis,** ✆ 965 715 890; al igual que Cullera, en la costa valenciana, ✆ 961 738 052. En Santa Pola se encuentra **Pola Park,** ✆ 965 417 060; y en Benidorm, hay un gran parque de atracciones acuáticas, **Aqualandia,** ✆ 965 860 100.

ZOOLÓGICOS, JARDINES Y PARQUES NATURALES

De nuevo en Benidorm, vale la pena visitar **Mundomar,** donde se pueden ver focas, leones marinos, pingüinos, aves exóticas y un espectáculo de delfines. ✆ 965 869 101. En Santa Pola hay un **acuario** dedicado sobre todo a las especies mediterráneas. ✆ 965 416 916. En la provincia de Alicante hay además varios lugares en los que se pueden ver animales al aire libre como el **Safari Aitana,** en el pueblo de Penaguila, ✆ 965 529 273; el **Río Safari,** próximo a Santa Pola. ✆ 966 638 288; o el **Safari Park Vergel,** en Pego, ✆ 965 750 285.

Entre los jardines ocupa un lugar destacado el **Huerto del Cura,** ✆ 965 451 936, integrado en el palmeral de Elche. Cerca de la localidad alicantina de Altea, **Cactuslandia** permite ver una gran variedad de cactus, además de papagayos y una colección de minerales. ✆ 965 842 218.

Junto al pueblo alicantino de Torrevieja se ha creado el **Parque Natural de las Lagunas de la Mata y Torrevieja,** ✆ 966 920 404.

MONUMENTOS Y MUSEOS CURIOSOS

En Levante hay una gran variedad de **castillos y fortalezas** que merecen una visita, entre los que destacan los de Caravaca, ✆ 968 707 572; y Águilas, ✆ 968 413 303; en Murcia, el de Peñíscola, en Castellón, el de Xátiva, en Valencia y el de Guadalest en Alicante. Éste último pueblo cuenta además con varios museos singulares, el **Museo Antonio Marco,** abierto todos los días, ✆ 965 885 323; dos colecciones de miniaturas y un **Museo Etnológico,** ✆ 965 885 219.

En general, la provincia de Alicante ofrece un buen conjunto de colecciones, desde el **Museo de los Juguetes de Ibi,** abierto todos los días, excepto los lunes, ✆ 966 550 226, al **Museo del Mar y de la Sal,** en Torrevieja, abierto todos los días, excepto los lunes, ✆ 966 706 838; pasando por el **Museo Escolar Agrícola de Pusol,** próximo a Elche, abierto todos los días, ✆ 966 630 478; o el **Museo de Etnología de Callosa d'en Sarrià,** abierto de martes a sábado, ✆ 965 882 190.

En Murcia capital está el **Museo de la Ciencia,** que incluye un planetario infantil. Abierto todos los días, excepto los lunes, ✆ 968 211 998. Cerca de la ciudad, en Alcantarilla, hay un **Museo de las Artes Populares,** abierto todos los días, excepto los lunes, ✆ 968 893 866. También en Murcia, en La Unión, el **Museo Minero** da una idea de esta actividad. Abierto de lunes a viernes, ✆ 968 541 792.

EXCURSIONES EMOCIONANTES

En Castellón se puede hacer un viaje por el **río subterráneo de La Vall d'Uixó,** ✆ 964 690 576.
En Alicante hay varias grutas que pueden ser visitadas, entre ellas la **cueva de Las Calaveras,** en Benidoleig, ✆ 966 404 235; las **cuevas del Canelobre,** en Busot, abiertas todos los días, ✆ 965 699 250; y la **cueva del Rull,** en la Vall d'Ebo, abierta todos los días, ✆ 965 571 413.

A partir de Benidorm, hay un divertido trayecto de ferrocarril en el **Limón Exprés** hasta Gata de Gorgos, ✆ 966 803 103.

Desde la costa alicantina hay salidas en barco hasta la **isla de Tabarca,** ✆ 965 216 396. Los aprendices de marinero pueden avistar ballenas desde el **puerto murciano de Mazarrón,** ✆ 968 154 078.

ACTIVIDADES

En Valencia hay posibilidades de aventura para todas las edades, tales como **excursiones en globo** sobrevolando la sierra Mariola, ✆ 629 611 889; o recorridos en **lancha motora** por el embalse de Benagéber, ✆ 962 139 081.

En la costa murciana, la calma del **Mar Menor** lo convierten en un lugar privilegiado para aprender vela, *windsurf,* esquí acuático, buceo y todo tipo de deportes marinos. ✆ 902 171 718. También hay escuelas de **buceo** en Mazarrón, ✆ 968 154 006, y en Águilas, ✆ 968 448 144. En el interior de Murcia hay muchas ofertas para aprender a manejarse en la naturaleza, ✆ 968 202 327.

ALOJAMIENTOS

Como todas las grandes zonas turísticas, la costa levantina cuenta con grandes hoteles que incluyen en su oferta programas de animación infantil. Pero también algunos alojamientos cercanos a la costa ofrecen entretenimiento para toda la familia.

El pueblo de La Vall de Laguart (Alicante), **La Casota** organiza cruceros en barco de vela. ✆ 965 583 646.

En Daya Vieja, **Multiaventura** ofrece cursos de vela y buceo, entre otros. ✆ 961 657 272.

En el interior de Castellón, en pleno Maestrat, **Mas del Rei** propone excursiones a caballo. ✆ 964 428 317.

Mas de Selma cuenta con un pequeño observatorio astronómico. ✆ 964 760 840.

En Murcia hay varios alojamientos, como el **Molino de Abajo,** ✆ 968 931 383; o el **Molino de Sahajosa,** que conservan íntegra la maquinaria de la molienda. ✆ 968 720 170.

ÍNDICE TOPONÍMICO